Villes et Entreprises
Collection dirigée par Alain Bourdin et Jean Rémy

La ville peut être abordée selon des points de vue différents : milieu résidentiel, milieu de travail, milieu de culture. Ceux-ci peuvent être entremêlés ou séparés. Il en va de même des groupes sociaux qui communiquent à travers ces divers types d'enjeux. La dimension économique n'est jamais absente, mais elle entre en tension avec la dimension politique. Ainsi peut-on aborder la conception urbanistique ou architecturale, l'évaluation des politiques sociales ou socio-économiques et les formes d'appropriation par divers acteurs. Pour répondre à ces interrogations, la collection rassemble deux types de textes. Les premiers s'appuient sur des recherches de terrain pour dégager une problématique d'analyse et d'interprétation. Les seconds, plus théoriques, partent de ces problématiques ; ce qui permet de créer un espace de comparaison entre des situations et des contextes différents. La collection souhaite promouvoir des comparaisons entre des aires culturelles et économiques différentes.

Dernières parutions

Géraldine Bouchet-Blancou, *Préfabrication de l'habitat. Une histoire technique et culturelle*, 2020.
Voula P. MEGA, *La promesse des villes pour le meilleur des mondes possibles. Au coeur des objectifs du développement durable 2030, à l'ère de la géopolitique urbaine,* 2020.
Stéphanie MINCHELLA, *Les entreprises a l'heure du flex-office, contextes, enjeux, vécus*, 2020.
Yves COUILLARD, *La gouvernance des entreprises industrielles. Du management opérationnel*, 2020.
René KAHN, Roseline LE SQUÈRE et Jean-Michel KOSIANSKI (dir.), *Cultures régionales, développement économique. Des ressources territoriales pour les économies régionales*, 2014.
Yves DRAUSSIN, *Saint-Quentin-en-Yvelines – Le centre-ville 1973-2003. Une épopée urbaine*, 2013.
Lambert MOSSOA, *Les politiques urbaines en Afrique saharienne. Contours réels*, 2012.
Jean-Luc ROQUES, *Une sociologie de la petite ville*, 2011.
Pierre-Yves LÉO et Jean PHILIPPE (dir.), *Villes moyennes et services aux entreprises*, 2011.
Monique RICHTER, *Pour une réhabilitation de l'habitat créole à Mayotte*, 2010.

L'EXPLOSION DU COMMERCE ÉLECTRONIQUE

5-7, rue de l'École polytechnique, 75005 Paris

www.harmattan.fr

ISBN : 978-2-343-23101-3
EAN : 9782343231013

Gervais Cwako Monkam

L'EXPLOSION DU COMMERCE ÉLECTRONIQUE

De nouveaux modèles économiques réclamés par l'e-publicité et l'e-commerce

Préface du professeur Leo Trespeuch

L'Harmattan

À la mémoire de mon frère aîné
Arsène KAMENI
29 mai 1971-24 juillet 2020

« Temps difficiles, temps affreux, disent les hommes. Mais les temps c'est nous! Tels nous sommes, tels sont nos temps! » Saint Augustin.

REMERCIEMENTS

Merci tout particulier au Pr. Leo Trespeuch de l'EGUQTR (École de Gestion de l'Université du Québec à Trois-Rivières) au canada pour son soutien qui est allé bien au-delà de nos attentes.

Pour des raisons évidentes, le nom de certaines des personnes qui ont joué un rôle crucial dans le recueil des données factuelles comme dans les faits mêmes relatés par cet ouvrage ne peut être cité. Nombreuses sont les sources qui n'ont pas accepté de parler qu'à condition de voir leur anonymat protégé. Encore merci du fond du cœur.

À toutes les personnes que nous accompagnons, pour leur fidélité, pour avoir inspiré cet ouvrage et, certains, pour y avoir contribué par leurs idées ou par leurs pratiques.

Puisse ce livre apporter à l'entreprise et aux entrepreneurs 2.0 un éclairage utile sur le nécessaire chemin qu'ils doivent tracer dans ces schémas stratégiques renouvelés.

Bonne lecture…

REMERCIEMENTS

PRÉSENTATION DE L'AUTEUR

Gervais CWAKO MONKAM est titulaire d'un Ph.D./Docteur de recherche de l'UCLouvain en information et communication en Belgique, collaborateur scientifique au sein de l'Institut Langage et Communication (IL&C) et du Laboratoire d'Analyse des Systèmes de Communication des Organisations (LASCO) de l'UCLouvain, chercheur postdoctoral à l'Université du Québec à Trois-Rivières (UQTR) au Canada, enseignant-consultant et praticien de l'entreprise avec une double expertise en marketing digital et en communication numérique.

A occupé différentes fonctions marketing et communication. Il est également diplômé d'un MBA en administration des entreprises de l'ESSEC, d'un certificat universitaire en Communication Web de l'Institut des Hautes Études des Communications Sociales et d'un certificat interuniversitaire en Analyse prospective de l'UCLouvain. Expert en innovation et stratégie marketing. Il est conférencier et intervenant auprès des grandes écoles et entreprises sur les thématiques de la culture de la marque et du marketing digital. Passionné de l'entrepreneuriat et co-fondateur de la société Pro-actif Services spécialisée en développement professionnel et personnel.

Auteur de plusieurs autres livres dont *La communication marketing des organisations. De la stratégie au déploiement digital et numérique* (Académia, 2020), *La communication corporate dans la construction de l'image des entreprises multinationales* (Presses universitaires de Louvain, 2020), *La globalisation de la communication publicitaire. Enjeux et pratiques* (L'Harmattan, 2020), *Stratégie communication marketing digital. Concepts, pratiques et perspectives* (Edilivre, 2021) et *L'économie des médias. Dans les coulisses de la presse au Cameroun* (Éditions universitaires européennes, 2020). Il consacre ses travaux universitaires aux questions d'images et des pratiques de la communication marketing notamment en ligne, sur des terrains organisationnels.

SOMMAIRE

PRÉFACE

Commerce électronique : Les gagnants du confinement

« Cette tempête passera mais les choix que nous faisons maintenant pourraient changer nos vies pour les années à venir » (Yuval Noah Harari dans le Financial Times). La pandémie mondiale de Covid19 déstabilise ainsi les grands courants intellectuels et idéologiques (Kuhn, 1962). Elle met en lumière les limites d'un modèle et invite à se réinventer. Au travers des contraintes mises en place par les différents pays, les citoyens ont été obligés de modifier leurs habitudes et comportements. Par exemple, la pandémie a entrainé une forte augmentation des achats en ligne, avec différentes formules : achat en ligne et livraison ou clique & collecte (récupérer en magasin un produit acheté en ligne). La pandémie a aussi accéléré une autre tendance chez les internautes : la préférence pour les circuits courts qui favorise la commande de produits issus de la production locale.

Des phénomènes comme la micro aventure (tourisme local), la livraison de plats préparés ou le « Fait Maison » « do it yourself » sont autant d'exemples de produits et services qui ont su tirer profit de la pandémie. Cette dimension locale est paradoxale rapportée au fait qu'internet a permis de dépasser les frontières et d'accélérer la mondialisation. L'étude de Xiang et *al.*, (2020) a également mis en exergue une augmentation du temps passé devant les écrans, environ 30h de plus par semaine, avec en parallèle, une baisse de l'activité physique d'environ 7h de moins par semaine. Enfin, les reproches qui ont longtemps été formulés contre le commerce électronique : la déshumanisation de la relation client et les nombreuses contraintes sur les 5 sens (difficultés de toucher, goûter, sentir le produit avant de l'acheter) sont devenues des forces pour limiter la circulation du virus. Cette absence de contact direct représente aussi pour le consommateur une promesse de sécurité en limitant le risque de tomber malade.

En lien avec les éléments précédents, la question centrale porte sur le caractère durable de ces changements d'habitudes. La pandémie de coronavirus entraine elle des changements radicaux et durables (Léo Trespeuch et *al.*, 2020; Van Bavel et al., 2020) ? Un courant de chercheurs affirme que ces changements sont contextuels et par conséquent la levée des restrictions entrainerait un retour à des habitudes précrises. Par exemple, prendre le temps de cuisiner peut-il perdurer si le télétravail s'arrête ? À l'opposé, un deuxième courant de recherches met en lumière que les comportements adoptés pendant la crise ont suffisamment été répétés pour devenir des habitudes. La juste réponse est probablement entre ces deux courants et dépendra probablement des consommateurs et des entreprises.

Du point de vue des entreprises et quelle que soit la durabilité des changements de comportements présentés précédemment, l'intérêt de la transformation numérique des entreprises n'est plus à démontrer, sachant qu'avant la crise, 60% à 80% des consommateurs commençaient leur parcours clients en ligne. Si bien que sur ce thème de la transformation numérique des organisations, on ne parle plus de retour sur investissement, mais de risque de ne pas investir (Leo Trespeuch et *al.*, 2019). Par conséquent, les raisons de mener une transformation numérique ne méritent plus débat. Cependant le « comment » réaliser une transformation numérique reste un chantier ouvert !

C'est sur cette dernière question que l'ouvrage écrit par M. Gervais Cwako Monkam apporte des éléments de réponse. En effet il présente les différentes étapes pour réaliser une transformation numérique réussie, que l'on soit une moyenne entreprise ayant des interactions avec des agences de communication, une petite entreprise qui souhaite réaliser en interne son site internet Wordpress, Woocommerce ou une toute petite entreprise avec une solution de « Dropshipping ». Ce dernier est une forme de commerce électronique où le vendeur ne possède pas de stock, les produits sont créés et livrés par un fournisseur à chaque commande sans que le client ne le sache.

Ce nouvel ouvrage pédagogique de M. Gervais Cwako Monkam est dans la lignée de ces précédentes œuvres. Il présente de manière limpide les dernières tendances du marketing numérique tout en formant le lecteur à l'utilisation des outils associés. Félicitations à M. Gervais Cwako Monkam pour l'écriture de cet ouvrage.

Pr. Leo Trespeuch – www . LeoTrespeuch . com
EGUQTR (École de Gestion de l'Université du Québec à Trois-Rivières).
UQTR- Canada.

INTRODUCTION

Depuis le confinement, l'e-commerce est devenu l'industrie la plus florissante. A l'échelle mondiale, les chiffres du commerce numérique au premier trimestre 2020 sont impressionnants, comparés à ceux du premier trimestre 2019. On observe en effet une croissance de 20% du chiffre d'affaires, une augmentation de 16% du trafic numérique et une hausse de 4% des dépenses du public d'acheteurs (le montant moyen que les acheteurs dépensent par visite) selon l'étude Shopping Index réalisée par Salesforce en Avril 2020.

L'essor du commerce en ligne est indiscutable. De plus en plus de consommateurs comparent, choisissent, achètent et paient en ligne des produits et services. Cette forme de commerce attire des consommateurs toujours plus exigeants et des entrepreneurs venus de tous horizons. Même si les géants de l'e-commerce comme Amazon, Cdiscount ou Alibaba se taillent la part du lion, des entrepreneurs indépendants toujours plus nombreux se lancent dans la bataille en investissant des marchés de niche.

En suivant toutes les étapes de la création d'un e-commerce distillées dans les onze chapitres de ce livre, le futur e-commerçant ou entrepreneur pourra aborder plus sereinement cette activité passionnante. Bien que récent, l'e-commerce a ses us et coutumes, des usages et pratiques qu'il est indispensable de connaître pour espérer percer dans ce domaine d'activité.

Pour réussir, l'e-commerçant ou futur entrepreneur doit se former et se familiariser à l'utilisation du digital et aux méthodes de webmarketing. Il doit repérer et sélectionner les meilleurs prestataires qui vont lui fournir des produits et l'épauler pour la livraison des produits et le paiement en ligne, des points essentiels du commerce en ligne.

Personne ne peut garantir le succès d'un site marchand, mais une chose est sûre : la création et la gestion d'une boutique en ligne ne s'improvisent pas, c'est un défi qu'il faut relever avec les bonnes armes. En parcourant ce livre, le futur e-commerçant aura toutes les clés en main pour développer les ventes de sa boutique en ligne et la pérenniser dans un monde ultra concurrentiel.

Mais une chose est sûre : Cette habitude de commander en ligne durera encore après la pandémie Covid-19. C'est la raison pour laquelle un nombre aussi élevé de détaillants traditionnels, de marques ancrées dans le digital et de fabricants de biens de consommation courante décuplent aujourd'hui leur offre numérique afin de mettre en œuvre une transition fluide entre les expériences d'achat physiques et virtuelles.

CHAPITRE 1 : L'E-COMMERCE, CHIFFRES ET ACTEURS

I- LES CHIFFRES ET INDICES DE L'E-COMMERCE

Le marché du e-commerce ne cesse de se développer, et l'engouement des usagers pour les achats en ligne ne faiblit pas. Cette nouvelle façon de faire ses courses pour les consommateurs a bouleversé bien des habitudes, que ce soit du côté des acheteurs, du côté de la distribution ou encore des plateformes de livraison. Des millions de boutiques en ligne ont été créées dans le monde ainsi que des millions d'emplois qui tournent autour du commerce électronique.

Dans le monde

Le chiffre d'affaires total du commerce électronique en 2019 s'élève à 2 313 milliards de dollars, soit une hausse de 14,3 %. Les trois premières places de l'e-commerce sont trustées par la Chine en pole position, puis viennent les États-Unis et le Royaume-Uni. La France arrive en sixième position dans le classement. Voyons quelques chiffres donnés par la FEVAD, la fédération de l'e-commerce et de la vente à distance. Les chiffres de l'e-commerce en France parlent d'eux-mêmes. La progression est constante à un rythme soutenu de 10 % par an en moyenne, + 11,6 % pour l'année 2019. C'est l'année de tous les records puisque l'e-commerce a franchi dans l'hexagone le cap des 100 milliards d'euros, 103,4 milliards pour être précis.

Ce total des ventes comprend à la fois les produits et les services. Cette hausse de commerce électronique en France doit être remise dans le contexte des mouvements sociaux qui ont perturbé durablement les commerçants, les centres commerciaux ainsi que l'e-commerce qui a progressé moins vite au dernier trimestre que pendant les 9 premiers mois de l'année. Sur les douze mois de l'année, 1,7 milliard de transactions (+ 15,7 %) ont été enregistrées par les sites d'e-commerce. Le réseau des 190 000 sites marchands s'est lui aussi étoffé et a progressé de 15 %. Il est à noter qu'une majorité de ces sites réalisent moins de 100 transactions par mois. Le panier moyen du consommateur est passé en 2019 sous la barre des 60 euros, ce qui, selon la FEVAD[1], constitue le niveau le plus bas jamais observé pour les achats en ligne. La fédération de l'e-commerce estime qu'en 2020 la hausse sera du même niveau qu'en 2019 avec 2 milliards de transactions et un chiffre d'affaires qui devrait être de 115 milliards d'euros.

Avec le phénomène de pandémie Covid-19 qui touche le monde entier, il est probable que ces chiffres seront revus nettement à la hausse. Depuis 10 ans, les vente de produits se sont multipliées par 4, mais ne représentent à ce jour que 10 % du commerce de détail, contre 90 % qui se font toujours dans le réseau classique des magasins ou du commerce traditionnel. On estime que plus de la moitié des ventes réalisées sur internet le sont par des marques ou des enseignes qui ont aussi des réseaux de magasins.

Les enseignes leaders

Voyons quelles enseignes ont réalisé les meilleures ventes de produits physiques (hors services, réservations, billetterie, locations, banques, gaming…) sur le dernier trimestre 2019 et le premier trimestre 2020 selon une étude Semrush établit sur l'évolution des visites mensuelles. Le % indiqué correspond au taux de croissance entre septembre 2019 et mars 2020 :

---

[1] La Fédération du e-commerce et de la vente à distance (Fevad) est un syndicat professionnel français créé en 1957, regroupant plus de 500 entreprises ayant une activité de vente à distance quel que soit le moyen de communication utilisé (Internet, correspondance, téléphone, etc.). Une des actions majeures de la FEVAD est de fédérer et de représenter l'ensemble des acteurs du e-commerce et de la vente à distance. Cette association professionnelle a donc vocation à accompagner les entreprises du secteur et à promouvoir leur activité ainsi que leur développement. Plus de 370 entreprises et de 600 sites internet sont aujourd'hui affiliés à la FEVAD et ce dans tous domaines confondus de la vente (vente aux particuliers, vente aux professionnels B to B, vente entre internautes C to C). A chaque occasion que les autorités compétentes désirent discuter des intérêts ou de la compétitivité de la profession, elles se retournent vers la FEVAD qui joue ainsi le rôle d'interlocuteur de choix.
Sur un autre volet, la FEVAD représente également un partenaire privilégié pour les évènements de grande envergure touchant à l'e-commerce, qu'il s'agisse de manifestations, de salons ou d'autres opportunités du genre. Sur le même plan, elle permet de rapprocher les professionnels entre eux afin qu'ils échangent sur des problématiques communes lors de déjeuners, de colloques ou de conférences.

- Amazon + 68 %
- Cdiscount + 44,37 %
- Fnac.com + 60,06 %
- Ebay.fr + 36,05 %
- Leroymerlin.fr + 50,41 %
- Darty.fr + 56,95 %
- La Redoute.fr + 64,18 %
- Boulanger + 86,15 %
- Carrefour + 61,87 %
- Ali Express + 10,88 %
- ManoMano + 55,38 %
- Ikea + 21,50 %
- Rakuten + 45,71 %
- Auchan + 78,35 %
- Décathlon + 19,98 %
- Apple + 8,60 %
- Zalando + 29,99 %
- Samsung + 4,11 %
- Castorama + 17,89 %
- Etsy + 20,45 %

Si Amazon reste le leader incontestable devant Cdiscount et La Fnac, qui a ravi la troisième place à Ebay, des progressions sont à noter : la plus forte avec + 86 % pour Boulanger, puis + 78 % pour Auchan et + 62 % pour Carrefour, qui ont augmenté leur visibilité, profitant des nombreuses commandes en ligne générées à cause du confinement.

Les autres e-commerçants

Voyons quelques chiffres sur les e-commerçants puisés dans une étude faite en 2019 par la plateforme française Oxatis. 57 % des e-commerçant proposent leurs produits sur internet tout en ayant par ailleurs un point de vente physique, commerce indépendant, TPME, enseigne... Seuls 43 % des e-commerçants vendent uniquement en ligne. On appelle Pure players ceux qui exercent leur activité commerciale uniquement en ligne et on désigne par Brick and mortar les entreprises traditionnelles ayant pignon sur rue. Enfin, les entreprises qui ont un point de vente physique et une activité en ligne sont nommées Brick and clicks ou Clicks and mortar.

53 % de ces points de vente physiques sont situés en périphérie des villes, zones commerciales, et 43 % en centre-ville. 60 % de ces magasins font de 0 à 100 m2 et 10 % plus de 400 m2 ; les surfaces de vente sont donc modestes pour la majorité des e-commerçants possédant un magasin. 58 % des e-commerçants sont localisés dans les petites et moyennes communes de moins de 20 000 habitants ; 16,5 % dans les villes de plus de 200 000 habitants. Le commerce électronique participe donc au dynamisme économique des petites communes. Pour 89 % de ces e-commerçants qui ont une boutique en ligne, leur activité en ligne est complémentaire, et pour 43 % d'entre eux elle est nécessaire à leur équilibre financier. Une augmentation du chiffre d'affaires de 14 % est constatée en moyenne grâce à la boutique en ligne.

II- LES DIFFÉRENTS CANAUX POUR VENDRE EN LIGNE

- **La boutique**

La boutique en ligne classique : le vendeur crée son site seul, grâce à un CMS plateforme de gestion de contenu ou avec l'aide d'une agence, puis le gère lui- même. Il traite la commande de son client, se fait payer et expédie ses produits.

- **Les marketplaces**

Les « marketplaces » ou places de marché, qui sont des intermédiaires entre les acheteurs et les vendeurs. Amazon ou Ebay sont les plateformes les plus connues, mais il en existe une multitude d'autres, comme Rakuten, Cdiscount, Rue du Commerce... Ces intermédiaires prennent un pourcentage sur les ventes. Le vendeur des produits ou services devient le client de ces plateformes marketplaces, qui lui permettent de trouver des clients.

• **Les réseaux sociaux**

Les réseaux sociaux peuvent aider à vendre, mais souvent ils ne sont pas le seul canal de vente, car le taux de conversion est généralement bas. En revanche, ils sont complémentaires d'une boutique en ligne, car ils peuvent capter du trafic, attirer des nouveaux prospects et permettent aux acheteurs de trouver des informations et commentaires sur les produits ou services qu'ils souhaitent acheter. Instagram est le réseau privilégié des marques et des e-commerçants, Pinterest est intéressant pour faire des démonstrations ou présentations de produits auprès d'une clientèle ciblée, Facebook peut être utile aux petits commerces de proximité.

• **L'affiliation**

L'affiliation consiste à vendre ses produits ou services par d'autres personnes. Les affiliés les recommandent à leurs clients ou communautés et prennent une commission pour chaque vente.

• **Le dropshipping**

Le dropshipping est une relation tripartite entre un vendeur, son client et le fournisseur qui livre directement le produit vendu par le vendeur. Le client final passe par le site ou la boutique du vendeur qui vend des produits qu'il n'a pas en stock. C'est le fournisseur qui gère les stocks et s'occupe de livrer les produits. Les fournisseurs et les produits se trouvent sur des sites spécialisés comme **aliexpress**, **salehoo**, ou **bigbuy** – cette liste est loin d'être exhaustive. Nous verrons dans le module consacré aux plateformes que le dropshipping est séduisant pour qui veut démarrer sans stock, mais qu'il y a quelques inconvénients à connaître avant de se lancer. Pour des raisons stratégiques ces principaux canaux peuvent être utilisés. Il est possible évidemment de les cumuler ! Nous reviendrons sur ces différents canaux et méthodes de ventes en ligne dans les chapitres qui leur sont consacrés.

La Fevad est l'organisme de référence qui gère les statistiques de l'e-commerce en France. Chaque année, la fédération publie des études précises sur le marché de l'e- commerce et donne des indicateurs de conjoncture mensuels/trimestriels et annuels. Cette veille permanente permet d'avoir un point précis sur l'état du marché et son évolution. Un e-commerçant peut avoir connaissance de ces indices ou indicateurs.

Pour comprendre les indicateurs de la Fevad :

➔ L'indice iCE ou Indice du Commerce électronique est la référence incontournable. Les chiffres sur l'évolution de l'e-commerce sont donnés à partir d'un panel qui réunit les principales plateformes sécurisées de paiement (PSP) et qui couvre plus de 180 000 sites marchands actifs en France.

➔ L'indice iCE 100 permet à travers 80 sites qui participent au panel d'avoir un suivi mensuel détaillé des ventes sur internet par famille de produits ou services. L'iCE 100 permet d'avoir des informations sur le taux de croissance du chiffre d'affaires, la répartition en famille de produits ou services et l'évolution globale du chiffre d'affaires sous la forme d'un indice mensuel.

➔ L'indice iCM ou l'indice du commerce mobile permet de mesurer l'évolution des ventes faites à partir des terminaux mobiles (smartphone, tablette...) en fonction des données récoltées auprès de 12 acteurs majeurs de l'e-commerce.

➔ L'indice iPM permet de suivre l'évolution des ventes sur les plus grandes « marketplaces ». Est intégré le volume des ventes réalisé par les marchands qui sont hébergés sur les principales places de marché.

Près de 90 % des consommateurs français ont déjà fait un achat en ligne. En 2019, 40,1 millions de Français ont acheté en ligne. Toutes les catégories d'âge et toutes les catégories sociales sont concernées par l'e-commerce. Selon une étude Médiamétrie, ils se répartissent comme suit :

Tranche d'âge 18-24 ans	94,4 %
Tranche d'âge 25-34 ans	96,4 %
Tranche d'âge 35-49 ans	93,3 %
Tranche d'âge 50-64 ans	86,3 %
Tranche d'âge + de 65 ans	84,7 %
CSP +	95,8 %
CSP –	88,4 %
Retraités	84,8 %
Paris, Région parisienne	87,8 %
Province	87,5 %
Hommes	89,4 %
Femmes	85,6 %

Les ventes par l'Internet mobile

Les ventes faites par l'internet mobile (smartphone, tablettes...) progressent rapidement. Les ventes sur mobiles progressent de 18 % en 2019 et représentent 39% du chiffre d'affaires des sites du panel de l'indice iCM. Au cours du dernier trimestre 2019, près de 4 e-acheteurs français sur 10 ont opéré depuis leur smartphone pour conclure leur achat. Le mobile est aussi utilisé par :

- 56 % des acheteurs pour faire des recherches ;
- 52 % des acheteurs pour localiser un point de vente ;
- 38 % des acheteurs pour comparer les prix et les avis des clients.

III- LE PROFIL DES « E-ACHETEURS » OU CLIENTS EN LIGNE

Au total, 81 % des acheteurs se sont servis de l'internet mobile pour préparer leurs futurs achats, se renseigner, comparer, étudier les options de livraisons et les possibilités de paiement. Ce commerce électronique fait à partir de l'internet mobile encourage les sites marchands à adapter leur offre et la présentation de leurs produits sur des écrans plus petits pour améliorer l'expérience de leur cible. En France par exemple, les acheteurs ont fait entrer l'e-commerce dans leurs habitudes, car ils achètent de manière récurrente sur internet. En moyenne, c'est 39 paniers par an validés par internaute pour un montant total de 2 420 euros. La conscience environnementale pour les achats en ligne prend de plus en plus d'importance. Ainsi, 53 % des acheteurs en ligne déclarent tenir compte d'éléments environnementaux, responsables ou éthiques dans leurs motivations d'achat.

Les produits et services achetés sur internet par ordre d'importance :

Mode/habillement	58 %	16	Pièces détachées, auto, moto	17 %
Produits culturels	50 %	17	Services de transports urbains, Uber	17 %
Voyage/tourisme	40 %	18	Produits d'occasion, reconditionnés	17 %
Jeux/jouets	39 %	19	Abonnement de films en ligne	15 %
Chaussures	39 %	20	Fleurs	13 %
Produits techniques, électroménagers	38 %	21	Abonnement à des box	12 %
Beauté/santé	34 %	22	Repas	12 %
Maison, décoration	32 %	23	Économie collaborative, covoiturage, location	12 %
Textile, linge de maison	28 %	24	Médicaments sans ordonnance	10 %

Articles, matériels de sport	24 %	25	Objets connectés avec ou sans abonnement à des services	10 %
Alimentation	20 %	26	Vin	10 %
VoD, musique	19 %	27	Fournitures scolaires	9 %
Bon d'achat à valoir en magasin ou en ligne	19 %	28	Inscription à un cours en ligne, formation	8 %
Abonnement payant musique	18 %	29	Lunettes, lentilles	7 %
Bricolage, jardinage	17 %	30	Services à domicile, garderie, cours, bricolage, jardinage...	7 %

Comme on peut le constater, tout s'achète et tout se vend sur internet, qui est devenu un grand magasin international pour les e-consommateurs du monde entier.

A) Forces et faiblesses de l'e-commerce

Pour les consommateurs

Si l'e-commerce se développe, c'est qu'il offre incontestablement de très nombreux avantages aux consommateurs. La façon de consommer a évolué avec le développement des technologies numériques et l'importance qu'ont pris les réseaux sociaux dans la vie des gens. La communication des marques et des sites marchands a suivi cette évolution. Tous ont pris en considération dans leur stratégie que des achats se font depuis le canapé du salon ou sur son smartphone à la pause devant la machine à café de l'employeur. Plusieurs avantages évidents sont à prendre en considération, et un créateur de boutique en ligne devrait nécessairement y penser lorsqu'il crée sa boutique. Voyons en détail les avantages du commerce en ligne du point de vue du consommateur.

• **L'aspect pratique**

On ne déambule plus dans plusieurs magasins et, pour beaucoup d'acheteurs, c'est s'éviter une corvée, dépenser de l'argent en déplacement et perdre du temps inutilement. Un consommateur peut faire des recherches pour acheter des produits ou services sur son smartphone au moment où il le souhaite, que ce soit à la pause déjeuner, au bureau ou dans son lit. Le champ de recherche du consommateur internaute est quasi illimité puisqu'il peut faire ses achats dans le monde entier sans bouger de chez lui.

• **Faire un comparatif des prix facilement, acheter au meilleur prix**

Il est bien plus facile de comparer les prix d'un même produit ou service sur internet. Un consommateur peut avoir une multitude d'offres pour un même produit. Des sites spécialisés dans les comparatifs de prix peuvent aider l'internaute à faire sa sélection. L'achat en ligne permet au consommateur de bénéficier de réductions importantes ; les sites marchands proposent très régulièrement des offres promotionnelles. La concurrence est rude en ligne, le consommateur peut faire de substantielles économies s'il achète au bon moment et au bon endroit.

• **La sélection de produits**

Sur internet, un consommateur peut faire son choix parmi une grande variété de produits. Tous les modèles avec leurs options, les conditions de garantie, de SAV, les conditions de paiements sont présentées de façon complète, avec photos, vidéos, illustrations et caractéristiques techniques, conditions d'utilisation...

• **Une aide pour faire le bon choix**

De nos jours, un consommateur peut, avant d'acheter un produit, savoir ce qu'en pensent les autres utilisateurs. Avoir une idée du niveau de performance d'un produit ou en savoir plus sur la fiabilité d'un service se fait en quelques clics. En accédant à des forums d'utilisateurs pour avoir un retour sur leur expérience ou en lisant leur commentaire, en visionnant des vidéos d'utilisateurs, en regardant des tutoriels ou en étudiant des comparatifs, un consommateur se fait une idée du produit. Plus de 70 % des acheteurs consultent les avis en ligne avant de faire un achat.

- **Personnaliser ses achats**

Un internaute peut acheter en ligne des produits qui répondront spécifiquement à ses besoins et envies. Il est possible par exemple de se concocter en ligne un ordinateur sur mesure avec des éléments spécifiques ou de personnaliser des produits : objets, vêtements, accessoires, objets de décoration... Amazon propose aux revendeurs son programme Amazon Custom pour des produits personnalisés.

- **Se faire livrer à la maison ou accéder immédiatement au service**

Le consommateur ne se déplace pas pour faire ses achats ; c'est aussi le cas pour prendre possession des produits achetés. Dans la majorité des cas, il se fait livrer à domicile. Les services de livraison des sites marchands livrent en temps et en heure. Certains sites ont d'ailleurs bâti leur stratégie et leur réputation sur la fiabilité de ce service de livraison. Plusieurs sites marchands proposent aussi d'acheter ou de réserver en ligne un produit, puis offrent la possibilité de venir l'enlever en magasin ou dans un point relais. Le système de **click and collect** ou **check and reserve** permet en fait la réservation en ligne d'un produit en stock qui est récupéré par le client ensuite.

- **Rester en relation avec le vendeur plus facilement**

Grâce aux moyens de communication proposés par les médias sociaux, il est facile de maintenir une relation vendeur-acheteur. Un consommateur peut communiquer par messagerie ou par courrier électronique avant ou après l'achat pour faire part de ses retours ou encore pour s'assurer par exemple qu'il bénéficiera d'un bon niveau de service. Ces nouvelles formes de communication via les messageries ou les réseaux sociaux permettent aussi au consommateur de recevoir régulièrement des informations sur les nouveaux produits ou services offerts par un site marchand.

- **L'achat en ligne est avantageux**

Pour un consommateur, acheter sur internet, c'est acheter plus vite un produit ou un service, en toute connaissance de cause, et c'est le faire de façon plus pratique et en faisant des économies. Sur internet, on peut acheter un produit à l'autre bout du monde et le faire livrer chez soi (ou ailleurs) très simplement. Il n'est pas étonnant qu'une multitude de sites sur internet aient vu le jour et offrent toute une panoplie de services jusqu'alors inexistants : réservation, livraison, covoiturage, taxi, mise en relation directe avec le producteur, commerce équitable... Une chose est sûre : l'e-commerce est un secteur économique novateur et en plein essor qui ne va pas s'arrêter là !

Omnicanal & omnicalité

Les termes omnicanal et omnicalité sont souvent employés dans le webmarketing et l'e-commerce. Le site définitions marketing donne la définition suivante : *Dans un contexte marketing, le terme d'omnicanal ou d'omnicalité désigne le fait que tous les canaux de contact et de vente possibles entre l'entreprise et ses clients sont utilisés et mobilisés. La notion d'omnicanal peut désigner tout autant les contacts pris à l'initiative des clients ou prospects que ceux émanant de l'entreprise.*

L'omnicalité pour l'entreprise, c'est mettre le client au cœur de sa stratégie, et communiquer d'une seule voix par les différents canaux à sa disposition : boutique physique, boutique en ligne, réseaux sociaux, marketplaces, email, service d'assistance, programme de fidélisation... Tous ces canaux peuvent être utilisés pour communiquer avec le client ou le prospect et lui donner l'opportunité de trouver les produits et services de l'entreprise.

B) Pour les vendeurs

Opter pour le commerce en ligne peut être motivé par plusieurs raisons par un commerçant ou un créateur d'entreprise. Nous avons vu que le phénomène de l'achat en ligne est en progression comme le confirment tous les indicateurs. C'est sûrement le meilleur choix pour tous ceux qui veulent se lancer dans une activité commerciale ou démarrer une nouvelle entreprise. L'e-commerce peut aussi intéresser les entrepreneurs qui veulent se diversifier, compléter leur offre, améliorer le chiffre d'affaires d'un magasin physique ou de leur activité artisanale. Parmi les autres avantages qu'offre cette méthode de vente en ligne pour les e-commerçants, nous retenons les points suivants :

- **Investissement raisonnable**

L'investissement est raisonnable, et ce genre de projet de magasin en ligne est facilement finançable. La boutique en ligne revient bien moins cher qu'un point de vente physique bien placé et qui nécessite des frais, droit au bail, loyer ou achat des murs, personnel à embaucher, taxes locales... ainsi que des investissements matériels importants, agencement de magasin, mobilier, décoration, stocks... Nous verrons dans les modules consacrés à la création d'un site marchand que, pour quelques dizaines d'euros par mois, des plateformes ou marketplaces hébergent un site vendeur et accompagnent le créateur.

- **S'offrir un accès au marché national, voire mondial**

Une boutique en ligne offre à l'e-commerçant une visibilité régionale, nationale et même mondiale pour peu que le référencement sur les moteurs de recherche soit optimisé. Les produits ou services mis en vente peuvent attirer de nouveaux clients de partout, qui découvrent la boutique lors d'une recherche en ligne. La zone de chalandise est beaucoup plus vaste que pour n'importe quel point de vente physique. Dès le début de l'activité, il est possible d'exporter ses produits à des clients dans le monde entier.

• Vendre 24 heures/24 et 7 jours/7

Sur internet, la vente ne s'arrête jamais. Pas de contraintes d'horaires d'ouverture et de fermeture d'une boutique classique. Vendre en ligne, c'est pouvoir toucher des clients du monde entier sans s'inquiéter des contraintes causées par le décalage horaire. C'est pouvoir vendre ses produits et services les jours fériés, le dimanche et même la nuit sans personnel payé pour faire fonctionner la boutique. Gagner de l'argent quand on dort... c'est possible sur internet.

• Augmenter son activité

Pour les commerçants qui ont une boutique physique, le commerce en ligne peut être un bon canal pour augmenter leur chiffre d'affaires. C'est un excellent moyen pour attirer de nouveaux clients qu'ils n'auraient pas l'occasion de toucher autrement. Avec une présence sur internet, la visibilité du magasin se développe et, par ricochet, cela permet d'accroître sa fréquentation. Être présent avec une boutique en ligne, c'est aussi un bon moyen pour fidéliser les clients et optimiser la communication.

• Valoriser ses produits et suivre les tendances

La présentation des produits sur un site internet est bien plus simple à organiser que dans une boutique classique. Ainsi, il est possible de mettre en avant les produits stars sur la page d'accueil, de personnaliser et de changer régulièrement la présentation de la boutique en ligne pour la rendre encore plus attractive sans lasser les clients. Les boutiques en ligne sont faciles à personnaliser en fonction des tendances, des effets de mode ou encore en fonction de la saisonnalité.

• Varier les contenus

Afin d'encourager les visiteurs à s'attarder sur un son site, un e-commerçant peut leur offrir un contenu attrayant et varié. En plus des photos, des légendes et des fiches produits classiques, il est possible de donner accès à des vidéos de présentation, des tutoriels ou encore de publier ou relayer quelques articles de blog. Ces articles en rapport avec le domaine de l'e-commerçant peuvent améliorer son image de spécialiste ainsi que son référencement naturel sur les moteurs de recherche.

- **Profiter d'outils marketing et d'analyse pour améliorer ses ventes**

L'accès à des outils d'analyse permet à un e-commerçant d'adapter ou d'améliorer son offre en fonction de la réaction ou du parcours de sa clientèle sur son site. Des outils marketing sont accessibles également pour encourager les achats, mener des campagnes d'emailing et des campagnes publicitaires sur les réseaux sociaux.

- **Faciliter la vie de ses clients**

L'essor des boutiques ou sites marchands en ligne doit beaucoup au confort d'achat que ce mode de commerce engendre pour les consommateurs. En quelques clics, ils accèdent à des quantités impressionnantes de produits dans tous les domaines et dans tous les secteurs d'activité. Les algorithmes des moteurs de recherche leur permettent de mieux cibler leurs achats en fonction de leurs besoins ou envies. Un e- commerçant attentif au confort d'achat de ses clients s'efforce de leur faciliter la tâche en proposant un site ergonomique et intuitif avec une offre commerciale claire.

- **Constituer une base de données**

Avec une boutique en ligne, l'e-commerçant s'offre la possibilité de créer et de réunir plus facilement une communauté d'acheteurs et de prospects, et d'étoffer ainsi son fichier client. La constitution d'un fichier est beaucoup plus simple sur internet que dans le commerce traditionnel. Lors de l'achat, les clients laissent naturellement leur adresse email, leur nom et leur localisation, tandis que les visiteurs ou prospects peuvent être tentés de laisser au moins leur adresse email si on leur propose « en échange » une offre promotionnelle ou l'inscription à une newsletter. Cette base de données permet de communiquer directement avec eux. On peut ainsi les tenir informés sur la sortie de nouveaux produits, aux ventes privées ou aux soldes, à la mise en place d'opérations publicitaires, l'accès à des codes de réduction, l'abonnement à une newsletter, la création d'un groupe Facebook...

• Une vente moins intrusive

Qui n'a jamais été harcelé par un vendeur payé à la commission ou par une hôtesse collante dans un commerce ? Ce sont des attitudes qui peuvent effrayer ou désarçonner une catégorie de clientèle qui ne veut pas qu'on lui force la main. L'achat sur internet se fait plus tranquillement. Même si les offres commerciales sont allèchantes, les méthodes de vente sont moins intrusives. Au contraire, l'acheteur peut prendre des avis, voir des commentaires d'utilisateurs et comparer les offres. Certaines boutiques proposent des « chats » ou l'échange de messages si le client ou le prospect à des questions à poser sur le produit, le paiement, la livraison... Dans l'ensemble, sur internet, l'acheteur est libre d'acheter à son rythme.

• Devenir son propre patron

En lançant une boutique en ligne, on devient son propre patron. Seul maître à bord, l'e-commerçant jouit d'une liberté d'action totale et ne doit plus rendre de compte à personne (sauf à ses clients peut-être). En patron, l'e-commerçant gère ses horaires comme bon lui semble, sans la contrainte des horaires d'une boutique physique. Cela ne signifie pas que l'e- commerçant travaille moins qu'un autre, mais il le fait pour lui. Être patron, c'est décider d'une stratégie commerciale, faire des choix de produits, de partenaires, de supports de communication et de méthodes marketing pour faire de sa boutique en ligne une activité rentable. Le challenge est excitant et demande une motivation sans faille et beaucoup d'énergie. Le patron d'e-commerce est un touche-à-tout, un entrepreneur polyvalent qui se fixe des objectifs réalistes et réalisables.

La garantie satisfait ou remboursé

De nombreux sites marchands proposent à leurs clients une garantie satisfait ou remboursé. Quand un client n'est pas satisfait d'un article, il dispose d'un délai, souvent une quinzaine de jours à partir de la réception du produit, pour le retourner au vendeur. Ces articles sont alors soit échangés soit remboursés selon les conditions de rétractation du vendeur.

On vient de le voir, l'e-commerce a des atouts de taille pour séduire les entrepreneurs et il offre des avantages indéniables aux e-acheteurs ou cyberacheteurs. Cependant, pour que le panorama soit complet, il convient de s'attarder sur les inconvénients que peut générer cette forme de commerce.

C) Les points faibles de l'e-commerce

Même si l'e-commerce est facile d'accès et offre des perspectives de développement intéressantes et fructueuses, tout n'est pas tout rose. Avant de s'engager, il est préférable d'être conscient des inconvénients que présente l'e-commerce, que l'on soit vendeur ou acheteur. Voyons quels sont ces inconvénients.

• Un marché concurrentiel

Pour les vendeurs en ligne, le premier problème se trouve être la concurrence. La concurrence dans le secteur de l'e-commerce est féroce et organisée. En France, on compte 190 000 sites marchands. Plus de 85 % du chiffre d'affaires réalisé en ligne est fait par 5 % des plus gros sites marchands, soit 9 500 boutiques au total. Le classement donné plus haut des 20 plus gros sites de l'hexagone montre que ce sont les géants du web et de la distribution qui trustent le marché : Amazon, la FNAC, eBay, Cdiscount, Leroy Merlin, Carrefour...

Voilà qui peut décourager le plus motivé des e-commerçants. Malgré cette concurrence effrénée, il y a des signes encourageants puisque, d'après une enquête parue en 2019, 83 % des sites marchands déclarent être rentables, 53 % dégagent du profit et 30 % sont à l'équilibre. Les e-commerçants, pour avoir des résultats, doivent être performants dans la gestion de leur site et maîtriser l'utilisation des outils de webmarketing et d'analyses. Il n'en reste pas moins vrai que le problème de la visibilité se pose pour émerger au milieu de cette concurrence nationale et mondiale. Dans cette formation, nous verrons quelles méthodes favoriser pour espérer être vu d'une clientèle ciblée.

- **Les problèmes techniques**

Faire face à un problème technique du site est un autre inconvénient à prendre en considération. Un site qui fonctionne au ralenti, avec des temps de téléchargement trop longs ou qui est sujet aux pannes est dommageable et fait fuir les clients ou les prospects, qui ne reviennent plus. Un site indisponible ou difficilement accessible peut éveiller des soupçons chez les clients ou entamer leur capital confiance envers la boutique, les produits ou services proposés. Évidemment, les pannes ou défaillances techniques à répétition peuvent avoir un impact négatif sur les résultats financiers de l'entreprise. Pour assurer la maintenance du site et faire les mises à jour régulières, il est préférable d'avoir de bonnes notions ou être assisté par un bon webmaster. Il arrive parfois que l'un des serveurs tombe en panne, qu'un bug ou qu'une cyber-attaque perturbe le bon fonctionnement du site avec toutes les conséquences néfastes que cela entraîne. Par ailleurs, il faut aussi **animer le site** en ajoutant des contenus régulièrement et en procédant de temps à autre à un **relookage complet** pour que les clients ne se lassent pas.

- **La livraison**

Afficher des délais de livraison trop longs peut rebuter les acheteurs potentiels. C'est l'un des principaux reproches faits aux e-commerçants : la durée et le respect des délais de livraison. Donner des délais et les respecter est un impératif. Si ce n'est pas le cas, autant acheter en magasin pour l'acheteur. Les acheteurs sont pressés d'avoir leurs articles, et nombreux sont ceux qui sont prêts à payer plus pour avoir une livraison plus sûre et plus rapide. Un e-commerçant doit de plus être organisé pour conditionner l'article et l'expédier rapidement en s'appuyant sur des intermédiaires efficaces et fiables. Les délais doivent être affichés clairement et tout doit être fait pour les respecter. La satisfaction des clients en dépend, ainsi que la réputation de l'e-commerçant. Nous donnerons quelques méthodes dans cette formation pour traiter toute la logistique d'expédition dans de bonnes conditions.~

- **La réactivité**

Un client qui achète un produit ou un service en ligne peut être vite frustré s'il n'a pas rapidement de réponses à ses questions. Dans un magasin physique, il s'adresse à un vendeur ou une hôtesse ; sur un site marchand, il envoie un message ou contacte le service client pour obtenir sa réponse. Un e-commerçant doit donc être réactif et fournir des réponses rapidement, la satisfaction de sa clientèle en dépend. Lorsqu'une boutique en ligne grossit et attire de nombreux clients, le service clientèle est à mettre en place. Ce service peut être sous-traité par des sociétés spécialisées, mais il est essentiel d'avoir un support qui tienne la route.

- **Assurer la sécurité des informations confidentielles**

Un site de vente en ligne doit obligatoirement être sécurisé. Pour 85 % des acheteurs en ligne, le paiement se fait avec leur carte bancaire. C'est le moyen de paiement la plus utilisé. Et c'est un fait, la cybercriminalité prend de l'ampleur, et les boutiques en ligne et leurs clients sont de plus en plus souvent les cibles des cybercriminels. Pour éviter de se faire pirater, espionner, hameçonner... l'e-commerçant doit prendre la sécurité très au sérieux et adopter les mesures nécessaires pour se protéger et protéger ses clients. Site sécurisé HTTPS plutôt que HTTP, pare-feu, messagerie sécurisée, protection antivirus... Cette liste est loin d'être exhaustive. Sans devenir parano, n'hésitez pas à consulter un spécialiste pour qu'il vous conseille au mieux. Les préoccupations en matière de sécurité et de protection de la vie privée sont réelles pour la majorité des cyberclients. C'est un aspect important dans la gestion d'une boutique en ligne, nous y reviendrons au cours de la formation.

• **Les limites du commerce en ligne**

Les boutiques physiques ont toujours la préférence du public. Pour les acheteurs, il est impossible d'essayer les articles qu'ils achètent en ligne. C'est particulièrement vrai pour l'habillement, le secteur de la mode, les chaussures, les lunettes... C'est d'ailleurs l'un des principaux freins à l'achat sur internet. Ce problème d'essayage nécessite en amont d'organiser l'éventuel retour des articles à échanger pour les vendeurs, comme nous l'avons vu précédemment. Il y a aussi le besoin pour certains acheteurs de pouvoir essayer, voir, sentir, manipuler, toucher les produits qu'ils achètent et d'avoir un contact avec un vendeur. Difficile de séduire ce genre de client sur internet ! Même si avec les nouvelles technologies, les clients peuvent avoir aujourd'hui un aperçu très réaliste des produits qu'ils veulent acheter (la réalité augmentée, son, 2D, 3D, visite virtuelle, les démonstrations vidéo ou encore des expériences interactives), certains rechignent encore à passer le cap. Par exemple, il est encore impossible d'essayer leurs nouvelles lunettes ou voir l'effet du maquillage sur leur visage sans se rendre dans le magasin.

Rappel : 90 % du commerce se fait toujours dans le réseau classique. Une large frange de consommateurs se méfie des transactions en ligne et sont réticents à l'idée de faire leurs achats sur internet. Cependant, il est probable que la pandémie du Covid 19 accélère l'essor du commerce en ligne et rallie de nouveaux e-acheteurs à cette pratique éprouvée.

D) Les tendances de l'e-commerce pour demain

L'intelligence artificielle va améliorer l'expérience client en lui proposant à l'avenir des produits et des services avec une grande finesse. Elle permettra aussi à l'e-commerçant de fixer le meilleur prix de vente ou de proposer une gamme de produits plutôt qu'une autre en fonction des périodes de l'année ou de la clientèle ciblée. La progression de la vente sur l'internet mobile en constante progression laisse présager le flux de nouveaux clients, notamment les générations millénium, accrocs aux nouvelles technologies.

Enfin, si le B2C représente l'essentiel des ventes en ligne, les perspectives pour le B2B sont réelles. Les marketplaces ont investi ce créneau et ont de plus en plus de succès auprès des entreprises, elles permettent de simplifier et de digitaliser les relations entre professionnels. L'e-commerce a donc d'excellentes perspectives de croissance dans les années à venir. Toutefois, ce genre de commerce nécessite pour celui qui veut s'y investir une approche professionnelle et une organisation sans faille. Se former au commerce en ligne est donc un excellent premier pas vers le succès.

Conclusion

Dans ce module, il a été question des chiffres de l'e-commerce qui sont en constante progression. L'achat en ligne, qui offre bien des avantages à l'e-acheteur, entre de plus en plus dans les habitudes des consommateurs. Toutes les tranches d'âge et toutes les catégories sociales sont représentées parmi les acheteurs en ligne. Du côté des vendeurs, l'e-commerce présente plusieurs avantages notables. Il permet de se lancer dans le commerce à moindres frais et permet de renforcer avantageusement l'activité d'un commerce traditionnel. Si les avantages pour l'e- acheteur et l'e-vendeur sont nombreux, l'e-commerce présente aussi quelques inconvénients qu'il est bon de connaître avant de se lancer.

CHAPITRE 2 :
L'ÉTUDE DE MARCHÉ, LE MARCHÉ DE NICHE

I) L'E-COMMERÇANT, LES MARCHÉS TENDANCE

Dans cette partie, nous évoquons l'élément essentiel à la réussite d'un projet d'entreprise : l'e-commerçant ou futur entrepreneur. Avant de se lancer, il s'agit de savoir si la détermination du porteur du projet, sa personnalité et ses aptitudes à gérer une entreprise sont au rendez-vous. Ensuite, nous abordons l'autre point important à connaître avant de se lancer : l'étude de marché. Le principal ingrédient de la réussite d'une entreprise est le porteur du projet. Évidemment, toutes les études longues et fastidieuses à réaliser : l'étude de marché, l'identification d'un marché de niche et l'estimation de la rentabilité d'un produit sont des étapes importantes. Pourtant, dans le processus de création d'une entreprise ou d'une e-boutique, une chose essentielle compte et pèse dans la réussite de ce genre de projet. Il s'agit en effet de l'e-commerçant, de son profil et de sa personnalité.

La personnalité de l'e-commerçant, ses ambitions, les objectifs qu'il se fixe, les valeurs qui l'animent et qu'il souhaite partager avec ses partenaires, clients et employés sont des aspects importants dont il faut tenir compte. L'e-commerçant doit aussi prendre en compte ses ressources, qu'elles soient financières où que ce soit le réseau de personnes, dans son environnement professionnel ou privé sur lequel il peut éventuellement s'appuyer. La détermination et l'envie de faire, de porter ce projet jusqu'à sa réalisation de la part de l'e-commerçant est un point essentiel. Sans cette détermination, tous les conseils donnés pour réussir sont inutiles. Il faut également être courageux et ne pas compter ses heures, du moins au début. Enfin, la persévérance est sûrement l'autre qualité essentielle à associer à la détermination pour réussir son entreprise. Créer une entreprise, puis la gérer n'est pas un long fleuve tranquille... Tout le monde n'est pas fait pour ça. Voici quelques conseils pour mener à bien son projet d'entreprise.

• S'appuyer sur ses compétences

Un e-entrepreneur peut envisager la création de sa boutique en tenant compte de ses compétences ou de son expérience professionnelle. Cette façon de procéder a un côté rassurant. Cela lui permet d'évoluer dans un secteur qu'il connaît bien et d'identifier plus facilement certains besoins inassouvis et des clients potentiels. Un e-commerçant peut aussi s'intéresser aux nouvelles tendances, aux activités pas encore exploitées dans son pays, sa région, en voyageant à l'étranger ou en approchant les milieux innovants. Il peut reprendre ou dénicher la bonne idée à exploiter. Enfin, un e-entrepreneur peut aussi être un commerçant ou un artisan qui souhaite développer son activité via le business en ligne. Trouver une idée nouvelle, un nouveau produit ou service n'est pas indispensable pour créer une entreprise ou lancer une e-boutique. La reprise d'une idée, d'un concept est aussi un bon moyen pour se lancer et réussir.

• Se poser les bonnes questions avant de créer son entreprise

- Quelles sont ses motivations ?
- Qu'aime-t-il faire ?
- Quelles sont ses compétences ?
- Que sait-il faire ?
- Quelles compétences doit-il acquérir ?
- Par qui peut-il se faire aider ?
- Quels secteurs professionnels connaît-il bien ?
- Quels domaines ou secteurs d'activité l'attirent ?

En répondant à la question : pourquoi est-ce que je veux créer une e-boutique ? Un e-commerçant peut mesurer sa motivation et son envie d'implication dans son projet. C'est le minimum pour écarter d'office les projets bancals et lui éviter d'aller ainsi au-devant de déconvenues. Un projet d'e-boutique doit être mûri, longuement réfléchi avant d'être mis en branle.

• **Tenir compte de son entourage proche**

L'e-commerçant doit aussi tenir compte de ses contraintes personnelles, de la cohérence de son projet avec sa vie privée, de l'avis de son conjoint ou de sa famille proche. La création d'une entreprise engendre des contraintes. Au début, il faut vivre avec un faible revenu et ne pas compter ses heures. Cela peut frustrer l'entourage, provoquer des conflits, et amener l'entrepreneur à douter de lui ou de la cohérence de son projet. Tous ces éléments sont à prendre en compte. Sortir de sa zone de confort engendre des conséquences dans la vie de tous les jours qu'il est préférable de mesurer avant de se lancer dans la grande aventure.

Après avoir fait un point sur ses aptitudes, sa situation professionnelle et personnelle, le futur e-commerçant peut avoir besoin d'étudier des idées nouvelles pour cibler un marché, un service ou un type de produit. Voyons quelles sont les tendances pour le commerce en ligne qui devraient se confirmer à l'entame de cette troisième décennie du siècle.

A) Les marchés, tendances, idées de produits à vendre sur internet

Cette liste n'est pas exhaustive, cependant elle exprime des tendances constatées par de grands acteurs de l'e-commerce, ainsi que par les requêtes faites par les consommateurs sur les moteurs de recherche. Ces tendances peuvent aider l'e- commerçant à réfléchir à des idées de business en ligne, produits ou services :

• **Les produits artisanaux, du terroir**

Bâtir son business sur la vente de produits artisanaux est sûrement un bon plan. Les consommateurs cherchent de plus en plus des produits authentiques et des produits du terroir. Le fait main à ses « aficionados » prêts à mettre le prix pour trouver le bon produit.

• **Les animaux de compagnie**

Les produits pour animaux. C'est un secteur porteur. Les animaux de compagnie font le bonheur de marchands spécialisés et les vendeurs de nourriture ou d'accessoires en tous genres pour animaux.

• **Les produits bios et la durabilité**

C'est une tendance qui se confirme : les consommateurs sont de plus en plus soucieux de leur santé. Ils veulent manger sain et s'inquiètent des problèmes environnementaux. Ce secteur progressera encore sûrement ces prochaines années tant certains consommateurs sont prêts à modifier leurs habitudes d'achat pour réduire l'impact négatif qu'ils peuvent avoir sur l'environnement. L'envie de manger des produits qui soient le plus naturel possible et le moins transformés est de plus en présente également. Les conservateurs, pesticides et autres colorants sont de plus en plus décriés.

• **Les produits « Do it Yourself » ou DIY**

L'art de faire soi-même des produits et les vendre en ligne, ce créneau peut être exploité par les créatifs et les manuels. Il est possible de vendre des bijoux, des produits de beauté comme les savons ou les shampoings, les bombes de bain, les bougies, les œuvres d'art originales, photos, peintures, sculptures, les sucreries et gâteaux, les t-shirts ou articles imprimés et personnalisés... De plus en plus de personnes s'intéressent aux cosmétiques et produits faits maison, c'est une niche qui a de plus en plus le vent en poupe.

• **Les objets connectés, la domotique**

Tous les objets connectés et les accessoires domotiques sont dans l'air du temps. Les produits connectés pour la maison : lumière, chauffage, volets, caméra de surveillance, mais aussi les drones et tous les objets connectés pour la santé, le sport...

• **Vendre ses compétences**

C'est une possibilité qui peut séduire des experts dans leur domaine. Sur internet, des freelances vendent leurs compétences de: rédacteur, graphiste, concepteur de site web, développeur, community manager, assistant virtuel, formateur, conseiller en webmarketing, traduction, montage vidéo, retouches photos et impressions... Les indépendants, compétents dans ces domaines, sont plutôt demandés sur la toile.

- **Les objets vintages**

Les objets anciens ont toujours la côte auprès de nombreux passionnés. Dans ce domaine, on a affaire à des collectionneurs, à des nostalgiques d'une autre époque qui veulent retrouver des objets déco, d'anciens appareils qu'ils veulent acquérir pour les remettre au goût du jour ou simplement les collectionner.

- **Les articles pour les seniors**

Les seniors aussi sont des adeptes de l'achat en ligne. Les seniors achètent des produits pour se faciliter la vie. Ce sont souvent des articles qui tournent autour du confort et du bien-être, le mobilier, des produits de loisirs et de détente, des produits pour la communication et la sécurité, des vêtements...

- **La cuisine, les ustensiles**

À chaque domaine culinaire, ses accessoires, appareils et ustensiles. Secteur intemporel, la cuisine est sûrement un secteur prometteur tant les possibilités de niche sont nombreuses : pâtisserie, cuisine étrangère, spécialités régionales, sans gluten, bio, avec moins de 2 000 calories...

- **Les produits capillaires, l'épilation et les soins pour la barbe**

Les extensions capillaires, les produits d'épilation, au laser par exemple, mais aussi les produits pour aider les hommes à prendre soin de leur barbe sont des produits tendance dont les demandes sont en constante augmentation.

- **Les cours et formations en ligne**

C'est un créneau en pleine expansion qu'est la vente de cours et de formations en ligne. À l'heure de la reconversion professionnelle, du télétravail, des projets collaboratifs en ligne, des tutoriels, des mooc, des ebooks et des plateformes de cours en ligne, la formation dans certains domaines spécifiques est également à prendre en considération.

• **Les produits destinés aux enfants**

On pense non seulement aux jeux éducatifs, mais également aux jouets, aux accessoires pour l'école, aux jeux vidéo, à la mode infantile, aux vacances.

• **Les voyages**

De très nombreux sites sont dédiés aux voyages et de grands groupes sont déjà sur le marché. Mais pourquoi ne pas considérer tout ce qui a attrait aux voyages comme les bagages, les guides touristiques, les produits spécial randonnée ou conditions extrêmes, les cosmétiques de moins de 100 grammes pour pouvoir voyager, etc. Toutes ces idées de marché peuvent retenir l'attention d'un futur e-commerçant et l'aiguiller dans la quête de produits ou de services à proposer en ligne. Avoir une idée du marché sur lequel l'e-commerçant veut se positionner est important pour pouvoir passer à une étape essentielle de la création d'une e- boutique : l'étude de marché.

B) L'étude de marché

Plutôt que de trouver le produit miracle qui n'existe pas, le futur e-commerçant doit plutôt s'interroger sur le marché global auquel il souhaite s'attaquer, puis identifier une niche rentable sur laquelle miser. C'est une étape incontournable dans le processus de création d'une entreprise ou d'une boutique en ligne. L'étude de marché est nécessaire pour peaufiner le positionnement de la boutique et comprendre l'environnement dans lequel elle va évoluer. L'étude de marché est indispensable pour évaluer l'ampleur de la demande et déterminer si le projet d'entreprise est viable. Il est question de faire l'état des lieux d'un marché existant avant de se lancer. Une étude de marché permet de comprendre les besoins et les comportements des consommateurs en termes d'achat, de mode de vie et d'utilisation d'un produit ou service. Avoir tous ces éléments peut aider un entrepreneur à améliorer son offre et ainsi se démarquer de ses concurrents. Pour ce faire, il existe trois catégories d'études de marché.

1) L'étude quantitative

Cette étude permet de mesurer les grandes tendances du marché en récoltant toutes les données chiffrées. On cherche des données chiffrées pour les organiser sous forme de tableaux ou graphiques. Ces chiffres permettent de mesurer les grandes tendances du marché et d'en dégager les chiffres clés. Par exemple, la taille du marché et la cible de clientèle à viser : les jeunes actifs, les seniors, les jeunes parents, les artisans menuisiers, les entreprises de plus de 50 salariés...

2) L'étude qualitative

Cette forme d'étude de marché passe par la réalisation d'entretiens. Des entretiens qui se font en face à face avec des consommateurs du produit ou service, et des entretiens de groupe avec 4 à 8 personnes réunies autour d'une table pour favoriser les échanges et étudier leurs réactions. Il s'agit ici de déterminer les comportements d'achat des uns et des autres, de comprendre leur ressenti, leur réaction, et d'analyser leur sentiment vis-à-vis des produits ou services vendus.

L'étude quantitative et étude qualitative se complètent. Faire ce genre d'étude de marché est laborieux et coûteux, il faut prévoir beaucoup de temps et y consacrer un budget pour les mener à bien. Souvent, les entrepreneurs font appel à une agence ou à des junior-entreprises qui permettent aux étudiants de l'enseignement supérieur de passer de la théorie à la pratique.

Faire faire une étude de marché complète par un cabinet d'étude en marketing coûte entre 4 000 et 8 000 euros. Par une junior-entreprise, le coût varie entre 1 500 et 3 500 euros. Un e-commerçant qui attaque un marché nouveau peut envisager cette solution à condition d'avoir le budget. Pour ceux qui n'ont pas les moyens ou qui préfèrent consacrer cet argent à un autre poste, il est possible de faire son étude de marché tout seul. Il va de soi qu'avant de se lancer dans une étude de marché, il faut définir au préalable le cadre de l'activité, savoir quels types de produits ou de services proposer et quels types de clients viser.

3) L'étude de marché à faire soi-même

La troisième possibilité d'étude de marché est celle qui nous intéresse. C'est l'étude de marché « benchmark » ou encore la veille qui consiste à surveiller tout ce qui se dit dans domaine d'activité ou au sujet d'un concurrent sur internet. Cette étude consiste donc à s'informer d'un marché sur internet en observant les concurrents, leur offre, leur positionnement, leur cible de clientèle. En plus des données recueillies sur le net, il est possible de les compléter en se renseignant auprès des centres de documentations, de consulter les fédérations et les syndicats professionnels ou encore les observatoires économiques locaux et nationaux, chambre des métiers ou de commerce, INSEE, CREDOC... D'autres sources basiques comme les annuaires professionnels, les pages jaunes, la presse et les revues spécialisées peuvent aider à identifier des concurrents et à cerner le potentiel d'un marché.

C) Les outils et ressources pour faire une étude de marché

Pour trouver des informations sur un marché, pour veiller, analyser les concurrents en ligne, il existe de nombreux outils. Tous ces outils proposent des essais gratuits qui permettent de relever des chiffres précieux le temps de mener une étude de marché. La liste des sources d'information et d'outils en ligne donnée ci-dessous n'est pas exhaustive, mais rien qu'avec ces outils, vous pouvez déjà avoir une bonne idée de la concurrence.

Semrush pour trouver facilement les concurrents, les mots clés utilisés par les internautes sur les moteurs de recherche, le nombre de liens entrants et sortants sur les sites concurrents, leur activité sur les réseaux sociaux, les pages les plus vues...

Google alerts pour recevoir des alertes lorsque du contenu publié sur le web peut intéresser un e-commerçant dans son secteur d'activité.

Wayback ou archives.org. Un outil gratuit qui permet de savoir combien de fois les concurrents ont effectué des modifications sur leur site. Une page d'accueil non modifiée par exemple peut laisser supposer que les administrateurs du site et les visiteurs y portent peu d'attention ou au contraire que cette page donne de bons résultats, notamment un bon taux de conversion.

Website Grader, un outil proposé par Hubspot, spécialisé dans le webmarketing. Sur ce site, on peut évaluer le niveau d'un site web en fonction de sa popularité.

Ahrefs, comme Semrush, donne des informations sur l'analyse du trafic, sur les mots clés apportant le plus de trafic. Il permet aussi de savoir si le concurrent achète du trafic en passant par des plateformes publicitaires. Enfin, grâce à cet outil payant (essai gratuit), il est possible d'analyser la qualité et le profil des liens entrant sur un site.

D'autres outils payants comme Alexa ou Myposeo peuvent aussi être employés pour faire des recherches et analyser les sites concurrents.

Salons Online, un outil pour trouver tous les salons et événements professionnels qui sont organisés dans les différents secteurs d'activité. L'INSEE ou l'Institut national de la statistique et des études économiques, qui collecte et produit tout un tas d'informations sur l'économie française et sa population.

L'annuaire francophone de la presse en ligne . Un guide presse pour découvrir quelles revues professionnelles spécialisées traitent d'un secteur d'activité, de l'agroalimentaire au webdesign. Dans la même lignée, il y a la FNPS, la Fédération nationale de la presse d'information spécialisée, qui répertorie plus de 1 500 publications professionnelles.

La FCGA ou Fédération de centres de gestion agréés. Observateur privilégié de la vie des petites entreprises qui propose des données chiffrées intéressantes sur les entreprises de l'artisanat, du commerce et des services.

Le CREDOC, centre de recherche pour l'étude et l'observation des conditions de vie qui se présente comme un organisme d'études et de recherche au service des acteurs de la vie économique et sociale.

Les dossiers projecteurs de BPI sur le site de La maison des créateurs d'entreprises. Ces dossiers régulièrement mis à jour donnent toutes les informations pour construire un projet parmi 112 activités répertoriées en 4 secteurs. On peut ainsi avoir accès à des chiffres clés du secteur d'activité, des ratios, à des études de marché, aux aides possibles, aux réglementations, à des conseils pour démarrer, aux organismes professionnels et aux sites utiles. Les outils de sondage. Google Forms et SurveyMonkey sont des outils disponibles en ligne pour créer des enquêtes et des formulaires pour mener des sondages auprès de prospects, d'une audience ciblée ou de clients. Google Surveys pour réaliser des enquêtes, payantes, auprès d'une audience ciblée avec un échantillonnage de questions personnalisées. Idéal pour faire une étude de marché en ligne.

Un e-commerçant peut s'intéresser aux discussions sur les forums ou l'on échange entre membres autour de mêmes passions, de produits, de services, d'expériences, ou l'on se donne des conseils... On peut trouver des interlocuteurs qualifiés dans un domaine, des spécialistes, des utilisateurs, des influenceurs, des consommateurs... Pour dénicher les forums intéressants : Annuaire de forums ou encore Boardreader. Il suffit de taper les mots clés en rapport avec le secteur d'activité, le produit ou le service envisagé.

D) Enquêtes à mener et informations à recueillir pour une étude de marché

Faire une étude de marché soi-même est une solution fréquemment employée par les jeunes entrepreneurs ou les créateurs de boutiques en ligne. En fait, pour mener à bien son étude de marché, il suffit de se servir sans modération des ressources et outils qui sont présentés ci-dessus, puis de procéder par étapes pour étudier :

• **La concurrence**

Un e-entrepreneur doit s'intéresser à ses concurrents. Plus ils sont nombreux, plus la preuve est faite qu'il existe un marché dynamique. Si le marché est porteur, c'est un bon point, notamment s'il est question de solliciter des investisseurs ou des banques. Il ne faut pas perdre de vue qu'un e-commerçant peut apprendre beaucoup de choses de ses concurrents et que bientôt il devra faire sa place à côté d'eux. Les connaître parfaitement est un plus.

Trouver les principaux concurrents sur internet et détailler : leur offre, les caractéristiques de leur site, la présentation des produits, la qualité du site, l'ergonomie, la navigation, leur stratégie commerciale, leurs points forts et points faibles, le chiffre d'affaires réalisé, leur présence sur les réseaux sociaux.

Les sites concurrents présentent-ils une rubrique Top vente ?

- Quels sont les produits les mieux mis en valeur et les plus vendus?
- Que reflètent les avis des clients et les commentaires ?
- Que révèle l'analyse du trafic ?
- Quel type de communication est utilisé ?
- Est-ce que le processus d'achat est simple ?
- Quels sont les moyens de paiement proposés, la livraison ?

• **La clientèle visée**

Trouver précisément la cible de clientèle qui correspond à l'offre commerciale de l'e-commerçant, c'est trouver des consommateurs qui souhaitent acquérir ses produits ou services. C'est une étape indispensable pour ne pas s'épuiser rapidement.

Quand on veut vendre à tout le monde, on ne vend rien à personne. Un e-entrepreneur doit se concentrer sur son cœur de cible, ces personnes qui ont besoin de ses produits ou services et pour lesquelles il résout un problème ou satisfait un besoin.

Le client est au cœur de l'étude marché. Il faut regrouper la cible de clientèle en un groupe homogène de personnes ou d'entreprises qui ont les mêmes besoins et qu'ils sont prêts à payer au même prix. Ces groupes de personnes ou entreprises que l'e-commerçant peut servir de la même façon et avec lesquels il peut entretenir le même type de relation.

Il faut déterminer quel est le profil de la clientèle ciblée. S'adresse-t-on aux particuliers (**B2C**) ou aux entreprises (**B2B**) ? Pour réussir à déterminer le groupe qui correspond à sa cible de clientèle, il faut trouver les critères les plus appropriés au type de produit ou de service vendu.

➔ S'il s'agit de **particuliers,** il faut par exemple déterminer à quel segment de la population on s'adresse : par âge, sexe, CSP, localisation, habitude de consommation, le prix qu'ils sont prêts à payer...

➔ S'il s'agit **d'entreprises**, il faut segmenter par exemple en fonction du secteur d'activité, de la taille de l'entreprise en nombre de salariés, de 0 à 5 salariés ou plus de 50 salariés, ou encore les segmenter en fonction de leur localisation. Il est possible d'affiner encore plus avec d'autres critères.

L'objectif est de connaître :

- le type de clientèle existant sur le marché visé ;
- le comportement d'achat de cette clientèle, fréquence des achats, prix qu'ils paient... ;
- le besoin de cette clientèle, produits et services recherchés ou présents sur le marché.

• **Le positionnement**

Pour ne pas être confronté directement à ses principaux concurrents, un e-commerçant doit essayer de se positionner pour trouver le segment de clients qui n'est pas encore ou mal ciblé par son offre. En procédant de la sorte, un e-commerçant touche un cœur de cible fort, ce qui lui permet d'asseoir son entreprise, dans un premier temps, avant de penser au développement de son affaire.

- **La réglementation**

Dans une étude de marché, il est également recommandé de s'inquiéter de la réglementation. Notamment les règles qui s'appliquent au secteur visé et qui peuvent être contraignantes pour l'e-commerçant, par exemple pour la vente de médicaments, les produits multivitaminés et minéraux, les compléments alimentaires, de nouveaux animaux de compagnie… Cette étude peut aussi permettre de connaitre les futurs fournisseurs, leur taille, leur notoriété, leur positionnement, leurs prix, la qualité des produits, les délais… L'idée étant de **prospecter large** pour avoir une meilleure vision d'ensemble du secteur visé.

II) ANALYSER LES RÉSULTATS

Une fois réunies les informations essentielles d'un marché, L'e-commerçant doit les synthétiser et les analyser. Cette analyse va l'aider à dessiner les grandes lignes de son projet de boutique en ligne. Grâce à une étude fouillée, il peut :

- Avoir une vue de l'état général du marché ;
- Connaître les pratiques et l'influence des concurrents directs sur ce marché ;
- Les perspectives d'avenir de ce secteur ;
- Définir la cible de la clientèle idéale à atteindre ;
- Déterminer une fourchette de prix acceptable pour le produit ou service proposé ;
- Prendre connaissance des contraintes réglementaires du marché ;
- Éventuellement identifier les niches de marché sur lesquelles se positionner.

En résumé, une étude de marché permet à l'e-commerçant de mieux comprendre sa concurrence pour mieux se positionner à côté d'elle et de mieux comprendre sa clientèle pour lui proposer l'offre dont elle rêve. Au final, cette étude permet à l'e- commerçant de connaître parfaitement son secteur d'activité pour vendre plus et mieux.

Une fois le marché global étudié, un e-commerçant a tout intérêt à se positionner sur une niche de ce marché. Voyons tout de suite pourquoi le faire et comment le faire.

III) TROUVER UN MARCHÉ DE NICHE

Envisager de se positionner sur une niche rentable semble judicieux pour commencer un business en ligne. En effet, lancer une boutique en ligne sur un marché saturé en vendant des produits génériques que tout le monde vend, du site généraliste au spécialiste, c'est livrer bataille à une concurrence aguerrie et bien établie.

En choisissant un marché de niche, un e-commerçant se donne plus de chances de réussir. Pas forcément en vendant plus de produits, mais en tablant sur une segmentation de marché précise. Qui dit niche dit aussi concurrence, mais elle est plus restreinte, plus facile à identifier et donc plus facile à concurrencer.

A) Caractéristiques des marchés de niche

Le marché de niche caractérise le segment d'un marché plus vaste. Ce type de marché a sa propre identité avec des caractéristiques qui le différencient du marché plus large. La clientèle ciblée d'un marché de niche à ses propres besoins ou problèmes à résoudre. Pour cerner les contours d'une niche de marché, il faut tenir compte de plusieurs aspects :

- Les données démographiques de la cible visée : sexe, âge, revenus, niveau d'éducation...
- Le niveau de qualité des produits ou services proposés : haut de gamme, économique, artisanal ou fait main...
- Les prix : le prix low cost ou éco, les prix pratiqués sur le marché dit « prix d'alignement », le prix écrémage pour les produits à forte valeur ajoutée, le prix premium ou prestige pour des produits ou services qui justifient un tarif élevé.

- La localisation géographique : région, ville, quartier, pays, continent…
- Les données psychographiques : centres d'intérêt, personnalité, valeurs, style de vie, attitude des consommateurs…

B) Faire le choix de se positionner sur un marché de niche

En se spécialisant sur un marché de niche, l'e-commerçant prend une décision commerciale stratégique puisqu'il s'engage à servir un segment de consommateurs mieux que ses concurrents qui ciblent un marché plus vaste. Si le marché des ustensiles de cuisine est visé, un e-commerçant peut envisager de se spécialiser dans la pâtisserie ou dans les ustensiles pour fabriquer des pâtes, par exemple. L'objectif de la recherche d'un marché de niche est d'en identifier un qu'il soit possible de dominer, qui soit pourvu d'une audience assez importante pour garantir la rentabilité de l'entreprise.

En choisissant une niche, un e-commerçant peut plus facilement :

- déterminer le type de produits ou services à commercialiser qui répondront aux besoins d'une clientèle ciblée ;
- évaluer la fourchette des prix à pratiquer, en tenant compte des prix du marché et de ce que son audience est prête à payer ;
- bâtir son image de marque et adopter le bon positionnement par rapport à la concurrence ;
- adopter la bonne stratégie marketing ;
- choisir des fournisseurs, opter pour des produits d'une certaine qualité de fabrication et d'un certain niveau de prix.

C) Faire des recherches pour trouver une niche

Pour trouver une niche rentable à exploiter sur internet, plusieurs approches sont possibles. Celles les plus couramment employées sont à portée de clics : Google. Pour réfléchir à des idées de niches rentables, il faut s'intéresser aux e- commerçants qui vendent des produits à un certain public, des produits qui semblent offrir de bonnes promesses de rentabilité.

Il est judicieux de suivre les suggestions du moteur de recherche. Les suggestions, ce sont ces mots qui s'affichent automatiquement avant même d'avoir terminé sa demande. Ces mots suggérés par le moteur de recherche sont liés aux mots clés les plus souvent tapés, les plus souvent associés et recherchés sur Google. Ils peuvent être utiles pour trouver une niche rentable qui se situe dans la catégorie de produits ou services envisagés. Il est recommandé d'utiliser un outil comme Google Ads pour trouver les mots clés les plus utilisés qui sont en rapport avec une activité, des produits ou services.

D) S'intéresser aux communautés de passionnés ou d'utilisateurs en ligne

Sur internet, de nombreuses communautés se sont constituées qui regroupent des membres partageant les mêmes passions, centres d'intérêt, activités professionnelles, loisirs... Pour les trouver, il faut fréquenter les forums, les blogs, trouver les hashtags les plus populaires autour d'un thème sur Instagram ou Twitter. Exemples : #masqueprotection, #produitsbios...

Aller à la rencontre de groupes actifs sur Facebook ou sur d'autres réseaux sociaux, c'est se donner de meilleures chances de réussite. Ces communautés actives sont des sources intéressantes pour récolter des informations. S'y intégrer et y intervenir est un plus, simplement en échangeant avec un autre membre ou en intervenant dans les commentaires ou encore en postant un article. Ce sont des endroits à fréquenter pour se faire connaître et qui permettent de se connecter à des internautes qui génèrent de l'engagement. Nous y reviendrons dans le module qui traite du webmarketing.

E) Personnaliser son offre sur un marché de niche

Une fois le marché de niche trouvé et les produits identifiés, il est possible pour un e-commerçant de proposer à son cœur de cible un produit ou un service personnalisé. L'histoire du commerce regorge de ces success-stories où des entrepreneurs ont identifié des petits besoins à combler qui ont été ignorés par d'autres. Certains ont pu se poser en spécialistes sur leur créneau et en tirer des revenus substantiels. Le temps et la persévérance leur ont permis d'adopter la bonne approche du marché qui a comblé leur manque d'expérience, leur manque de moyens ou de contacts pour finalement créer et commercialiser un produit ou un service original et attrayant. Il ne s'agit pas ici de réinventer la roue, mais plutôt de tout mettre en œuvre pour améliorer un produit ou un service existant.

La notoriété des produits de niche auprès des consommateurs ne cesse de prendre de l'importance. Beaucoup d'e-commerçants font justement des efforts pour se différencier de leurs principaux concurrents en travaillant sur ces idées qui peuvent être converties en produits ou services de niche. Tous les marchés regorgent de produits et de services. Dans ces marchés saturés, le produit ou le service de niche est sûrement un créneau à étudier pour offrir à son audience un produit ou un service unique.

Une fois l'idée de niche trouvée, il faut s'assurer que le public visé s'y intéressera vraiment et que cette audience est suffisamment importante pour que le produit ou service proposé soit rentable. Pour le savoir, l'e-commerçant peut commencer à tester son produit ou service en le diffusant avec une campagne promotionnelle auprès de son public cible. Il peut aussi procéder à une étude encore plus poussée de son marché de niche en analysant les blogs, les communautés sur les réseaux sociaux ou en sollicitant l'avis d'influenceurs. Nous y reviendrons dans le module consacré au webmarketing. Une étape importante dans le choix de produits ou de services est justement d'estimer leur rentabilité. Voyons quels critères prendre en compte pour faire cette estimation.

IV) ESTIMATION DE LA RENTABILITÉ D'UN PRODUIT

Pour avoir une estimation de la rentabilité d'un produit, il est possible de prendre en compte plusieurs critères. En voici 7 importants :

La valeur ajoutée

Pour déterminer la marge que l'on peut dégager, puisqu'il s'agit de cela, il suffit de tenir compte du coût d'achat, du prix de vente et des charges de l'entreprise (coût de fonctionnement de la boutique en ligne, publicité, frais de stockage, présentation produite photos, fiches produits...).

- **Le cycle de vie du produit**

S'agit-il d'un produit mode comme un lisseur à barbe, une trottinette électrique, un drone... ou de produits avec un cycle de vente régulier comme les produits de beauté, les vêtements, les outils pour le bricolage, les ustensiles de cuisine ? Il faut faire un choix entre les produits tendance qui surfent sur une mode et les valeurs sûres qui se renouvellent fréquemment.

- **La concurrence**

Ici, il faut se mettre à la place de l'acheteur pour évaluer le marché et les principaux acteurs qui l'animent. Il suffit de taper sur un moteur de recherche les mots clés que les consommateurs tapent sur leur clavier pour immédiatement avoir un aperçu des offres disponibles sur internet, et des concurrents qui se trouvent derrière.

Le poids, la taille, le stockage, la livraison

Plus un produit est lourd et encombrant, plus il sera difficile à stocker et plus les frais de livraison seront onéreux. Pour commencer, un e-commerçant privilégie de préférence les produits de petite taille, légers, faciles à stocker et simples à expédier à un coût raisonnable. Nous verrons que le dropshipping peut être une solution pour contourner le problème du poids, du stockage et de la livraison.

La demande

Pour estimer une demande de produit ou de service sur internet en prenant en compte le volume de recherche fait par les consommateurs, il est possible d'utiliser Google Trends. Avec cet outil, on découvre ce que recherchent les internautes du monde entier en utilisant les mêmes mots clés : lisseur de barbe, trottinette, autocuiseur...

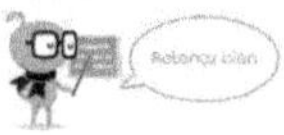

Durant la période de confinement, la demande sur le lisseur barbe a augmenté de 90 % alors que les demandes sur les trottinettes baissaient drastiquement... Voilà comment on peut estimer la popularité d'un produit ou d'un service en tenant compte de la saisonnalité ou de tout autre événement.

- **La capacité de vente**

Bien sûr, il y a les produits phares à vendre dans une e-boutique, mais il faut aussi estimer tous les à-côtés. Ces produits ou services complémentaires, options, formations, consommables, ces produits qui se renouvellent comme les cartouches d'encre, le papier pour imprimante... des accessoires qui peuvent sensiblement augmenter le montant du panier moyen des clients.

La réglementation

Il s'agit avant de se lancer dans un créneau ou une niche de marché de vérifier si la réglementation sur les produits ou services visés n'est pas trop contraignante. S'informer sur les restrictions qu'impose la législation sur la vente de certains produits permet d'éviter de perdre du temps. L'alimentation, les produits pharmaceutiques, les produits bios, l'importation d'animaux de compagnie... font partie de ces secteurs surveillés avec des réglementations contraignantes.

Le tableau ci-dessous peut vous aider à estimer la rentabilité d'un produit : En donnant une note entre 1 et 10 pour chaque produit, un e-commerçant peut faire une moyenne et estimer le potentiel de chaque produit.

	Critères pour l'estimation de la rentabilité	Produit 1	2	3	4
		Masque			
1	La valeur ajoutée				
2	Le cycle de vide du produit				
3	La concurrence				
4	Le poids/taille/stockage/livraison				
5	La demande				
6	La capacité de vente				
7	La réglementation				
	Note globale				

Le business plan

Le business plan est un document qui permet à un entrepreneur d'expliquer la mise en œuvre opérationnelle et stratégique de son entreprise.

Le business plan est un document obligatoire lorsqu'un e-commerçant veut lever des fonds, s'associer avec d'autres partenaires ou investisseurs, convaincre des banquiers ou des fournisseurs de le suivre.

Un business plan permet aussi à un entrepreneur de planifier chaque étape de son projet et d'analyser les risques inhérents au projet. Il sert un peu de fil conducteur au projet. L'élaborer n'est pas une perte de temps, il sera d'une aide précieuse tout au long de la mise en route de l'e-boutique. Les principaux éléments à réunir et à mettre en avant sur un business plan sont :

Le profil de l'entreprise. La présentation du créateur et l'équipe sur laquelle il compte s'appuyer. Un résumé des compétences de chaque personne qui compose l'entreprise est à faire.

La valeur créée pour la clientèle visée. Quel bénéfice la clientèle va-t-elle retirer de l'offre de l'e-commerçant ? Il faut faire la démonstration que l'offre répond à un véritable besoin ou à un problème que la clientèle visée veut résoudre. À quels besoins les produits ou services proposés répondent-ils ? Quel est le caractère innovant des produits et des services proposés par rapport à l'offre existante ?

La stratégie globale envisagée et le plan d'action. Le marketing, les solutions publicitaires envisagées, la communication, la fixation des prix, la politique de distribution, les services qui vont être mis en place. L'idée ne suffit pas pour pérenniser une activité commerciale, aussi il convient de démontrer qu'une organisation cohérente et efficace sera mise en place par l'e-entrepreneur. Cette organisation mise en avant lui permettra de prouver à ses interlocuteurs qu'il compte aller plus vite et plus loin que ses principaux concurrents.

L'étude de marché. Comme nous l'avons vu, il s'agit de présenter la situation du marché, sa taille, ses perspectives de croissance, l'offre existante, la cible de clientèle, les chiffres du marché, les principaux acteurs, concurrents, fournisseurs, services de livraison...

Les prévisions financières. Cette partie intègre des tableaux chiffrés, les tableaux prévisionnels, compte de résultat prévisionnel, bilan prévisionnel, plan de financement, trésorerie, investissements... D'autres indicateurs peuvent être importants, notamment pour les banquiers et les investisseurs tels que les besoins en fonds de roulement, le seuil de rentabilité, la capacité d'autofinancement... Cette partie financière est évidemment à travailler avec des spécialistes dans ce domaine, comme les comptables ou les experts comptables.

La structure de la société. Sa forme juridique, ainsi que l'organisation générale de la société. Le business plan est un document qui doit clairement expliquer le business qui est visé. Il faut qu'il soit clair et accessible de façon à permettre au lecteur de comprendre la valeur de l'entreprise qui doit être créée. Pour le rédiger, il faut privilégier le fond sans avoir besoin de rendre un document indigeste qui comprendrait des dizaines de pages. Il faut privilégier l'argumentation en donnant les chiffres clés et en soumettant les bonnes études de cas.

Les banquiers, les investisseurs, les distributeurs et les fournisseurs sont les principaux destinataires d'un business plan. Certains d'entre eux en lisent plusieurs par jour. Aussi, il ne faut pas hésiter à présenter un business plan avec une page de synthèse qui réunisse les principaux éléments à connaître. En lisant cette page de synthèse, un lecteur doit avoir envie de lire la suite. Il doit savoir tout de suite qui est le vendeur, ce qu'il souhaite vendre, quelle est la cible et pourquoi et comment le porteur du projet va réussir dans son entreprise.

Pour réaliser un business plan, il est possible de s'inspirer de business plans que l'on trouve facilement sur internet. Le **business plan oxatis** pour l'e-commerce semble être un excellent support que nous vous invitons à consulter.

Conclusion

Pour s'engager dans le monde de l'e-commerce, il faut avoir quelques aptitudes et surtout faire preuve de détermination et de persévérance. Une fois rassuré sur ses capacités et armé d'une motivation sans faille, un e-commerçant doit étudier le marché sur lequel il souhaite se positionner. Nous avons vu quels sont les marchés tendance de l'e-commerce. L'étude de marché est l'élément essentiel qui permet à l'e-commerçant de bien comprendre l'environnement dans lequel il va évoluer et qui l'aide à déterminer si son projet d'entreprise est viable. Après cette étude de marché globale, nous avons évoqué le marché de niche. Il est question des raisons qui peuvent motiver un e- commerçant à se positionner sur ce type de marché ainsi que la façon de l'aborder. Pour conclure ce deuxième module, il a été question de l'estimation de la rentabilité d'un produit et de l'importance d'un document qu'il est conseillé de rédiger : le business plan.

CHAPITRE 3 :
LE CHOIX DES FOURNISSEURS

I) LES DIFFÉRENTES POSSIBILITÉS POUR VENDRE DES PRODUITS EN LIGNE

Une fois qu'un marché de niche est trouvé, se pose la question des produits ou services à proposer à l'audience ciblée. Plusieurs possibilités, avec leurs avantages et inconvénients, s'offrent au cybercommerçant pour développer son entreprise autour d'un produit ou d'un service. Plusieurs options importantes sont envisageables :

A) Créer soi-même

Créer ou fabriquer soi-même le produit ou service : c'est le cas pour les artisans, les artistes, les adeptes du Do It Yourselfi et ceux qui souhaitent proposer un nouveau produit qu'ils créent et qu'ils fabriquent eux-mêmes. La création ou le « faire soi-même » englobe les professionnels qui vendent leurs compétences ou services comme le rédacteur, le graphiste, l'assistant commercial... ainsi que les services de formations, les prestataires de services, comme les centrales de réservation, les vendeurs de box qui, par abonnement, vendent des produits de beauté, de mode culinaire – sous forme de box que le client reçoit une fois par mois –, les plateformes d'économie collaborative...Créer une nouvelle marque de thé, un produit de soin pour cheveux, des bougies... Ce genre de business paraît accessible en achetant les matières premières, en assemblant le produit d'abord en petite quantité, en optant pour le bon packaging et en proposant le produit au bon prix à sa cible de clientèle. Si, lors du lancement de produits fais maison, les achats et la production en petite quantité ne permettent pas d'avoir des marges élevées, elles permettent d'avoir un contrôle total sur les prix et les stocks. Les risques sont considérablement réduits, mais les gains aussi, au moins dans un premier temps.

On parle de **sourcing fournisseur** ou « recherche de ressources » lorsqu'il s'agit d'identifier des fournisseurs potentiels. Ensuite, il faut comparer les prix, les prestations ou services, la qualité de la production, les délais de ces fournisseurs... La finalité est de sélectionner des fournisseurs qui permettent d'améliorer les marges avec des produits de qualité achetés à des tarifs avantageux. Le sourcing fournisseur, c'est aussi la possibilité de trouver plusieurs fournisseurs, donc d'autres sources d'approvisionnement, pour ne pas dépendre d'un seul partenaire. Enfin, le sourcing permet d'établir des relations et d'entrer en contact avec des fournisseurs qui pourraient être utiles lors de la conception d'un produit, par exemple, ou encore représenter des solutions alternatives en cas d'imprévus ou de défaillance d'un fournisseur attitré.

Par ailleurs, les produits créés de toutes pièces prennent souvent plus de temps pour être imaginés et fabriqués. Une donnée qu'il faut garder en tête lors de l'élaboration du business plan.

B) Acheter en gros

Acheter un produit en gros pour le revendre au détail. Il s'agit ici d'acheter des produits commerciaux sans étiquette pour les revendre dans son e-boutique. Acheter en gros, c'est acheter à meilleur prix et donc faire de meilleures marges à la revente. Utiliser cette formule de l'achat en gros, c'est avoir un stock conséquent et de nombreux articles à vendre. Au niveau logistique, cette maîtrise des stocks facilite la vie. On sait ce qui est vendu, ce qui reste à vendre, il est facile de déterminer la fréquence de réassort. Avoir un stock conséquent de produits à disposition permet de personnaliser le packaging de ces articles plus facilement et à meilleur coût, tout en s'assurant de leur qualité et de leur conformité. Parmi les inconvénients de l'achat en gros, il y a le stockage. Selon la nature des produits, cela peut prendre beaucoup de place et nécessiter la location d'un entrepôt ou d'un espace de stockage, ce qui aura une incidence sur les coûts. Enfin, l'autre inconvénient peut être le transport, son coût et les délais. Se faire livrer depuis l'étranger peut être long et ne pas avoir la maîtrise des délais peut nuire au bon fonctionnement de la boutique. Il faut aussi tenir compte des frais de douane et des réglementations. Si les produits viennent de loin, de Chine ou d'un autre pays asiatique, par exemple, les frais peuvent s'avérer importants.

C) Faire fabriquer un produit par un partenaire sous-traitant

Créer par exemple sa propre ligne de vêtements, ses produits cosmétiques ou des ustensiles pour la cuisine, puis les faire fabriquer est une possibilité qu'exploitent certains e-commerçants. Il est possible de trouver des fabricants pour produire un article en petite série et donner ainsi vie à une idée de produit. Un cybercommerçant peut aussi faire appel à un fabricant lorsqu'il ne peut plus satisfaire la demande en fabriquant son article lui-même. Trouver des fabricants pour produire des petites séries de produits n'est pas toujours évident, mais on en trouve dans des domaines comme l'habillement et les produits artisanaux. Certains fabricants, en revanche, exigent pour commencer à produire la commande de milliers, voire de dizaines de milliers d'unités. Tout est fonction du type de produit à fabriquer. Passer de l'idée au produit fini ne demande pas le même investissement, cela tient à la simplicité ou à la complexité du produit en question. Le processus décrit ci-dessous présente les étapes de la conception d'un produit. Avant de s'engager dans cette voie, un e-commerçant doit être conscient de la complexité du processus qui l'attend. Cette solution prend du temps et nécessite d'y consacrer un budget.

II)LES ÉTAPES DE LA CONCEPTION D'UN PRODUIT

1) Maquette et prototype

Faire fabriquer un produit nécessite de passer par quelques étapes, de l'idée au produit. D'abord vient le temps des croquis ou des esquisses, des schémas annotés. Cette esquisse de projet de produit peut ensuite faire l'objet d'un croquis en 3D. Il faut faire appel à un graphiste ou à un ingénieur pour le réaliser, sauf si le créateur maîtrise les logiciels de conception et de dessins assistés par ordinateur (Sketchup ou Tinkercad, par exemple). La modélisation en 3D est également intéressante pour évaluer le volume, les proportions de l'article, mais aussi pour le mettre en situation dans un environnement où on est habitué à le trouver (meuble, déco, bijou...). La réalisation d'un échantillon ou d'un prototype est l'étape suivante. En réalisant une maquette, il est plus facile de visualiser le rendu et les caractéristiques du produit.

2) Sourcing & fiche technique

Une fois qu'un premier prototype est réalisé, il faut passer au sourcing, c'est-à-dire trouver les matériaux nécessaires à sa fabrication et les partenaires à solliciter pour la fabrication. C'est en quelque sorte construire sa propre chaîne logistique. Avant de solliciter les partenaires pour la fabrication du produit, il faut concevoir une fiche technique. La création d'une fiche technique avec tous les éléments nécessaires à la réalisation du produit va permettre de solliciter fabricants et fournisseurs. Cette fiche doit décrire de façon complète le produit avec tous les détails de la fabrication. Un néophyte n'a la plupart du temps pas tous les éléments techniques pour la réalisation du produit. Une fiche technique n'est pas figée et peut évoluer au fil de la création en fonction des rencontres avec les fabricants et de leurs remarques. La fiche technique doit intégrer le sourcing, comme on l'a vu. À tel endroit, c'est telle matière ou tel produit qui est utilisé ; à un autre, il faut utiliser telle fourniture ou telle matière. En d'autres termes, c'est déterminer qui fournit quoi. Sur la fiche, on montre des vues générales du produit en détaillant les matières utilisées et les détails de sa fabrication, d'assemblage ou de confection. Cette fiche technique peut tenir sur deux pages ou nécessiter un dossier complet de plusieurs dizaines de pages, tout dépend de la complexité du produit à fabriquer. Il faut considérer que la réalisation d'une fiche technique sert aussi d'outil de travail qui permet de nourrir son esprit et son projet pendant la période de conception et de développement. Faire fabriquer son produit au début est un long processus qui demande du temps. Il faut trouver, puis faire le choix de produits et de partenaires nécessaires à sa réalisation.

Toutes les étapes de conception d'un produit décrites ici sont indispensables pour concevoir une fiche technique claire qui permet d'échanger avec les partenaires au fur et à mesure de l'avancée du projet. C'est un processus compliqué qui demande du temps et de l'argent pour acquérir des produits et les tester, mais qui permet en contrepartie de proposer un produit exclusif et original.

3) Vendre en dropshipping

Le dropshipping est la solution qui permet de ne pas avoir de stock et de vendre des produits qui ne passent pas physiquement par l'e-commerçant, car livrés directement par son fournisseur. Cette formule de dropshipping a le vent en poupe, et pour cause ! Elle permet de commercer sans s'inquiéter de l'approvisionnement, de la tenue de stocks et de la livraison aux clients. Avec cette formule, on se contente de trouver le client et de lui vendre le produit.

- **Le dropshipping serait-il l'eldorado de l'e-commerçant ?**

Certes, cette formule a quelque peu changé les règles du jeu dans le monde du commerce. Il suffit de se rendre sur une plateforme et d'y faire des choix de produit à vendre, puis de les proposer à ses clients sur son site. Pour faire du dropshipping, un e-commerçant peut s'appuyer sur des plateformes comme Aliexpress pour trouver des fournisseurs, acheter et faire livrer des produits au détail. D'autres plateformes comme BigBuy, Salehoo, Printful, GlobalSources, Lightinthebox... offrent aussi des gammes de produits intéressantes proposées par de nombreux fournisseurs. La liste n'est pas exhaustive.

À noter que la plateforme chinoise Alibaba spécialisée dans la vente en gros est plutôt réservée aux professionnels.

Une fois le ou les bons produits repérés, il faut choisir ceux proposés par les fournisseurs qui semblent être les plus fiables. Lorsque le choix de l'e-commerçant s'est porté sur un produit ou une gamme de produits, il peut ensuite les proposer à sa cible de clientèle sur sa boutique en ligne.

Il peut créer spécialement sa boutique avec un CMS, ou encore la concevoir puis la positionner, moyennant un abonnement payant, sur une plateforme spécialisée type Shopify ou Wizishop. Nous reviendrons sur les différentes possibilités de création de boutiques en ligne dans le module suivant.

- **Les avantages**
  - Cette forme de commerce permet à l'e-commerçant de vendre des produits qui nécessitent zéro frais au niveau du stockage, de l'approvisionnement et de la livraison.
  - Pas de manipulation de produit ni de conditionnement.
  - Permet de se lancer rapidement dans le commerce en ligne et permet de se consacrer entièrement au marketing et à la visibilité de son e-boutique sur internet.
  - Pas de risque d'avoir des invendus.
  - Il est possible d'avoir accès à un très grand nombre d'articles.
  - Il est possible de revendre tout type de produit.
  - Avec le dropshipping, un e-commerçant limite les frais de démarrage, le besoin en fonds de roulement est limité, voire inexistant.
  - C'est une possibilité d'élargir à moindres frais son offre, qui peut compléter l'offre déjà existante.

- **Inconvénients**

- Tous les vendeurs ont accès à ces produits. Difficile de se différencier sur un marché de niche, même si certains fournisseurs proposent de personnaliser le produit, moyennant un cout supplémentaire.
- Se battre sur un produit fortement concurrencé nécessite un investissement publicitaire supplémentaire pour se faire connaître.
- Pas de contrôle sur la durée de vie du produit, dont la production peut être stoppée sans préavis.
- Peu de contrôle sur les délais de livraison. Les retards de livraison de produits venant d'Asie sont fréquents.
- Avec les produits de dropshipping, il est plus difficile de travailler avec des marges intéressantes.
- Le vendeur reste responsable en cas de litige, même si le produit ne lui a jamais appartenu.
- Le taux de retour des produits de dropshipping tourne autour de 10 %. Autant de litiges à gérer pour satisfaire sa clientèle et éviter d'avoir des commentaires négatifs.

Le dropshippping permet au vendeur de se décharger des contraintes liées à l'approvisionnement, à la livraison et lui permet ainsi de se concentrer sur la partie commerciale : recherche de clients, webmarketing, publicité...Cependant on a pu constater que beaucoup des e-commerçants qui opèrent en dropshipping axent leur business sur des produits de mode souvent éphémères, favorisant l'achat par impulsion d'articles qui ne sont pas suivis. Ces e- commerçants ne cherchent pas vraiment à fidéliser leur clientèle, ils changent fréquemment de produits en fonction des modes. Souvent, les produits commercialisés en dropshipping, parfois avec des pratiques commerciales peu éthiques, ne sont pas d'une qualité irréprochable. Le dropshipping semble cependant être une bonne formule pour ceux qui prennent le temps d'identifier les bons fournisseurs et qui veulent élargir leur offre de produits existante.

Le droshipping peut paraître séduisant pour démarrer un commerce en ligne, mais il faut être conscient des inconvénients et ne pas oublier que toute la partie qui concerne le marketing, la gestion de l'e-boutique, reste la même. Il faut trouver les clients, rédiger des fiches produits attractives, agencer le site pour qu'il soit attirant et professionnel, tester toujours les produits vendus pour ne pas décevoir son audience.

Le retail arbitrage

La formule est en vogue depuis quelques années aux États-Unis et se pratique de plus en plus en France. Au départ, il s'agit pour un particulier d'acheter des produits, puis de les revendre en prenant une marge. Le retail arbitrage consiste à faire de la vente au détail de produits trouvés au rabais dans les magasins physiques (invendus, fin de série, soldes, liquidation). Ce procédé, qui permettait à certains d'arrondir leurs fins de mois, est devenu une activité professionnelle à plein temps pour d'autres. La difficulté est de trouver les bons produits dans les magasins physiques, à proximité de chez soi, aux bons prix et qui permettent de dégager une marge intéressante.

L'application Amazon Selling est utile pour gérer les ventes de ses produits sur la plateforme de vente en ligne, notamment en retail arbitrage. En la consultant, on obtient des informations instantanées qui permettent de vérifier les prix de produits, le classement des ventes sur Amazon, les offres concurrentes... bref tout savoir sur ce produit qui se trouve en magasin et qui est vendu à 50 % de sa valeur. Pour accéder à cette application, il faut avoir un compte Amazon vendeur.

III) COMMENT CHOISIR DES FOURNISSEURS

L'activité d'une e-boutique, quelle que soit la formule choisie, est liée à ses fournisseurs. Un e-commerçant doit les choisir avec soin, car ils peuvent influer à la fois sur l'image de marque et la notoriété de l'e-boutique, ainsi que sur sa rentabilité. Cette tâche, qu'il s'agisse de sourcer des matériaux pour fabriquer ses propres produits ou trouver des fournisseurs ou grossistes pour vendre leur produit, n'est pas si évidente. Lorsque nous employons le mot « fournisseurs » ici, il est question de toutes personnes ou organisations qui ont la capacité de fournir des matériaux, des produits et du stock. On aurait pu aussi les qualifier de fabricants, grossistes ou distributeurs.

Les options les plus courantes, hormis le fait-main, pour alimenter son e-boutique sont donc :

- La recherche d'un fournisseur pour produire l'article qui intéresse l'e-commerçant, à partir de son idée.
- La recherche d'un fournisseur qui propose des produits ou des marques qui existent déjà.
- La recherche d'un site de dropshipping pour gérer les commandes passées, fournir et livrer les produits à ses clients.

Voyons comment faire pour trouver des fournisseurs, puis comment les approcher.

Ou s'approvisionner ?

D'abord, l'e-commerçant doit se poser la question de savoir ou s'approvisionner : est-ce localement dans sa région, dans son pays ou à l'étranger ? L'étranger, notamment dans le cas du dropshipping, fait souvent référence aux producteurs asiatiques : Chine, Taiwan, Inde... Voyons quels sont les avantages et inconvénients il y a à s'approvisionner localement ou à l'étranger.

• **S'approvisionner localement**

Les avantages

- La communication se fait plus facilement, sans barrière linguistique.
- Meilleurs standards de travail français, qui impliquent des conditions de travail et de rémunérations décentes même pour les travailleurs étrangers et saisonniers.
- Meilleure qualité de fabrication.
- Avantage commercial : un produit Made in France ou Made in Bretagne peut faciliter la vente en France, mais aussi à l'étranger.
- Facilité pour vérifier la fiabilité et la réputation des fournisseurs.
- Délais de livraison plus fiables et moins longs.
- Meilleure sécurité pour les recours en cas de litige.
- Meilleure sécurité pour les paiements.
- Meilleure protection des droits de propriété intellectuelle.
- Plus écologique, car le produit n'a pas besoin d'être transporté sur de très longues distances, par avion ou cargo : meilleur impact carbone.

Les inconvénients

- Une offre moins importante, moins de choix de produits.
- Les coûts de fabrication sont plus élevés.

• **L'approvisionnement sur les marchés étrangers**

Les avantages

- La multitude de fabricants et donc d'offres de produits.
- Des coûts de fabrication plus bas et des prix plus accessibles.
- La facilité de recherche des fournisseurs grâce à des sites comme Alibaba.
- Des produits qui ont un attrait « exotique ».

Les inconvénients

- Les standards de fabrication et de travail sont généralement plus bas.
- Diminution de la valeur du produit perçue par le client, le « Made in China » n'a pas toujours la cote (même si des produits d'excellente qualité sont aussi fabriqués là-bas).
- Les délais de livraison sont plus longs et plus aléatoires.
- Manque de protection de ses idées contre le plagiat.
- Difficulté relative à la communication, la barrière de la langue et les différences culturelles.
- Parfois, les commandes minimum demandées pour bénéficier de tarifs avantageux sont trop importantes pour une boutique qui se lance.
- Contraintes des formalités à suivre pour l'importation de produits, droits de douane.
- Sécurité de paiement, les recours en cas de litige sont moindres. Il est parfois difficile, voire impossible, de se faire rembourser.
- Vérification de la fiabilité des fournisseurs moins évidente.

IV) LES PREALABLES POUR CHOISIR LES FOURNISSEURS

Pour entamer ses recherches de fournisseurs, un e-commerçant peut commencer par se remettre en tête les exigences de la clientèle ciblée pour déterminer le niveau de gamme de produits visés. Il peut se poser ces questions :

- Est-ce que les produits vendus par mon fournisseur sont appréciés par les clients ?
- Quel niveau de service je recherche chez mon futur fournisseur ?
- Qu'est-ce qui différencie mon e-boutique de celle de mes concurrents ?
- Ai-je la volonté de vendre des produits uniques ?
- Est-ce que le fournisseur vend en direct les produits, les vend-il aux concurrents ?
- Puis-je avoir l'exclusivité ?

1) Le cahier des charges

Pour sélectionner un fournisseur, il est conseillé de définir un cahier des charges en listant les critères que le fournisseur doit satisfaire. Un cahier des charges permet d'évaluer et de sélectionner des fournisseurs en précisant :

- les caractéristiques techniques du produit ;
- les informations sur les volumes envisagés, faire la répartition des achats dans le temps ;
- les conditions d'achat, prix à l'unité, prix pour des volumes importants ;
- les conditions de livraison ;
- les exigences et réglementations sanitaires ;
- des clauses particulières peuvent aussi être évoquées, par exemple en cas de retard de livraison, de non-conformité du produit…

Ce cahier des charges peut être mis en place dès que l'e-commerçant sait exactement quel type de produit il souhaite commercialiser. Ce cahier des charges, avec les critères que les fournisseurs doivent satisfaire, peut aussi préciser les services annexes recherchés, comme la livraison directe chez le client, personnalisation des produits, emballage neutre…

2) Les ressources pour trouver un fournisseur

Pour trouver des fournisseurs, un e-commerçant peut commencer par se servir d'internet : Google en tête, il suffit de taper une requête qui emploie le mot « fournisseur » ou le mot « fabricant », le mot « distributeur », les mots « vente en gros » ou encore le mot « grossiste ». Il est conseillé d'utiliser plusieurs de ces mots pour faire des recherches poussées, et d'y associer un mot-clé qui définit le produit : « fabricant ustensile de cuisine, produits de beauté, accessoires pour portables »…

Les Cependant, de nombreux fournisseurs n'ont pas suivi l'évolution de la toile, notamment les clés des algorithmes des moteurs de recherche. Leurs sites ne se trouvent pas forcément sur les premières pages, car ils sont mal optimisés. Il ne faut pas hésiter à parcourir plusieurs pages, parfois au-delà de la page 10 pour trouver le fournisseur idéal !

L'e-commerçant peut utiliser les annuaires nationaux ou internationaux et les plateformes spécialisées dans le commerce en ligne : Kompass, le moteur français qui recense 40 millions d'entreprises dans le monde, Europages, Thomasnet, Maker's Row, IndiaMart, Alibaba, et enfin les plus connus notamment dans le domaine du dropshipping : Aliexpress, Chinabrands, Oberlo...

D'autres pistes plus classiques peuvent être envisagées pour identifier des fournisseurs avec qui travailler :

- les manifestations professionnelles, salons, expositions, journées portes ouvertes...
- les syndicats et organisations professionnelles du secteur ;
- les annuaires professionnels ;
- les chambres de commerce ;
- les centres de gestions agréés ;
- les réseaux sociaux...

V) CONTACTER LES FOURNISSEURS AVEC LA BONNE METHODE

Pour obtenir des informations sur des produits, il faut savoir se présenter au fournisseur lors de la première prise de contact, que ce soit par email, au téléphone, sur un salon ou lors d'une visite si les fournisseurs trouvés opèrent à proximité. Pour ne pas être ignoré et recevoir des réponses à une demande de renseignements ou de devis, il y a des choses à faire et d'autres à ne pas faire :

- Rédiger un email trop long qui ne sera pas lu en entier ou sera mis de côté par le destinataire.
- Ne pas exposer clairement sa demande.
- Envoyer un mail en français si on s'adresse à des Anglo-Saxons, des Indiens ou des Asiatiques (privilégier dans ce cas toujours l'anglais).
- Beaucoup de fournisseurs emploient des personnes qui sont très occupées, et si un e-commerçant n'obtient pas de réponse à ses demandes, il doit essayer à nouveau sans se décourager. Pour que tout soit compris à la première lecture ou au premier contact, il convient à minima de :
- Se présenter, présenter son e-boutique, même s'il s'agit d'une création.
- Formuler sa demande clairement.
- Demander quels sont les prix, éventuellement les commandes minimales.
- Les conditions de paiement pour les nouveaux clients.
- Les conditions pour l'envoi d'un échantillon.

Les règles données pour l'email sont aussi valables pour une présentation physique ou lors d'un appel téléphonique. Il convient de préparer son entretien et d'aller droit au but. Remettre à un interlocuteur une carte de visite ou un flyer qui présente l'activité et l'e-boutique est un plus lors d'une rencontre en face à face.

Tout le monde peut questionner des fournisseurs sur leur tarif et leur condition d'achat, mais pour avoir plus de crédit et obtenir les bons prix auprès d'eux, il est conseillé de mentionner au bas de son mail ou sur ses documents un numéro de Registre de Commerce officiel. Avoir un statut juridique, un nom commercial et les faire apparaître peut rassurer l'interlocuteur. Si un fournisseur donne des tarifs facilement sans poser de question, il faut se méfier. Peut-être est-ce un intermédiaire, c'est fréquent sur internet, ou quelqu'un de moins recommandable qui flaire le pigeon à plumer. Pour négocier les meilleurs prix, il faut éviter de passer par des intermédiaires. Nous verrons quel statut juridique est le plus adapté à l'e-commerçant pour lancer son activité dans le dernier module.

Cet email court est une première approche où vous allez directement à l'essentiel. Ce genre d'email est aussi destiné à évaluer si une compatibilité est possible entre les deux parties. En proposant de commander un échantillon du produit, l'e-commerçant montre qu'il est sérieux et qu'il souhaite évaluer ou tester le produit.

Il n'est pas là par hasard et ne fait pas perdre son temps au fournisseur. L'idée avec ce premier email est de formuler une demande qui intéressera le fournisseur. La référence à un produit spécifique ou à une gamme de produits va l'interpeller et lui faciliter la tâche.

Ne donnez pas trop de détails sur l'histoire de son entreprise ou de son idée d'e- boutique. Il est aussi déconseillé de demander trop d'informations dans ce premier mail, il s'agit simplement de s'informer sur les choses essentielles.

Faire simple et court lors de la rédaction du message est aussi un plus quand les fournisseurs sont établis à l'étranger. Si certains ont un service export qui traite ces demandes, d'autres se servent de programmes de traduction automatique pour traduire l'email et rédiger leur réponse. En faisant simple, on a plus de chance d'être bien traduit et bien compris. Enfin, l'envoi d'un mail court, concis, bien présenté et sans fautes d'orthographe fait sérieux et a plus de chances d'être lu et d'être traité comme il se doit avec une réponse à la clé.

Par la suite, une fois qu'une relation s'est établie, d'autres demandes d'informations peuvent traiter de sujets divers : des délais de fabrication, des quantités minimales de commandes qui peuvent varier de façon importante d'un fournisseur à l'autre, des conditions de remises pour l'achat de gros volumes, du développement de nouveaux produits, des services proposés comme le SAV ou l'assistance technique...

VI) LES CRITÈRES À PRENDRE EN COMPTE POUR CHOISIR UN FOURNISSEUR

Une fois que plusieurs fournisseurs potentiels sont identifiés, vient le temps de comparer leur offre ou prestation.

1) Les points d'appréciation

Les critères d'appréciation sur lesquels se poser pour sélectionner des fournisseurs peuvent être les suivants :

- Les prix pratiqués, en comparant le rapport qualité/prix et en incluant les frais annexes comme le coût du transport, les frais et taxes des produits d'importation…
- Les délais de livraison, les dépannages en urgence…
- Les conditions d'achat : quantité minimale à commander, facilités de paiement…
- Les services proposés : assistance technique, service après-vente, conditionnements des produits, assistance technique, interlocuteur spécifique…
- Le respect des chartes, des normes, des critères éthiques pour la fabrication (travail des enfants, tests sur les animaux, protection de l'environnement…)
- La santé financière de l'entreprise : l'entreprise est-elle pérenne et fiable financièrement ? Il est possible de se renseigner sur des sites comme *infogreffe* ou *Société. com*.
- Les certifications : l'entreprise a-t-elle des labels de qualité, type ISO ?

Certains critères peuvent paraître moins importants que d'autres, cependant, de plus en plus de consommateurs tiennent compte des règles éthiques, notamment au niveau environnemental. Proposer des produits qui ne respectent pas ces règles ou dont les fabricants sont connus pour les enfreindre peut nuire à l'image de marque d'une e-boutique.

2) Se rendre chez ses fournisseurs

La visite chez un futur fournisseur est un plus dont il ne faut pas se priver si c'est possible. La visite chez le fournisseur est un excellent moyen pour entamer une relation durable et gagnant/gagnant.

La rencontre d'un fournisseur peut aider à se faire idée sur la capacité commune à nouer une relation sur le long terme. Aller à la rencontre d'un partenaire se prépare. Une visite s'annonce par une prise de rendez-vous, c'est indispensable avant de débarquer chez un distributeur ou un fournisseur. Il ne faut pas hésiter à préparer quelques questions sur les produits, la possibilité de contrôle des produits, ainsi que sur les bonnes affaires qui peuvent se présenter et se négocier sur place. Entretenir une relation de confiance avec ses fournisseurs est préférable, même si rien ne remplace un contrat bien bordé.

3) Entretenir des relations et négocier avec les fournisseurs

Entretenir de bonnes relations avec un fournisseur ne dispense pas un e-commerçant de faire jouer la concurrence et d'approcher d'autres fournisseurs. Il ne faut pas hésiter à comparer les prix, à les négocier et à négocier les délais de paiement et les conditions d'achat.

Connaître les raisons qui motivent un fournisseur à imposer un seuil minimal de commande peut être utile pour les négocier. Il est parfois difficile de gérer, au lancement d'une e-boutique en ligne, la commande d'une grosse quantité d'articles, à cause d'une trésorerie juste, d'une audience limitée ou des possibilités de stockage réduites... En connaissant le pourquoi de ces quantités de commande imposées, il sera peut-être possible de faire une contre-proposition qui retiendra l'attention du fournisseur.

Parfois, des compromis sont possibles : payer un prix plus élevé pour des achats à l'unité ou en plus petit nombre, panacher plusieurs produits différents ou proposer une commande plus importante ultérieurement avec le dépôt d'une avance... Il faut toujours essayer de négocier avec ses fournisseurs, parfois ils peuvent accepter des aménagements à leurs conditions générales de vente.

4) Négocier les conditions de paiement

Négocier des conditions de paiement avec un fournisseur n'est pas toujours facile lorsqu'on lance une activité en ligne. Il faut au moins essayer de négocier le paiement d'un acompte, puis le solde à la livraison, voire à 30 jours fin de mois qui est un délai légal, ensuite passer à 30 % à la commande, 30 % à la livraison et 30 % à 30 jours fin de mois.

En fonction des volumes achetés, certains fournisseurs peuvent accepter d'être réglés à 60 jours, voire à 90 jours si l'e-boutique bénéficie d'une bonne couverture crédit, ces assurances (Sfac/Euler/Hermes) qui permettent aux fournisseurs d'être couverts à hauteur d'un certain montant en cas d'impayés de leurs clients.

Évidemment, dès que les achats auprès d'un fournisseur atteignent un certain volume, un e-commerçant ne doit pas hésiter à provoquer des rencontres pour renégocier les conditions d'achat et de paiement. Dans cette optique, il fait un suivi régulier des commandes et de leur évolution pour les principaux fournisseurs, avec les éventuels incidents, les délais de livraison... En attendant d'atteindre le statut de bon client, un e-commerçant se concentre plutôt sur le marketing et la vente de ses produits en ligne.

Trouver de bons fournisseurs n'est pas si évident, surtout lorsqu'on lance une activité. Souvent, les bons fournisseurs sont très sollicités. Il faut organiser sa correspondance et la classer de façon à pouvoir les relancer, parfois au téléphone si personne ne se manifeste. Certains ne donnent pas suite aux demandes pour diverses raisons. Dans ce cas, il ne faut pas hésiter à leur demander s'ils connaissent un autre grossiste qui pourrait satisfaire votre demande.

C'est une étape importante que la recherche de bons fournisseurs pour lancer une activité. Cette recherche peut générer des périodes de découragement, car encore une fois certains fournisseurs ne répondent pas ou ne donnent pas suite. Ce sont des difficultés que rencontrent tous les entrepreneurs qui démarrent. Mais c'est aussi cela gérer une entreprise, il faut faire preuve de patience et de persévérance pour dénicher les bons fournisseurs et les bons produits. Un fournisseur sérieux finit toujours par répondre à une demande clairement formulée et bien présentée, que cette réponse soit positive ou négative.

Conclusion

Toutes les solutions présentent des avantages et des inconvénients qu'un e- commerçant doit prendre en considération avant de lancer son activité. Relativement aux fournisseurs, nous avons vu quels avantages et désavantages il y a à s'approvisionner localement ou à l'étranger. En définitive, nous nous sommes intéressés aux critères d'évaluation à prendre en compte pour choisir les meilleurs fournisseurs et à la façon d'entretenir avec eux de bonnes relations tout en négociant de meilleures conditions d'achat.

CHAPITRE 4 :
CRÉER SA BOUTIQUE EN LIGNE

I) LES SOLUTIONS POUR VENDRE SUR INTERNET

Ouvrir une boutique en ligne nécessite un long travail de réflexion et de préparation de la part de l'e-commerçant. Avant de créer sa boutique en solo ou de céder aux offres d'une agence marketing qui peut créer un site et le gérer de A à Z, il faut réfléchir aux différentes solutions qui se présentent à l'e-commerçant. Site vitrine, boutique ou marketplace quelle solution retenir ?

1) Le site vitrine

Le site vitrine permet de présenter des articles ou des services en ligne sans possibilité pour l'internaute de passer à l'achat. La particularité du site vitrine est que les interactions pour les visiteurs sont limitées. Ce genre de site sert la plupart du temps à assurer une présence sur internet pour se faire connaître de nouveaux publics. Ce site informatif est utilisé par les petites entreprises, artisans, métiers artistiques... Ce n'est pas la solution la plus pertinente à envisager pour une créer une e-boutique.

2) La boutique en ligne

C'est ce qui nous intéresse puisqu'il s'agit là d'un site marchand, accessible à tous, et qui permet aux internautes de choisir des articles ou services et de les payer directement en ligne.

L'extranet

Réservé plutôt aux professionnels, l'extranet consiste à proposer un site avec un accès sécurisé et réservé aux clients d'une entreprise. Ce genre de site est surtout utilisé dans le commerce B2B (entre entreprises). S'il est réservé aux entreprises qui échangent des relations commerciales, l'extranet est aussi utilisé par les entreprises pour rester en contact avec leurs filiales ou des salariés détachés ou itinérants. L'accès à l'extranet d'une entreprise partenaire se fait après une authentification avec un identifiant et un mot de passe.

3) La page pro sur un réseau social

En ayant une page pro sur Facebook, un compte sur Instagram ou sur un autre réseau social, il est possible de promouvoir ses produits et services. Souvent en combinant ces réseaux sociaux avec sa boutique en ligne. Nous reviendrons sur l'importance des réseaux sociaux dans l'e-commerce dans le chapitre 8.

4) La vente sur les marketplaces

Proposer ses produits à la vente sur des marketplaces est une solution qui attire de nombreux e-commerçants. Certains le font sans avoir de boutique en ligne. Les marketplaces, comme Amazon ou Cdiscount, sont des plateformes de vente en ligne qui offrent la possibilité aux vendeurs de présenter et de vendre leurs produits ou services. L'e-commerçant profite de la notoriété de la place de marché en ligne pour placer ses articles en contrepartie d'une participation financière perçue par la marketplace, souvent sous la forme d'un abonnement payant et d'une commission prélevée sur les ventes.

II) QU'EST-CE QU'UN SITE WEB ?

Un site web

Selon la définition Wikipédia : Un site web, ou simplement site, est un ensemble de pages web et de ressources reliées par des hyperliens, défini et accessible par une adresse web. Un site est développé à l'aide de langages de programmation web, puis hébergé sur un serveur web accessible via le réseau mondial interne, un internet local, ou n'importe quel autre réseau, tel le darknet. L'ensemble des sites web publics constituent le World Wilde Web.

Pour créer un site, un e-commerçant n'a pas à se former à la programmation pendant plusieurs mois, car il existe les CMS ou

Content Management System, système de gestion de contenu en français. Deux catégories de CMS sont disponibles :

→ **Les CMS open source** qu'un e-commerçant peut apprendre à maîtriser en quelques jours après s'être entraîné et avoir suivi les conseils des nombreux tutos disponibles en ligne.

→ **Les CMS SaaS** beaucoup plus faciles d'accès pour créer une boutique en ligne et bénéficier d'un service complet.

Nous voyons précisément les inconvénients et les avantages qu'il y a à employer l'une ou l'autre de ces deux formules dans ce module.

Avant de commencer, il semble utile de savoir ce qui se cache derrière quelques acronymes, qui peuvent apparaître ou être évoqués sur les CMS ou lors de rencontres avec des professionnels de la création de sites. Ces termes sont souvent employés par les programmeurs ou les webmasters.

Les langages de programmation

Comme expliqué dans la définition, les sites web sont donc conçus en s'appuyant sur des langages. Les langages à retenir :

Le langage HTML, Hyper Text Markup Language, est le seul qui est compris par les navigateurs web (Chrome, Firefox, Safari, Internet Explorer...). Il est conçu pour représenter les pages web telles que l'internaute les voit. Ce langage permet de créer une structure pour y présenter du contenu : textes, photos, vidéos, graphiques...

Le langage CSS ou Cascading Style Sheets fonctionne de concert avec le HTML. Il permet de gérer le style ou le design d'une page, il habille le HTML.

Du côté des serveurs (et donc des programmeurs), on utilise un langage serveur de programmation qui permet de réaliser le plus gros travail d'une boutique en ligne.

Plusieurs langages existent, les plus utilisés par les programmeurs sont : PHP Hypertext PreProcessor, ASP Active Serveur Pages, Ruby, JSP Java Serveur Pages, Python…

La base de données

Les logiciels de base de données permettent de stocker, d'organiser et d'analyser les données. Les plus utilisés sont : Mysql, Postgresql, SAP HANA, Mongo DB, Microsoft SQL Serveur…

III) CRÉER UNE E-BOUTIQUE AVEC UN CMS OPEN SOURCE

A) Créer son site avec un CMS open source

Concrètement un e-commerçant qui veut créer une e-boutique et vendre sur internet à plusieurs solutions :

- Créer son site en partant d'une page blanche et en s'aidant d'un CMS open source.
- Créer son site en ayant recours aux services d'une agence web spécialisée dans la création et la gestion de sites.
- Créer sa boutique avec un CMS SaaS, qui se trouve être la solution la plus facile et la plus abordable pour l'e-commerçant.

Ces CMS sont appréciés et fréquemment utilisés pour la création de boutiques en ligne. Un e-commerçant peut créer son site marchand seul avec un CMS open source à condition de mettre les mains dans le cambouis. Il faut apprendre sur les nombreux tutoriels en ligne pour maîtriser toutes les possibilités qu'offre ce genre de logiciel. L'avantage est que l'on peut compter sur une riche documentation et sur la communauté active des utilisateurs.

« Open source » signifie que le code du programme est accessible à tous, pour autant tous les programmes open source ne sont pas gratuits. Il faut tenir compte des coûts pour l'hébergement, le nom de domaine, l'accès à des options comme la capacité de stockage ou le choix de templates originaux, l'assistance technique… Les logiciels open source sont régulièrement revus et améliorés par des utilisateurs chevronnés. C'est un gage de qualité, d'évolutivité et aussi de sécurité puisque les failles sont rapidement identifiées.

Faire le choix d'un CMS n'est pas si évident tant l'offre est pléthorique. Il y aurait entre 250 et 300 logiciels différents disponibles sur le marché. Nous nous intéresserons aux plus populaires et aux plus performants.

B) Les avantages des solutions open source

- En utilisant un CMS open source, le site est entièrement dédié à la boutique avec un nom de domaine choisi par l'e-commerçant.
- Le coût de création d'une e-boutique est nettement inférieur à une solution clés en main proposée par une agence web, ou qui nécessite le recrutement d'un webmaster ou l'intervention de freelances comme les graphistes ou rédacteurs.
- La personnalisation du site est totale, tant au niveau du contenu – textes, fiches produits, newsletter... – que pour les fonctionnalités – achat en ligne, paiement, création d'un compte client...– ou encore pour l'univers graphique, les illustrations, photos, templates, la charte graphique...
- La possibilité d'accéder à un grand nombre d'extensions additionnelles ou plug-ins, la plupart du temps gratuits.
- L'e-commerçant est maître de son destin puisqu'il est aussi responsable du référencement de son site sur les moteurs de recherche.
- Soutenus par une communauté active, les CMS open source sont mis à jour fréquemment, améliorés, sécurisés et acquièrent au fil du temps une facilité d'utilisation favorisée par les remontées d'expériences et les suggestions faites par les utilisateurs.

Le CMS open source est la solution à retenir pour l'e-commerçant qui souhaite avoir la main mise et contrôler l'intégralité de sa e-boutique, tant au niveau de la gestion du site qu'au niveau de la création des contenus. Il faut simplement avoir quelques compétences techniques ou prendre le temps de les acquérir. Ou encore, pour ceux qui ont un budget à y consacrer, il est possible de se faire aider par un professionnel : développeur, graphiste, webdesigner, webmaster...

C) Les inconvénients des CMS open source

- Faire soi-même peut prendre plus de temps. Il est nécessaire de mettre la main à la pâte pour construire un site, ce qui peut prendre du temps pour utiliser correctement tous les outils mis à disposition. Une boutique en ligne, ce n'est pas seulement des produits ou services en ligne avec une légende, un prix et une fiche produit. Il faut mettre en place l'architecture du site, faciliter la navigation des visiteurs, optimiser l'affichage sur mobile, définir la création d'un logo, penser à la sécurité des paiements et à la protection des données clients, concevoir la page d'accueil, choisir les templates, le graphisme, les couleurs... Bien sûr, il est possible de se faire aider par des freelances, graphistes, rédacteurs, un webmaster... Il faut dans ce cas budgéter un investissement supplémentaire.
- La maintenance du site est sous la responsabilité de l'administrateur du site, l'e-commerçant. Il faut assurer les mises à jour, la gestion des bugs (et c'est fréquent)... Cette maintenance a un coût en temps et en argent.
- Le fait de partager un code source commun et accessible à tout le monde sur les CMS open source les rend plus vulnérables et en font la proie idéale des cybercriminels.

IV) LES DIFFÉRENTS CMS OPEN SOURCE

Voyons les CMS les plus utilisés par les e-commerçants et par certaines agences qui créent des boutiques ou des sites.

• **Wordpress/Woocommerce**

Pour les e-commerçants qui n'ont pas peur de créer une boutique avec le CMS le plus populaire, il faut commencer par le télécharger gratuitement ici Wordpress, sous la forme d'un fichier ZIP. Grâce à son menu central ou « dashboard », il est possible de créer une boutique en ligne notamment en s'aidant d'extensions ou plug-ins disponibles.

Il faut installer le plug-in Wordpress, Woocommerce. Ce plug-in gratuit, rappelons-le, est utilisé par près de 30 % des boutiques en ligne dans le monde. De nombreuses fonctionnalités gratuites – certaines sont payantes – sont proposées pour mettre en ligne une boutique correcte avec toutes les fonctions de base :

- Les pages produits, panier, disponibilité...
- Validation de la commande et sécurisation des paiements
- Les options de livraisons sont configurables
- Calcul des taxes automatisé, la TVA applicable sur les produits
- Conception et personnalisation de la navigation
- Intégration des outils d'analyse comme Google Analytics...

Ce plug-in offre la possibilité de choisir son thème parmi une large gamme de thèmes Wordpress. Il est possible à volonté de modifier la mise en page, la structure et les couleurs de la boutique. Certes, Wordpress est une alternative bon marché pour concevoir sa boutique en ligne. La mise en place peut être rapide pour celui qui maîtrise l'informatique, et notamment Wordpress. Cette solution est intéressante pour vendre des gammes de produits restreintes, car les performances sont limitées pour les boutiques proposant une large gamme de produits.

Opter pour cette solution nécessite de trouver un hébergeur payant, de choisir un nom de domaine payant, et d'avoir une bonne maîtrise de la création et de la gestion de contenu, ainsi que de solides notions en webmarketing.

De nombreux tutoriels disponibles sur internet guideront l'e-commerçant dans la conception de sa boutique. Le recours à un freelance ou à une agence web peut aussi être envisagé. Il est à noter que de nombreuses agences web créent des sites marchands en s'appuyant sur Wordpress/Woocommerce ou sur d'autres CMS open source comme Joomal ou Magento. L'avantage est que l'e-commerçant peut facilement récupérer sa boutique en ligne en cas de changement d'orientation ou encore en cas de litige ou de défaillance de l'agence.

L'hébergement d'une e-boutique consiste à stocker sur un serveur tous les éléments du site qui seront ainsi accessible aux visiteurs. Des plateformes sont spécialisées dans ce genre de prestations. Il y a un coût de quelques euros par mois en fonction des prestations demandées et de la capacité de stockage. Il faut compter de 1 € à 5 € par mois pour l'hébergement d'un site.

Wordpress, avec la formule open source, propose des solutions d'hébergement : Bluehost et DreamHost. Les premiers forfaits tournent autour de 2,5 euros/mois. Plusieurs solutions d'hébergement existent.

Ces prestataires sont : **o2Switch** avec une offre unique à 5 euros/mois, **OVH** et **LWS** qui sont des hébergeurs français, à privilégier si l'audience est située en France. D'autres comme **WP serveur** ou encore **Planet Hoster** comptent parmi les hébergeurs les plus populaires. D'autres CMS open source peuvent être retenus, parmi eux :

Prestashop est la solution open source développée en France qui revendique 300 000 boutiques mises en ligne. À noter que cette plateforme a tenté de proposer une solution **SaaS** du type **Shopify**, sans succès.

1 & 1 Mywebsite qui permet de réaliser des boutiques de toutes les tailles et pour tous les goûts. Trois offres payantes sont proposées : Perso à 12 euros/an, Basic à 36 euros/an et Plus à 120 euros/an. Les offres Basic et Plus incluent le coût du nom de domaine.

Magento racheté par Adobe en 2018.

Joomla créé en 2005 à partir du CMS Mambo, cette plateforme revendique une communauté de plus de 200 000 utilisateurs et contributeurs.

Cette liste n'est pas exhaustive. Malgré des solutions qui existent pour créer une boutique en ligne. Peut-être faut-il consentir à se faire aider ou encore confier la conception à des professionnels.

V) LA SOLUTION DE L'AGENCE WEB POUR LA CRÉATION D'UN SITE MARCHAND

Pour la création d'une e-boutique, il est possible de faire appel à des professionnels, une agence web ou encore des freelances: graphiste, rédacteur, webmaster... On trouve de nombreuses offres en ligne de la part de ces agences et professionnels freelance. Les prix varient en fonction du projet, de l'importance de la boutique et des services proposés comme la maintenance, les mises à jour des contenus ou l'aide fournie pour le webmarketing et le référencement...

A) Le budget à prévoir

Difficile de donner un prix pour la création d'une e-boutique par une agence web. Tout dépend de la gamme de produits à vendre, des fonctionnalités demandées, des services fournis... Sur internet, des petites agences peuvent proposer des solutions à partir de 1 700 euros jusque 4 000 euros. Tout est fonction du niveau de personnalisation du site, de sa complexité, de la maintenance envisagée, de l'accompagnement de l'e-commerçant. Certains gros sites marchands peuvent coûter 10 ou 20 000 euros, voire plusieurs dizaines de milliers d'euros.

Un e-commerçant peut confier la réalisation de tâches spécifiques à des freelances. Il peut employer un graphiste pour la création d'un logo, ou encore se faire aider par un rédacteur pour la rédaction d'articles ou de fiches produits. On trouve sur des sites spécialisés ce genre de professionnels : **Codeur**, **graphiste.com**, ou encore sur des plateformes de mises en relation comme **Kang**, **404works** ou **Malt**, fréquentés par des freelances qui cherchent ce genre de missions.

Les prix et les conditions de collaboration peuvent être directement négociés avec le freelance sélectionné.

Avant de s'engager avec une agence web pour la création de son site, un e- commerçant doit lire attentivement le contrat proposé.
Quels droits et obligations stipulés dans le contrat engagent l'e-commerçant et son prestataire ? Qui fait la maintenance et pour quel prix ? Quelle est la durée du contrat, y a-t-il un crédit-bail, une tacite reconduction du contrat est-elle prévue ? Le référencement auprès des moteurs de recherche est-il prévu ? Que se passe-t-il si le prestataire fait faillite ? Qui détient les droits de propriété intellectuelle ?
Un e-commerçant ne doit pas s'engager à la légère. Il est préférable de sélectionner deux ou trois prestataires pour faire des devis avant de choisir celui qui semble convenir. Il faut bien réfléchir au type de boutique que l'on souhaite mettre en ligne, puis penser au type de relation que l'on veut nouer avec ces intervenants.

B) Le cahier des charges d'un site e-commerce

Il est préférable de prévoir un cahier des charges qui permettra de bien définir les contours du projet de boutique. Ce document permettra à l'e-commerçant de solliciter différents prestataires qui auront la même base pour faire leur devis.

Ce cahier peut être complété par les échanges et les suggestions que l'e- commerçant aura avec les agences sélectionnées. Les principales rubriques à renseigner tourneront autour de ces points :

- **Présentation**
  - La présentation de l'entreprise avec ses objectifs,
  - La cible de clientèle visée, les produits et services vendus,

- Les valeurs de l'entreprise,
- Les objectifs attendus avec ce site e-commerce.

- **Le périmètre du projet**
  - Le site doit-il être multilingue ou une version française suffit ?
  - Quelle est l'étendue des gammes de produits ?
  - Quelles solutions de paiement prévoir ?
  - Le site doit-il avoir une application dédiée ou une version mobile ?

- **La concurrence**
  - Décrire les caractéristiques des principaux sites concurrents, ce qui va rendre la boutique différente de ses concurrents.

- **La partie ergonomie et graphisme de la boutique**
  - Structure du site, rubriques et sous-rubriques de la boutique qui constitueront le me nu et les sous-menus.
  - Les différentes options au niveau de la navigation et des recherches de produits : par rubriques, par prix, par thèmes, par fonctionnalités, par marques, le top vente...
  - Les caractéristiques des fiches produits : elles vont souvent inclure la description, la taille, le stock ou la disponibilité, les coloris, le conditionnement, les notes des clients, les fonctionnalités, la photo, les avis et commentaires des clients...
  - Définir la charte graphique, choix des caractères, des couleurs, choix du logo...
  - Il faut lister les éléments que le prestataire doit reprendre : images et contenus, ceux qu'il doit créer. Faut-il prévoir d'autres formats pour les contenus proposés ? Y aura-t-il des photos, vidéos, illustrations ? Faut-il budgéter l'achat de textes, de photos, d'illustrations, de graphiques ?

- **Les attentes**

Certains besoins peuvent être assurés par le prestataire :

- L'hébergement du site,

- La maintenance et les mises à jour,
- La formation à l'utilisation du back-office,
- L'intégration de services tiers, marketing, référencement SEO,
- Assurer des astreintes pour le dépannage du site en cas de bug.

VI) LE PLANNING

Définir les dates de création et de validation des maquettes, des choix d'architecture, des contenus, de la mise en ligne de la boutique, etc.

Ce document peut aussi être envisagé quand l'e-commerçant crée lui-même sa boutique, c'est un plan de travail qui permet de ne rien négliger et de se fixer une deadline que doivent respecter les différents prestataires éventuellement.

Le back-office

Le back-office d'un site web qualifie l'accès à la gestion du contenu du site par un administrateur ou un webmaster. Le back-office est donc une interface invisible pour les internautes qui eux accèdent au « front office », la partie visible. Un administrateur accède au back-office d'un site CMS le plus souvent pour gérer le contenu publié sur le site, faire sa mise à jour, ajouter du contenu optimisé, textes, photos, vidéos... Pour sécuriser le site et éviter le piratage, le webmaster ou l'administrateur a accès au back- office avec un login et un mot de passe via une url dédiée, avec des mots-clés ajoutés à l'url de base le plus souvent.

SaaS ou Software as a Service se traduit en français par « logiciel en tant que service ». Ces plateformes CMS SaaS proposent un ensemble d'outils qui permettent à l'e-commerçant de créer sa boutique en ligne facilement et intuitivement.

VII) CRÉER SON SITE AVEC UN CMS OU UNE PLATEFORME SAAS : UNE SOLUTION ABORDABLE ET COMPLÈTE POUR LES NÉOPHYTES

Cette solution est particulièrement bien adaptée pour ceux qui veulent débuter dans le commerce en ligne rapidement et qui ne bénéficient pas forcément de connaissances techniques. En effet les CMS SaaS proposent une formule « tout compris ». La structure de base de la boutique est déjà prête, il suffit de « l'habiller ». L'hébergement et la maintenance sont aussi assurés par la plateforme. Un e-commerçant a à disposition un ensemble de fonctionnalités plutôt complètes et prédéfinies qui lui permettent de concevoir facilement les fondations de sa boutique en ligne.

Shopify, Squareplace, Wizyshop ou Oxatis sont des CMS SaaS qui proposent la création de boutiques en ligne. Un projet e-commerce sur cinq aujourd'hui est conçu sur la plateforme Shopify. Pour commencer dans le commerce en ligne, cette solution paraît particulièrement bien adaptée. Cette location de boutique en ligne avec une plateforme SaaS a un coût qui se fait par abonnement dépendant de la taille de la boutique, des options et des fonctionnalités désirées.

A) Avantages et inconvénients de la plateforme SaaS

1) Avantages

- Le ticket d'entrée pour lancer sa boutique est abordable et la mise en place rapide.
- ~~Dès que l'inscription est faite, un e- commerçant peut démarrer directement la construction de sa boutique sans télécharger de logiciels.
- La création de la boutique est très facile, même pour les débutants. Les plateformes proposent des interfaces intuitives et faciles d'accès. Créer une boutique est presque un jeu d'enfant.
- Il y a de multiples possibilités de personnalisation de la boutique, tant au niveau du graphisme que des fonctionnalités, avec un grand choix de templates et de plug-ins.

- La plateforme s'occupe de tout : hébergement, sécurisation des transactions, protection des données, optimisation de l'affichage sur tous types d'écrans, mise à jour, assistance technique… L'e-commerçant peut se concentrer sur son cœur de métier : trouver des clients et vendre.
- La solution SaaS paraît idéale pour ceux qui veulent une boutique en ligne personnalisée et qui souhaitent la gérer indépendamment et simplement sans s'occuper de toute la maintenance technique.

2) Inconvénients

- Si la plateforme laisse à l'e-commerçant une entière autonomie sur la gestion de sa boutique, cette formule ne le rend pas complètement indépendant.
- Si l'e-commerçant a besoin d'une fonctionnalité spécifique pour sa boutique, sa demande peut traîner ou ne jamais voir le jour, car la plateforme se concentre plutôt sur des demandes prioritaires faites par un grand nombre de clients.
- Enfin, il y a le coût de l'abonnement sur ces plateformes qui varie en fonction de la taille de la boutique et des services demandés. Sur Shopify, ça commence à $ 29/mois jusque $ 299/mois. Beaucoup de ces plateformes prennent une commission sur les ventes en plus de l'abonnement.

B) Les principales plateformes CMS SaaS

1) Shopify

Le leader Shopify revendique plus de 1 million d'entreprises dans 175 pays. La plateforme permet en quelques clics de créer sa boutique en ligne. Une offre d'essai gratuit de 90 jours est proposée. Le logiciel propose des thèmes de qualité. 70 sont gratuits et une centaine payants. Toutes les fonctionnalités essentielles d'une boutique en ligne sont programmables, avec en plus :

- Plusieurs moyens de paiement : plus d'une centaine sont disponibles
- 50 langues disponibles
- Optimisation pour les moteurs de recherche

- La possibilité de créer un blog dédié à la boutique
- Des profils clients regroupant leurs données et historiques d'achats
- L'inventaire des stocks
- Le suivi Google Analytics
- Des frais d'expédition flexibles.

Une App store met 500 plug-ins à disposition des clients, avec notamment la possibilité de synchroniser la boutique avec différentes marketplaces et les réseaux sociaux ou encore la gestion automatisée de la comptabilité. Shopify propose 3 forfaits aux e-commerçants :

- Basic Shopify à $ 29/mois avec 2 % de frais de transaction ;
- Shopify à $ 99/mois avec 1 % de frais de transaction ;
- Advanced à $ 299/mois avec 0,5 % de frais de transaction (plutôt réservé aux boutiques en ligne d'envergure avec un gros chiffre d'affaires).

2) **Wizishop**

Wizishop annonce en France 800 comptes créés chaque mois. 8 000 boutiques et une équipe de 30 personnes qui s'active à la maintenance et au développement de la plateforme. La plateforme propose toutes les fonctionnalités utiles pour créer et gérer une boutique en ligne. Accessible aux débutants, la manipulation de l'interface est aisée et intuitive. Parmi les 358 fonctionnalités, on peut retenir :

- Un outil d'analyse de statistiques
- Un suivi des colis
- Un outil pour l'envoi d'emails, de newsletters
- Un système de promotion, ventes flash et autres avantages pour les clients fidèles
- Le calcul des frais de livraison
- Une version de la boutique optimisée pour la recherche mobile
- 30 moyens de paiements différents
- La possibilité de coupler la boutique aux réseaux sociaux et aux places de marché

- Enfin, il convient de noter que Wizishop propose une aide en ligne efficace et complète, avec une documentation riche et un service client performant. Les tarifs mensuels ht sur Wizishop sont les suivants :
- Standard 27 € + 2 % de frais de transaction ;
- Pro 77 € + 1 % de frais de transaction ;
- Advanced 297 € + 0,5 % de frais de transaction.

3) Les autres plateformes

D'autres plateformes existent comme **BigCommerce** ou **Oxatis.**

Cette dernière plateforme (Oxatis), spécialiste de l'e-commerce, est en redressement judiciaire depuis fin 2019, mais doit être reprise, à l'heure où nous écrivons cette formation, par la compagnie maritime CMA CGM et l'éditeur de logiciels de gestion d'entreprise **lundimatin.fr**

Inscrivez-vous sur Shopify et bénéficiez de l'accès gratuit pour créer votre boutique Shopify.

Maintenant que nous avons un aperçu assez complet des solutions CMS open source et SaaS, intéressons-nous aux marketplaces d'autres acteurs dans un registre différent de l'e-commerce.

VIII) LES PLACES DE MARCHÉ OU MARKETPLACES

La marketplace est effectivement une place de marché ou l'e-commerçant aurait un emplacement réservé, comme un stand sur un marché ou sur une foire commerciale. L'e-commerçant profite de la notoriété de la place de marché en ligne pour placer ses produits et services. Évidemment, le service que rend cette place de marché aux e-commerçant est payant : un pourcentage est prélevé sur chaque vente faite par l'e-commerçant.

Ces plateformes multi-vendeurs tiennent une place de choix dans le domaine de l'e-commerce. Les plus connues et les plus performantes en France sont : Amazon, Ebay, Cdiscount, La FNAC, Rue du Commerce, PixPlace de Pixmania, Etsy, La Redoute, VeePee (ex Vente Privée)...

A) Avantages et inconvénients de la place de marché

1) Avantages

- L'e-commerçant bénéficie de la notoriété de la plateforme, il y est plus facile d'atteindre la cible visée.
- La possibilité de toucher une clientèle internationale.
- Les facilités qu'offre la place de marché à l'e-commerçant. On peut commencer à y vendre des articles sans y consacrer trop de temps. C'est idéal pour tester des produits ou se faire une idée du potentiel d'un marché.
- Un e-commerçant peut vendre sur internet sans avoir de boutique en ligne.
- La simplicité d'utilisation. Dans la plupart des cas, la création d'un profil et l'enregistrement des produits à vendre suffit pour démarrer.
- Pas de contraintes techniques, la plateforme s'occupe de tout : mise à jour, sécurité, traitement des bugs...
- C'est une possibilité supplémentaire de présenter ses produits et de les vendre pour l'e-commerçant qui a une boutique en ligne.

2) **Les inconvénients**

- La concurrence, le profil de l'e-commerçant et ses produits se trouvent noyés dans la masse. La concurrence est sévère.
- Ne vendre que sur une place de marché, c'est ne pas avoir de site internet ou de boutique en ligne avec un nom de domaine spécifique. L'e-commerçant n'est qu'un profil sur un site.
- Ne pas arrêter de faire du marketing. Si le marketplace fait un travail de promotion et de référencement pour être visible sur internet, elle ne fait pas la promotion d'un e-commerçant et de ses produits en particulier. Il faut donc avoir sa propre stratégie marketing pour être vu. Être attentif aux titres choisis pour présenter les produits, à la description du produit, aux images choisies, aux caractéristiques à mettre en avant et au référencement naturel, ces techniques SEO qui permettent d'être repéré par les moteurs de recherche.
- Les coûts sont à prendre en considération. Ils peuvent osciller entre 5 % et 20 % sur les ventes en fonction de la nature des produits et des différentes places de marché. Certaines places de marché prennent en plus un abonnement mensuel. Dès qu'un pourcentage est ponctionné sur le prix de vente, la marge en pâtit. Difficile de répercuter le pourcentage sur le prix de vente au risque d'afficher des prix plus élevés que ceux du marché.

B) Choisir la bonne place de marché

La place de marché est une solution pour les e-commerçants qui souhaitent vendre leurs produits, mais qui ne veulent pas se compliquer la vie avec une boutique en ligne. Cette solution peut aussi séduire les PME ou les boutiques en ligne qui veulent être vues des nombreux internautes qui viennent faire leurs achats sur ces marketplaces.

Pour être vu et présenter ses produits, l'e- commerçant doit trouver le marketplace qui lui convient le mieux. Certes Amazon est la plus fréquentée avec près de 30 millions de visiteurs uniques par mois en France, mais est-elle toujours le meilleur choix ? Un e-commerçant peut s'intéresser aux autres places de marché en ligne. Il existe des marketplaces de niche qui sont peut-être plus intéressantes pour proposer des produits à un groupe d'acheteurs plus restreint, mais ciblé.

Les marketplaces de niche

Il existe énormément de marketplaces de niche sur internet. Se positionner sur l'une d'entre elles peut être plus avantageux que de fréquenter les plateformes généralistes que sont Amazon, Ebay, Cdiscount ou Rue du commerce.

Parmi les places de marché positionnées sur une niche, on peut citer : **Zalando** pour les chaussures, vêtements, accessoires de mode, produits de beauté...

ManoMano la plateforme spécialisée dans le bricolage, **Natures & Découvertes** qui propose des produits innovants et responsables, **Alltricks**, le site des passionnés de vélos et de sport outdoor, **Etsy** la plateforme réputée pour les créateurs, artistes et artisans indépendants qui proposent des articles uniques, **Avenue des vins** pour les propriétaires de vignobles, **1001 Pharmacies** pour les produits de parapharmacie, **Vestiaire Collective** pour les amateurs d'articles de mode de luxe et d'occasion, **AtlasforMen** les vêtements des aventuriers taillés pour les grands espaces, le spécialiste **Place du mariage** et bien d'autres marketplaces de niche qui se trouvent sur internet.

Un e-commerçant qui ne trouve pas de marketplace correspondant à sa niche ou à son marché tient peut-être une bonne opportunité d'affaire pour transformer son site en place de marché.

L'e-commerçant qui trouve un marketplace de niche qui cadre avec son offre peut plus facilement faire des offres à un groupe d'acheteurs ciblés sans être noyé dans une masse de vendeurs multi-produits.

IX) COMMENT CHOISIR UNE MARKETPLACE SANS SE TROMPER

Avant de se lancer sur un marketplace, un e-commerçant doit être vigilant sur les points suivants :

- **Le business model**

Toutes les marketplaces ne fonctionnent pas suivant le même modèle avec une tarification fixe des produits. Ebay, le site de vente aux enchères, met en concurrence les vendeurs. C'est l'acheteur qui fait l'offre la plus élevée qui se voit attribuer un article. Il existe aussi sur des plateformes, notamment dans le B2B, des enchères inversées ou le prix de l'offre diminue. Il faut être le premier à acheter au bon prix.

- **Les commissions prélevées**

Les marketplaces qui jouent les intermédiaires entre un e-commerçant et son client veulent évidemment être rémunérées pour ce service qu'elles rendent. Comme au marché, il faut payer son emplacement. La formule la plus souvent mise en place est le prélèvement d'une commission pour chaque article vendu. Beaucoup exigent un abonnement à souscrire en plus du prélèvement. D'autres agissent par listing fee et calculent des frais pour chaque produit ou service mis en ligne sur leur plateforme, c'est le cas du site Leboncoin.

Enfin, sur de nombreuses plateformes, la mise en avant de l'annonce sur le site, la possibilité de faire de la publicité et la durée de passage de l'annonce sont des éléments qui peuvent venir gonfler le prix. Un e-commerçant doit donc détailler les offres de ces places de marché pour trouver celle qui lui paraît la plus raisonnable et la mieux adaptée à ses produits ou services.

- **Se positionner sur une place de marché de niche**

On l'a vu, les marketplaces qui ont le plus gros trafic ne sont pas forcément les mieux adaptées à un e-commerçant qui s'est positionné sur une niche. Trouver une place de marché qui propose une offre ciblée permet à l'e-commerçant d'optimiser son investissement. Un e-commerçant qui propose des produits faits main, des objets rares ou de création préférera se positionner sur Etsy que sur Amazon ou Rue du commerce. Plusieurs places de marché existantes visent une cible de consommateurs bien spécifiques ou n'offrent que certains types de produits ou services.

- **L'ergonomie et la facilité d'utilisation**

Ce sont des critères à prendre en compte. La mise en ligne des produits, l'élaboration des fiches produits et les transactions sont-elles assez simples à mettre en place ?

- **Les services**

Les marketplaces donnent-elles accès à des services qui facilitent la vie ? Permettent-elles par exemple de bénéficier d'une aide marketing ou de gérer les stocks de produits et les livraisons, comme c'est le cas avec le Fulfillment by Amazon (FBA) qui permet aux acteurs B2B de stocker leurs produits dans les entrepôts de stockage du géant américain qui les conditionne puis les livrent ?
Certains marketplaces proposent aux vendeurs des services de marketing et de publicité pour améliorer la visibilité des produits. Du côté des clients, les services sont aussi à considérer. Les clients moyennant un abonnement peuvent accéder à des programmes comme Amazon Prime ou le programme de fidélité Cdiscount, entre autres, qui permettent de bénéficier d'avantages, comme la livraison gratuite ou l'accès à des offres promotionnelles en avant-première.
Voyons maintenant les conditions de quelques places de marché parmi celles qui sont les plus utilisées par les e-commerçants et les plus fréquentées par les acheteurs.

X) LES PRINCIPAUX MARKETPLACESLACES

1) Amazon

Lancé en 1994, Amazon a commencé en vendant des livres et est passé en quelques années de libraire à géant du commerce en ligne, le numéro un en Occident. Les chiffres en France parlent d'eux-mêmes :

~ 45 % des Français achètent un article au moins une fois par an sur la plateforme, soit plus de 22 millions de personnes de 18 ans et +.
~ Le volume d'affaires de la plateforme estimé auprès des Français représente 333 millions d'articles pour un montant de 7,73 mds d'euros.
~ La France compte plus de 211 000 vendeurs actifs sur la plateforme.
~ 52 % des produits achetés sur Amazon le sont en marketplace.
~ La plateforme américaine pèse en France pour 22 % du total des dépenses en ligne.

Deux possibilités au choix pour s'inscrire sur Amazon et vendre des produits :
➔ Le compte Basic pour les vendeurs qui pensent vendre moins de 40 articles par mois. Les frais sont de 0,99 € + frais de vente qui correspondent à un pourcentage du prix de vente. Ce genre de compte intéresse plutôt les particuliers.

➔ Le compte Amazon pro adapté pour les e- commerçants qui vendent des volumes importants. L'abonnement est de 39 € HT et les commissions prélevées varient de 5 % à 20 % en fonction de la nature du produit vendu : 5 % sur le high-tech ordinateurs et périphériques, 7 % sur le gros électroménager, 20 % sur les bijoux, 15 % sur les livres, musique, vidéo…

La plateforme de vente en ligne américaine écrase tout sur son passage. Mais pour avoir des chances de vendre ses produits sur

Amazon, un e-commerçant doit bien calculer. Certaines catégories de produits se voient ponctionnées de 12 %, 15 %, voire 20 % pour les bijoux. C'est beaucoup, et si les produits que vend l'e-commerçant sont à faibles marges, il vaut mieux éviter ce marketplace.

Sur Amazon, les acheteurs bénéficient d'un large choix chez les concurrents et donc de prix tirés vers le bas. Ils ont en plus la possibilité d'évaluer le vendeur. Un professionnel doit donc leur offrir un service irréprochable pour être bien noté et apparaître sur les premières suggestions d'e-commerçants faites par la plateforme.

2) Cdiscount

Fondée en 1998 et spécialisée dans la vente de CD d'occasion, la plateforme, rachetée par une filiale du groupe Casino en 2000, propose aujourd'hui plus de 30 millions de produits dans l'univers de la maison, du high-tech, de la mode et de l'alimentation.

~ Cdiscount est l'un des leaders français de l'e-commerce avec 9 millions de clients actifs, particuliers et professionnels.
~ 20 millions de visiteurs par mois.
~ La France compte plus de 211 000 vendeurs actifs sur la plateforme.
~ 2 millions d'abonnés au programme Cdiscount à volonté qui permet aux clients de bénéficier de la livraison express, gratuite et en illimité.

Comme Amazon, Cdiscount propose aux vendeurs ses entrepôts et un service d'expédition. D'autres services sont disponibles, comme Cdiscount marketplace, qui est une aide sur le plan marketing et qui permet aux vendeurs d'améliorer leur visibilité, ou encore Cdiscount pro pour vendre aux professionnels. La plateforme revendique plus de 10 000 vendeurs professionnels actifs. Cdiscount propose deux abonnements mensuels :

➔ À partir de 39,99 € HT pour une boutique hébergée sur cdiscount.com ou sur cdiscountpro.com.

→ Ou 59,99 € HT pour une boutique hébergée à la fois sur cdiscount et cdiscountpro.

Des taux de commissions sont appliqués pour chaque catégorie de produits qui varient de 5 % à 22 %. Cdiscount propose aux vendeurs d'accéder à des services complémentaires à la carte en souscrivant un abonnement aux Packs Premiums. Comme sur Amazon, les vendeurs peuvent être évalués.

À noter que pour la livraison, les clients bénéficient d'une grande flexibilité. Ainsi, un client qui commande sur la plateforme peut récupérer la marchandise dans la boutique physique du vendeur et ainsi la visiter. C'est une opportunité qui permet à l'e- commerçant d'attirer une nouvelle clientèle qui ne serait pas forcément venue dans son magasin.

3) Ebay

La plateforme Ebay, pionnière de la vente aux enchères, existe depuis 25 ans, mais a quelque peu perdu de sa superbe, dépassée par des concurrents comme Amazon, Leboncoin, Alibaba... C'est pourtant une marketplace qui compte toujours en France. Voyons les chiffres :

~ Cdiscoun5 millions d'acheteurs actifs par an.
~ 1,2 million de visiteurs par jour.
~ 2124 000 vendeurs professionnels français ont un compte actif sur eBay.
~ De nos jours, la vente aux enchères ne représente plus que 20 % des ventes. De fait, la plateforme est devenue un marketplace qui compte.

Ebay propose aux vendeurs professionnels 3 tarifs :
→ Basique : 19,50 €/mois qui donne droit à 300 annonces gratuites par mois, dont 20 annonces au format enchères.
→ À la Une : 39,50 €/mois pour 10 000 annonces gratuites par mois, 50 annonces au format enchères, la possibilité de passer un certain nombre d'annonces à l'international.
→ Premium: 149,50 €/mois pour passer des annonces en illimité, illimité pour des annonces à l'international, Italie, royaume uni, Allemagne. 10 000 pour les États-Unis et d'autres pays, 250 annonces au format enchères + 2500 au même format pour la catégorie Collections & Antiquités.

4) **Rakuten PriceMinister**

Lancé en 2000, sous le nom de Babelstore, Priceminister est racheté en 2010 par Rakuten, le numéro un japonais des marketplaces. Le site est devenu un acteur important de l'e-commerce en France. Quelques chiffres :

~ Plus de 11 millions de visiteurs uniques chaque mois.
~ Avec plus de 600 000 nouvelles annonces mises en ligne chaque jour.

D'abord spécialisée dans les articles culturels, l'offre de la plateforme s'est élargie à l'ameublement, la décoration, les vêtements, l'univers de l'auto et de la moto ou encore les jouets. La plateforme ne propose pas aux vendeurs de centre logistique. Les tarifs professionnels sur Rakuten sont différents en fonction de l'abonnement choisi par le vendeur parmi les 4 suivants :
→ Pro classic 39 € HT/mois
→ Pro advanced 99 € HT/mois
→ Pro premium 299 € HT/mois
→ Pro absolute 499 € HT/mois.

Les conditions appliquées aux vendeurs et les différences entre ces tarifs sont expliquées dans le site pro de la plateforme. Les pourcentages de commissions sont variables en fonction de l'offre choisie et de la catégorie de produits vendus.

5) Alibaba

Alibaba est plutôt positionné sur le B2B. Pour le dropshipping, c'est le marketplace Aliexpress qu'il utiliser. Tous les vendeurs sur Aliexpress sont chinois, et les vendeurs étrangers ne sont pas autorisés à proposer leurs produits sur Aliexpress.

Sur Alibaba, l'offre pour les professionnels est variée. Des jouets pour enfants au matériel professionnel de pointe, on trouve à peu près tout sur cette plateforme. Certains détails sont mis plus en évidence, car on s'adresse à des professionnels. Par exemple, le minimum de quantité à commander, ou le montant des remises en fonction des quantités commandées.

Sur Alibaba, un acheteur professionnel peut soumettre au vendeur une offre de prix, commander un échantillon ou demander différentes personnalisations du produit.

L'adhésion de base à Alibaba est gratuite, mais se limite à un total de 50 produits à mettre en vente. Trois propositions de tarif pour les professionnels sont disponibles :

➔ Basic à 1399 $,
➔ Standard à 2999 $
➔ Premium à 5999 $ par an.

Malgré la multitude des plateformes qui existent, il faut prendre le temps de choisir celles qui sont adaptées au business model.

Prendre le temps de choisir sa marketplace

Le nombre des marketplaces est en constante augmentation. Choisir la bonne place de marché est primordial pour un e-commerçant. Il est même possible de se positionner sur plusieurs d'entre elles, à condition de savoir gérer les demandes des clients en leur répondant rapidement. La réputation d'un vendeur sur ces plateformes doit beaucoup aux commentaires ou aux avis de clients exigeants, qu'il convient donc de choyer avec un service infaillible.
Pour choisir un marketplace adaptée à ses produits et fréquentée par sa cible de clientèle, un e-commerçant doit prendre le temps d'étudier leur fonctionnement et de lister les avantages et les inconvénients de chacune d'entre elles. C'est sûrement la meilleure solution pour faire un choix judicieux sans se tromper et risquer sa réputation.

Conclusion

Enfin, il a été question des places de marché qui permettent de vendre en ligne des produits rapidement et sans trop de contraintes, si ce n'est le coût que cette solution engendre. Vendre sur Amazon ou Cdiscount génère des frais qui peuvent plomber les marges de l'e-commerçant, mais se positionner sur un marketplace de niche peut être fructueux pour toucher des clients et développer sa notoriété.

CHAPITRE 5 : CONCEVOIR UNE BOUTIQUE EN LIGNE PROFESSIONNELLE

I) CONCEVOIR UNE BOUTIQUE POUR SES CLIENTS

Dans le module précédent, nous nous sommes intéressés aux solutions existantes pour vendre ses produits ou services en ligne. Il était question des solutions CMS existantes pour créer sa boutique, puis des places de marché ou marketplaces, ces plateformes qui attirent les e-commerçants pour toucher de nouveaux clients. Dans ce cinquième chapitre, nous abordons la conception d'une boutique en ligne. Nous voyons quels éléments prendre en considération pour bâtir un site professionnel et attractif. Pour offrir une bonne ergonomie et proposer aux visiteurs une navigation fluide en imaginant l'arborescence ou la structure du site à travers l'identité visuelle du site, notamment l'attention qu'il faut porter à la page d'accueil avec le choix du thème et des éléments graphiques, comme les couleurs, les caractères ou les photos.

Une fois la niche de marché trouvée, la cible de clientèle identifiée et la solution pour créer la boutique choisie, il est temps pour l'e-commerçant de passer à la conception de son site. Avant de se lancer, surtout si la décision est prise de créer sa boutique seul, il est préférable de réfléchir à quelques éléments sur la présentation ou l'allure générale que l'on souhaite donner au site.

Offrir une bonne expérience aux visiteurs

Un site, a fortiori un site marchand, doit offrir à chaque visiteur une bonne expérience. Les internautes sont des consommateurs comme les autres et ont acquis des repères en fréquentant les sites ou e-boutiques lorsqu'ils vont faire leurs courses sur internet. Un e-commerçant doit proposer un site qui est simple d'utilisation. Il doit faciliter la navigation des visiteurs qui s'attardent chez lui. L'idée est de satisfaire les visiteurs qui viennent chercher un produit ou un service qu'ils veulent trouver rapidement et facilement. Des études ont conclu que 97 % des visiteurs quittent les sites marchands sans acheter, car ils ne trouvent pas les produits ou services qui les intéressent. Et pour cause ! L'internaute est attentif pendant 5 à 8 secondes pour déchiffrer la page d'accueil. C'est donc le laps de temps durant lequel il doit assimiler tout ce qui s'y trouve… Si l'architecture est trop sophistiquée et la navigation trop compliquée ou difficile à saisir, les visiteurs ne font pas long feu sur un site et s'enfuient chez les concurrents. Il faut bien évidemment éviter cela.

Proposer une bonne ergonomie pour faciliter la navigation sur le site est essentiel pour un site e-commerce. Un visiteur doit trouver en 3 clics maximum, idéalement, ce qu'il est venu chercher. Tout doit être pensé pour arriver à limiter le nombre de clics qui séparent un visiteur de l'acte d'achat. Un e-commerçant doit faire simple et éviter d'être trop original. Toute la difficulté lors de la création d'un site est d'allier design agréable et facilité d'utilisation. Un site peut être à la fois beau et fonctionnel, tout en étant ergonomique, avec une navigation intuitive et efficace.

L'expérience client, ou UX pour user expérience, est une expression employée pour qualifier l'expérience d'un utilisateur face à une interface ou un produit. Dans le cadre d'un site marchand, il s'agit de l'interface homme/machine. Lors de la création d'un site ou d'une boutique, il faut donc proposer quelque chose qui réponde au besoin des visiteurs, notamment en rendant la navigation sur le site fluide et intuitive. L'objectif est d'augmenter les performances des pages du site en plaçant les boutons et rubriques au bon endroit et ainsi amener les internautes à aller au bout de leur démarche d'achat.

Les habitudes ou réflexes des internautes qui naviguent sur les sites internet sont connus. Ils ont été disséqués dans des études poussées, notamment l'eye tracking.

L'eye tracking ou oculométrie

L'eye tracking ou l'oculométrie est cette méthode qui permet d'analyser le suivi du regard d'un internaute. On sait précisément où se porte son regard en premier lorsqu'il scrute un écran, ce qu'il voit et ce qu'il ne voit pas ou ne veut pas voir. Par exemple, Il a été reconnu que toutes les zones sur une page web qui s'apparentent à des bannières publicitaires sont évitées ou négligées, quel que soit leur emplacement. Un internaute qui visite un site marchand a un objectif précis. Il s'intéresse au contenu recherché et se laisse rarement distraire, surtout par une pub (sauf si c'est une offre promotionnelle du site visité). C'est une des raisons qui expliquent que la publicité a tendance à disparaître sur les sites marchands. On se sert de cette méthode de l'eye tracking en marketing pour optimiser le contenu d'une page web. Des études d'oculométrie ont permis de bien comprendre ce qui intéresse les internautes ou les rebute.

La plupart des internautes font le même mouvement de balayage d'une page web lorsqu'ils y accèdent. Le regard se porte d'abord en haut de la page et dans la barre verticale gauche. Les internautes veulent savoir où ils sont et viennent chercher les accès à la navigation sur le site. Il faut donc éviter de mettre des éléments de navigation et des informations importantes dans la partie, bandeau ou barre verticale, positionnée à droite. Le cerveau est formaté pour scanner une page de gauche à droite. Il espère trouver les bonnes informations côté gauche.

De fait, lors de la conception de la page d'accueil de sa boutique, un e-commerçant place plutôt son logo en haut et à gauche ainsi que tous les contenus importants dans la partie gauche. La barre de navigation doit être positionnée à l'horizontale au-dessus des contenus. Il faut toujours privilégier une disposition qui respecte le sens de lecture des internautes de gauche à droite. Voilà donc un paramètre dont il faudra tenir compte pour concevoir l'arborescence de son site.

II) ARBORESCENCE D'UNE BOUTIQUE EN LIGNE

Selon la définition que donne le site Définitions Marketing, l'arborescence d'un site web est une représentation de la structure et de l'organisation de l'information et des contenus d'un site web. L'arborescence d'un site web part de la page d'accueil et est généralement structurée en rubriques, sous-rubriques et pages. La définition de l'arborescence suit la définition des contenus dans les étapes de la conception d'un site web. Cette définition est très importante, car elle conditionne les modes d'accès à l'information et à la navigation sur le site web et donc son ergonomie. L'arborescence doit permettre de s'assurer que les visiteurs trouvent facilement et rapidement l'information recherchée à travers les choix de structure de l'information et ceux de wording[2]. Une mauvaise arborescence peut être source de nombreux abandons.

A) Les avantages de l'arborescence

En établissant l'arborescence de son site, un e-commerçant met en forme la vision de son projet de boutique. À ce stade, il va organiser et hiérarchiser par ordre d'importance les catégories de produits en faisant l'inventaire de tous les éléments qui vont se trouver sur le site. En regroupant les produits par catégories et en définissant leur priorisation, l'e-commerçant va donc les classer pour que la présentation sur la page d'accueil soit compréhensible pour le visiteur. Une arborescence bien pensée aide un e-commerçant à :

- ✓ déterminer le nombre de pages que va contenir le site ;
- ✓ inventorier tous les produits et services à proposer aux visiteurs ;
- ✓ apprécier la navigation sur le site dans sa globalité ;
- ✓ prévoir le nombre de contenus à produire ;
- ✓ programmer les éventuelles interventions d'intervenants sur
- ✓ graphiste, rédacteur, photographe... le projet ;
- ✓ mieux apprécier les délais de réalisation du site, ainsi que les coûts.

[2] Wording consiste à formuler avec les bons mots les intitulés pour les rubriques, catégories de produits, sous-catégories, menus... qui apparaissent sur un site, afin de ne pas perdre l'internaute qui doit comprendre tout de suite ce qui se cache derrière chaque intitulé.

B) Une bonne arborescence pour un meilleur référencement

Pour chaque possibilité de structure ou d'arborescence à adopter, il s'agit de veiller à ce que le visiteur s'y retrouve rapidement et qu'il puisse accéder à ce qu'il cherche facilement. Grâce à une navigation fluide, intuitive et bien pensée, les visiteurs passeront plus de temps sur l'e-boutique et auront une meilleure expérience utilisateur. Deux critères importants, car pris en compte par les moteurs de recherche lorsqu'il s'agit de classer les sites dans leurs pages de résultats. On comprend mieux pourquoi une bonne arborescence a une influence directe sur le référencement naturel d'une boutique en ligne. Pour qu'elle soit bien référencée par les moteurs de recherche, ces derniers doivent comprendre vite et facilement les thèmes abordés et les objectifs visés. À cette fin, ils explorent et analysent page par page l'ensemble des contenus publiés sur un site. Une bonne arborescence, logique et intuitive, favorisera un meilleur classement et améliorera la visibilité de la boutique.

La profondeur des pages

On parle de la profondeur d'une page lorsqu'il s'agit d'évaluer la distance qui sépare une autre page du site de la page d'accueil. Plus concrètement, c'est le nombre de clics que doit effectuer un visiteur pour atteindre une page qui l'intéresse. La page d'accueil peut être qualifiée de profondeur 0 par exemple, la page suivante de profondeur 1, celle qui suit la 1 de profondeur 2 et ainsi de suite… Cette notion est à prendre en compte, car plus une page est éloignée de la page d'accueil, plus les robots de Google ont du mal à y accéder et à la référencer (les visiteurs aussi), d'où l'intérêt de limiter la profondeur des pages.

Comment se présente l'arborescence d'un site

L'arborescence, comme son nom le laisse penser, s'apparente à une structure en forme d'arbre : un tronc, la page d'accueil, puis les ramifications ou branches de l'arbre avec les rubriques, et enfin les feuilles qui sont les pages. Cette structure conditionne le mode d'accès à l'information et participe à l'ergonomie, à la navigation au cœur de l'e-boutique. C'est une première étape importante que de définir l'arborescence d'un site, car d'elle dépend la vision globale qu'auront les visiteurs du site. En concevant une bonne arborescence, on facilite la navigation du visiteur pour l'aider à trouver ce qu'il cherche facilement.

Concevoir l'arborescence de sa boutique

Pour concevoir l'arborescence d'une boutique et la visualiser, il est possible de la représenter manuellement avec un papier et un crayon ou d'utiliser des logiciels comme Excel, Word ou PowerPoint. Il est aussi possible d'utiliser des logiciels en ligne spécialisés dans la création de structures « arborescentes » ou de maquettes comme : FlowMapp, Gloomaps ou encore Cacoo et Mindmeister entre autres qui sont des outils performants pour concevoir la structure d'un site web.

L'arborescence d'un site e-commerce pourrait se présenter comme suit :

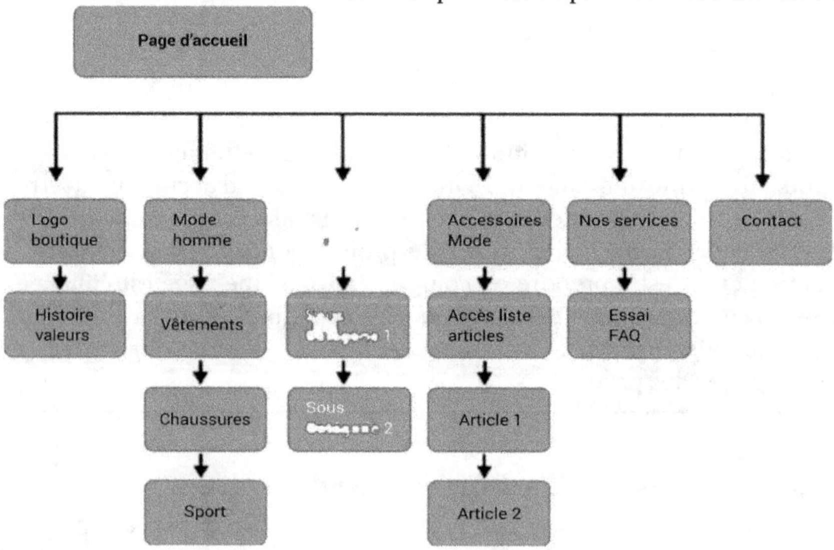

En plus des onglets produits ou catégories de produits qui se trouvent dans le menu de la page d'accueil, un visiteur peut trouver un onglet *À propos* ou *Contact*. C'est aussi l'endroit où signaler l'existence d'un blog ou encore intégrer un moteur de recherche. Le header ou haut de page visible est un endroit stratégique. Nous verrons comment bien organiser cette partie d'une page d'accueil plus bas. Chaque rubrique ou bouton qui renvoie vers une catégorie de produit renvoie ensuite vers des pages qui :

- traitent des caractéristiques du produit ou du service,
- proposent des images des produits avec des plans détaillés,
- proposent les choix de coloris,
- décrivent les fonctionnalités du produit,
- décrivent les avantages du service proposé.

Ces rubriques « Catégorie » peuvent aussi donner accès à une liste d'articles, ce qui limite le phénomène de profondeur de page. Le visiteur trouve l'article ou le type d'article qu'il cherche en arrivant sur cette liste.

Cette solution est souvent retenue par les sites qui ont des larges gammes de produits à proposer. Certains webmarketers préconisent le concept suivant : **1 écran = 1 message clé = 1 action**.

L'objectif est de présenter un seul message par écran puis d'inciter le visiteur à l'action, simple, mais efficace.

• S'inspirer des meilleurs sites marchands

Allons faire un tour sur le site Apple, car autant s'inspirer des leaders qui proposent des sites intéressants avec une navigation fluide et intuitive. En arrivant sur la page d'accueil, le visiteur peut tout de suite se diriger vers le produit ou service qui l'intéresse. Entre la page d'accueil représentée par le logo et la rubrique assistance sont positionnées 6 catégories qui représentent à chaque fois un produit ou un service de la marque à la pomme.
Je suis acheteur d'un Mac et en deux clics je peux acquérir l'ordinateur de mon choix, et il en va de même pour chaque produit ou service proposé par Apple sur son site.
Intuitif, esthétique et ergonomique, ce site donne envie d'acheter. On trouve tout de suite ce qu'on vient y chercher.

Nous vous invitons à visiter les sites des grandes marques comme Zara, Adidas, Lévis, McDonald... Souvent ces sites sont épurés, avec des espaces blancs ou vides, des images bien choisies. Dans tous les cas, la présentation générale n'est jamais surchargée ou trop originale. D'un simple coup d'œil, le visiteur sait comment se diriger.

• **Aller voir les sites concurrents**

Visiter les sites concurrents permet de repérer les rubriques et éléments essentiels mis en avant. Observer la concurrence peut aider à concevoir l'arborescence de son site, il ne faut pas hésiter à s'inspirer des sites qui marchent. En scrutant ce qui se fait à la concurrence, on dispose d'informations intéressantes qui permettent de s'assurer qu'une idée ou une rubrique importante qui concerne l'activité n'a pas été oubliée ou minimisée. Pour concevoir l'arborescence d'une e-boutique, il faut arriver à anticiper ou à imaginer le parcours de navigation des visiteurs. Certes, ce n'est pas facile et ce n'est pas une science exacte, mais mieux l'e-commerçant connaît sa cible de clientèle, mieux il peut organiser l'arborescence de son site. Pour définir les parcours des personas, ces clients types et imaginaires qui sont la représentation idéale du client qui accède à l'e-boutique, l'e-commerçant doit s'intéresser :

- au profil du visiteur ciblé : âge, csp, localisation, niveau de maîtrise de l'internet ;
- aux objectifs de ces personas, besoin d'un produit ou d'un service ;
- à la façon dont ils sont arrivés sur le site, par quel levier ou canal d'acquisition (comment ils ont connu le site et ont interagi une fois dessus).
- Lors de la conception du site, il faut penser à la suite des événements à chaque fois que le visiteur clique sur un bouton :
- Où est-il une fois qu'il clique ici ?
- Où vais-je le rediriger ?
- Peut-il facilement revenir en arrière ou accéder à la page d'accueil ?

- Peut-il facilement accéder au produit ou au service qu'il est venu chercher ?

Nous verrons dans le prochain module l'importance que revêt l'emploi des mots clés. Notamment lorsqu'il s'agit de rédiger des fiches produits, des légendes, des descriptions de produits ou encore de renommer des url. Voyons maintenant comment soigner la présentation d'une boutique en faisant les bons choix notamment au niveau visuel.

III) LA STRATÉGIE DE DÉMARCATION

A) Soigner l'identité visuelle de la boutique en ligne

1) Bien choisir le thème ou le template du site

C'est évident, le choix du template qui va habiller la boutique de l'e-commerçant est essentiel. Il faut prendre le temps de bien choisir le thème qui va être déterminant sur la mise en page du site et lui donner une atmosphère et une identité visuelle qui vont influer sur la perception que les visiteurs auront de la boutique.

Les CMS open source et SaaS proposent tous des templates gratuits qui peuvent être personnalisés. Cependant, il ne faut pas hésiter à investir quelques euros de plus pour s'offrir un thème qui conviendrait mieux à sa boutique. À découvrir sur Shopify les thèmes gratuits et payants qui oscillent entre 140 $ et 180 $.

En plus des thèmes proposés par *Woocommerce*, des plateformes comme *themeforest* ou *elegantthemes* offrent un large choix de templates adaptés à toutes les activités d'e-commerce. Un e-commerçant doit les tester ou voir des exemples en situation avant de faire un choix définitif.

2) Améliorer la performance de la boutique avec le bon thème

La représentation visuelle d'une e-boutique par le thème choisi donne une idée des valeurs que l'e-commerçant souhaite communiquer sur son nom ou sa marque. Le choix du template, de la typographie et des couleurs va donner un look qui peut jouer sur le taux de conversion, le niveau de crédibilité du site et la confiance qu'il va inspirer aux visiteurs. Ce choix crucial peut affecter positivement ou négativement la performance d'une boutique.

Une étude affirme que 94 % des internautes ne font pas confiance à un site marchand si sa conception ne semble pas professionnelle.

Choisir un template que d'autres utilisent déjà peut laisser penser que la boutique aura un air de déjà-vu et ressemblera peut-être à celle des concurrents. Mais une fois choisi, le thème peut être customisé à volonté, en modifiant les couleurs, les visuels, les icones et la typographie. Même avec un template d'origine identique, le rendu du site peut être totalement différent une fois personnalisé.

Les CMS proposent souvent des templates par secteur d'activité. Certaines dispositions de thèmes se prêtent mieux à certaines activités. Sur la plupart des plateformes CMS, il est possible de se faire la main sur un template, puis en changer, rien n'est figé. Pour tester les différents templates, un e-commerçant doit déjà avoir une idée précise des contenus et visuels qu'il souhaite faire apparaître sur les pages de son site.

3) La page d'accueil

C'est la page vitrine d'une boutique en ligne, et c'est souvent celle sur laquelle est renvoyé un visiteur lorsqu'il arrive par une autre page. Il ne faut pas perdre de vue que toutes les pages d'un site sont potentiellement des pages d'entrée. Quelle que soit la page du site où atterrit le visiteur, il faut s'employer à le persuader de continuer son exploration. L'objectif est de le faire rester sur le site.

4) Soigner le Header

Le haut de la page est appelé Header ou « zone d'identification ». Cette partie est en quelque sorte l'identité visuelle du site. Il faut la concevoir avec beaucoup de soin. On a vu qu'un internaute consacre peu de temps à la découverte d'une page d'accueil. Il faut donc qu'il visualise sur cette partie de la page les informations essentielles qui vont lui permettre de s'orienter et de s'informer. Sur cette partie header, il faut mettre en avant :

Le logo de la boutique : important, c'est l'identité visuelle de la boutique qui permet par la suite d'être reconnu facilement par ses clients.

Un slogan, qui permet au visiteur de tout savoir de l'esprit du site.

Le menu de navigation : à partir de ce menu, les visiteurs doivent savoir ce qui se vend dans l'e-boutique. D'où l'importance de bien déterminer par catégories les différents produits ou services vendus.

Un moteur de recherche : à côté ou dans le bandeau du menu peut figurer un moteur de recherche qui aidera l'internaute dans ses recherches, notamment s'il y a de nombreux articles en vente sur le site. Le moteur est une possibilité supplémentaire qui est offerte au visiteur pour trouver ce qu'il cherche rapidement.

Le panier : souvent représenté par un pictogramme de chariot ou un cabas, il peut aussi être visible sur toutes les pages du site (comme le menu d'ailleurs), l'internaute doit pouvoir y accéder facilement.

Le compte client. La majorité des sites marchands positionnent l'accès au compte dans le header, qui permet au client de créer puis d'accéder au compte facilement.

Un visuel ou une image de fond de qualité impeccable : il est possible de mettre en avant un produit phare, une nouveauté, voire un produit ou service en promotion (voir la page d'accueil Apple). Un visiteur parachuté sur une page d'accueil doit accéder à un header qui répond instantanément à ces deux questions :

- Où suis-je ?
- Que puis-je faire à partir d'ici ?

Cette page d'accueil doit le mener vers les pages qui l'intéressent, là où se trouve la solution à son problème, là où se trouve l'article ou le service qu'il est venu chercher. Il faut donc bien penser sa page d'accueil. Le header doit remplir 3 objectifs pour l'e-commerçant :

➔ Présenter son activité, son marché.

➔ Orienter le visiteur.

➔ Valoriser les avantages du site avec quelques arguments marketing ou un slogan.

> Le site Zalando sur son header met en avant trois arguments « massue » qui peuvent rassurer le client et l'inviter à poursuivre sa navigation : « *Essayez d'abord, payez après* »... « *Livraison et retour gratuits* »... « *Paiement sécurisé* »...

5) Le corps de page

C'est la partie de la page un peu sous la ligne de flottaison (ce que l'on voit à l'écran sans scroller) qui peut, selon le domaine d'activité de l'e-boutique et le type de produits ou services vendus, comporter des informations additionnelles. C'est l'endroit idéal pour glisser un visuel sympa, faire une offre promotionnelle, insérer des boutons « call to action », faire découvrir une nouveauté ou les produits phares, les meilleurs prix du moment... Parfois, ces éléments se font sous la forme d'un slider, un carrousel d'images, que l'on peut faire défiler et qui comportent des liens renvoyant vers des produits ou services ou vers les pages concernées. Ce sont autant de solutions couramment employées pour inciter les visiteurs à scroller (faire défiler la page de bas en haut) et à continuer l'exploitation de la page et de la boutique. Sur le corps de la page d'accueil, des informations et des éléments doivent rassurer les visiteurs. C'est à cet endroit que doivent figurer les garanties de sécurité, sur le paiement, le certificat SS qui assure la confidentialité des données, l'assistance technique, le SAV, les témoignages de clients satisfaits, les offres du type « satisfait ou remboursé » ou encore le retour gratuit ou le paiement après essai... Certaines de ces informations peuvent aussi figurer sur le footer pour rassurer la clientèle.

6) Le pied de page ou footer

Il ne faut pas négliger le footer ou pied de page, car beaucoup de visiteurs s'y attardent. C'est à cet endroit qu'on positionne généralement les mentions légales, les informations de contact, les informations sur l'entreprise, les liens vers les plateformes sociales, un lien vers les applications, le plan du site avec un lien vers les pages du menu et bien d'autres informations qui peuvent intéresser le visiteur. Parmi les obligations légales qui doivent apparaître dans le footer, les coordonnées de l'administrateur du site qui peut être contacté en cas de litige. Nous reviendrons dans le module concerné sur ces obligations légales plus précisément, car tout manquement peut entraîner des sanctions pénales. La création d'un footer n'est pas à prendre par-dessus la jambe, car c'est un outil de navigation que l'on doit rendre clair et simple à utiliser pour le visiteur. Ces informations clairement présentées donneront aux visiteurs une image sérieuse et professionnelle du site. C'est une partie à soigner tout particulièrement quand l'e- commerçant n'a pas de boutique physique.

B) Les couleurs et la typographie

D'autres éléments sont à considérer lors de la conception visuelle du site, notamment le choix des couleurs et la typographie. Le choix des couleurs a un impact sur la perception qu'auront les visiteurs d'une boutique ou d'un site internet. Toutes les couleurs ne s'accordent pas avec toutes les activités commerciales. Il est préférable de choisir les couleurs qui peuvent déclencher chez l'acheteur des émotions positives. La combinaison de différentes couleurs sur un site marchand doit être réfléchie. Les couleurs sont une composante visuelle à prendre en considération, car elles sont mémorisées facilement et peuvent avoir un effet attirant ou repoussant. Elles peuvent être perçues différemment selon les individus, le sexe, l'âge ou la culture. Il est admis que les couleurs *flashy* excitent le cerveau, tandis que les tons *pastel* ont un effet calmant et relaxant. Voyons les significations que l'on peut donner aux principales couleurs.

1) Les significations des couleurs les plus employées sur les sites

Bleu

Le bleu est adapté pour les blogs sur le voyage, la finance, la technologie, la décoration. Associé à la mer, le bleu est une couleur apaisante. Quelques plateformes des médias sociaux utilisent le bleu : LinkedIn, Twitter, Facebook... Cette couleur inspire la sécurité, la confiance, l'apaisement, la responsabilité, mais aussi la richesse et le pouvoir. Le bleu réprimerait l'appétit... Il est donc à proscrire pour un site dans le domaine de l'alimentation ou de la cuisine. En revanche, il sera adapté à un site en relation avec les régimes. C'est le coloris le plus utilisé sur internet.

Rouge

La couleur rouge est réputée être agressive, excitante. On associe le rouge à la vitesse, à la passion, à la chaleur, au feu, à l'énergie, voire à l'audace. Parfait pour les blogs cuisine ou les jeux vidéo.

Noir

Le noir, c'est la classe. Associé au luxe, c'est le prestige, le sérieux et la sophistication. Il est utilisé par les marques de prestige, les bijoutiers, la haute finance, l'investissement de prestige ou l'art.

Jaune

Le jaune est une couleur optimiste et positive. Elle évoque la chaleur, l'émotivité, la joie, l'intelligence, la compréhension, la création. C'est une couleur qu'il est possible d'employer dans des domaines qui tournent autour des arts et de la culture, de la maison et de la famille ou encore pour le sport. À utiliser cependant avec parcimonie, la couleur lasse.

Blanc

Le blanc est associé à la propreté, à la vertu, à la paix, à la fraîcheur, à la simplicité, à la spiritualité. Ce coloris peut convenir pour des boutiques de mode, ou encore liées à la santé ou au high-tech.

Orange

L'orange c'est l'exubérance, l'humour, la convivialité, l'ambition, la vitalité, le plaisir. À envisager pour les sites marchands qui s'adressent aux enfants et aux adolescents ou encore qui tournent autour du développement personnel et de la cuisine ou de l'alimentation, car l'orange est connu pour stimuler l'appétit.

Vert

Le vert c'est le bien-être, l'harmonie, la nature, l'équilibre, l'argent, le partage et la croissance. Rafraîchissant, le vert est utilisé pour les boutiques liées à l'écologie, la vie saine, la santé, le jardinage, l'alimentation bio.

Rose

Le rose est lié à la féminité, à l'intimité et à la légèreté. Idéal pour les sites qui vendent des articles de mode et de beauté, ou encore pour ceux qui tournent autour du bien-être.

Marron

Le marron, c'est la crédibilité, la stabilité, le confort et la force, cette couleur rassure les acheteurs. On peut l'utiliser dans les domaines qui tournent autour de la maison : le mobilier, le jardinage, le vintage, le bois, le naturel, les animaux...

Mauve

Le mauve est souvent associé à la sophistication, à la créativité, au pouvoir, à l'opulence et au mystère. Il peut être employé par les vendeurs de produits de beauté et anti-âge, ou dans le domaine de la spiritualité.

Gris

Le gris est une couleur qui symbolise le conservatisme et la rigueur, la maturité et la fiabilité. Il est souvent associé à d'autres couleurs plus vives comme le rouge, l'orange, le blanc ou les bleus éclatants.

Toutes ces couleurs et les effets qu'ils peuvent produire sur les visiteurs d'un site marchand sont à prendre en considération. Cependant, ce n'est pas une science exacte, et la perception des couleurs peut être différemment perçue selon les individus. Il est cependant conseillé de choisir une couleur qui est en relation avec le domaine d'activité dans lequel opère l'e-commerçant.

~ **Bien sélectionner et harmoniser les couleurs du site**

Le choix des couleurs doit être fait en fonction de la cible de clientèle visée. Les couleurs vives et fortes auront la préférence des hommes, les teintes pastel plus douces seront appréciées par les femmes, tandis que les enfants et la jeunesse préféreront les couleurs criardes et brillantes.

Il est conseillé de sélectionner 2 ou 3 couleurs au maximum pour habiller un site et de jouer avec leurs variations, les différentes nuances et leur association entre elles.

Un e-commerçant peut s'inspirer pour le choix de ses couleurs des sites concurrents ou d'entreprises performantes qui opèrent dans le même secteur d'activité. Un e-commerçant doit bien choisir les couleurs qui vont habiller sa boutique (ou encore, laisser ce choix à l'agence qui construit le site), car elles peuvent avoir un impact considérable sur la performance de la boutique. Cette étude couleur et marketing est de nature à convaincre tous les sceptiques.

C) La typographie

La typographie sur un site marchand doit se résumer à deux, voire trois polices différentes au maximum. Il est possible d'écrire les titres ou les menus avec une police différente, ce qui facilite pour le lecteur le repérage des éléments importants. Mais pour la lecture de fiches produites et les conditions générales de vente, la police doit être facilement lisible.

Pour ce faire, la taille de la police doit être suffisamment grande et adaptée à la taille de l'écran. L'épaisseur du trait de la police, aussi appelée graisse, doit être suffisante, notamment pour les lecteurs qui utilisent des écrans avec un mauvais contraste. Le réglage de l'espacement des caractères et celui de l'interligne doivent être faits de façon à rendre le texte moins compact. Enfin, l'usage des caractères en italique et l'emploi du gras doivent être faits à bon escient pour mettre en évidence quelques éléments significatifs dans les textes ou descriptifs produits

D'une manière générale, il faut éviter les polices les plus rabâchées comme Arial, Time New Roman ou Verdana. Il faut leur préférer des polices comme Tahoma, Lucida ou Georgia plutôt bien adaptées à la lecture sur écran. Calibri ou Franklin peuvent aussi être retenues.
Sur le site Dafont spécialisé dans la police d'écriture, il est possible de trouver des polices gratuites à télécharger. Les polices : Roboto utilisée sur les Smartphones, et Caviar Dreams figurent parmi les plus téléchargées.

D) Les visuels, les photographies

Pour améliorer l'expérience visiteur et valoriser les produits et services mis en vente, il est impératif d'utiliser des visuels de qualité qui donnent une idée précise de ce qui est proposé. C'est le support visuel qui accroche d'abord l'œil. Il faut sélectionner des images ou des vidéos qui valorisent vraiment les produits. Le visuel a plus d'importance pour les visiteurs que la description du produit ou les avis d'autres clients. Comme les visiteurs ne peuvent ni manipuler ni voir véritablement les produits proposés, il est fortement recommandé de proposer des photos irréprochables, de qualité professionnelle.

L'investissement dans un appareil numérique hybride et un trépied, avec un bon micro additionnel si des vidéos sont envisagées, semble être la bonne solution. Un fond blanc peut être facilement improvisé avec un rouleau ou une grande feuille de papier blanc. Pour les prises de vues d'articles, il faut les prendre sur fond blanc avec une bonne luminosité, puis avoir recours à un logiciel de retouche pour optimiser la qualité de l'image avant publication. Si l'e-commerçant n'a pas les ressources pour s'offrir la suite Adobe ou Photoshop, il peut utiliser un logiciel open source comme GIMP ou tout autre logiciel de retouche d'image.

De nombreux tutoriels sur la prise de vue de produits et l'utilisation des logiciels de retouche abondent sur internet. Avec un matériel approprié, pas forcément de qualité professionnelle et un peu de pratique, il est possible de réaliser rapidement de très bonnes photos qui séduiront les internautes. Le recours à un photographe ou une agence de shooting spécialisé dans la photo de produit pour l'e-commerce peut être une solution pour les e-commerçants qui souhaitent sous-traiter cette partie. Des devis sont à demander auprès de professionnels qui sont à proximité de préférence. Souvent des tarifs dégressifs sont proposés si plusieurs dizaines d'articles sont à prendre en photo.

Il est aussi possible d'avoir recours à des banques d'images pour illustrer son site. Les banques les plus fournies sont *Getty images, Fotolia, Istockphoto, shuterrstock, 123RF...* Comme ces photos sont accessibles à tout le monde, il faut s'assurer que les internautes ne les retrouvent pas sur un site concurrent. Enfin, il est toujours important de bien lire le contrat pour les droits d'auteur lorsqu'on publie une image sur un site public.

Quelques conseils avant de publier des photos sur son site

- Ne pas publier de photos de mauvaise qualité : exit les photos floues, mal cadrées, surexposées ou sous-exposées...
- Optimiser la taille des images pour qu'elles ne soient pas trop longues à télécharger, utiliser un logiciel de retouche comme GIMP ou un outil spécialisé dans l'optimisation comme Compressor, Compresser JPEG, Imagify...
- Optimiser le nom des fichiers photos, éviter le nom d'origine type image JPEG 16 et renommer l'image avec un ou deux mots-clés qui correspondent au produit et à un texte du site, fiche produit, légende...
- Toujours vérifier que la photo est associée au bon produit.

Quelle que soit la solution retenue, il est impératif que les photos donnent une représentation fidèle du produit. La possibilité offerte à l'internaute pour qu'il puisse zoomer sur l'image et ainsi apprécier tous les détails de l'article est un vrai plus. C'est le minimum pour que les clients visualisent des produits qui susciteront leur envie d'achat.

IV) DERNIERS RÉGLAGES ET TESTER LE SITE

Avant de mettre un site en ligne, il convient de le tester, car une fois sur la toile il doit être irréprochable. Il faut vérifier si la navigation est fluide, si les liens fonctionnent, si le téléchargement est court, si le parcours client est fluide. Nous reviendrons dans le chapitre marketing sur cet aspect, car une fois de plus il est très important que les formulaires s'affichent correctement, que l'acte d'achat se fasse facilement, que les procédures pour le paiement et la livraison soient claires et fonctionnent.

Ces tests peuvent être faits par des proches qui correspondent au profil de la clientèle visée, mais le recours à des outils spécialement développés pour tester et optimiser les sites est sûrement plus fiable. Avec des outils comme Uptrends, pingdom,

Gtmetrix, il est possible de vérifier la vitesse de téléchargement et avec Testapic ou Hotjar on peut faire un test utilisateur à distance, qui permet de savoir ce qui freine les internautes dans leur navigation sur le site et ce qui pourrait les aider.

Le temps de téléchargement de la page d'accueil de l'e-boutique est un point important que l'e-commerçant doit considérer s'il opte pour la solution open source. Dans le précédent module, nous avons vu quels sites pouvaient assurer cette fonction d'hébergement et à quel prix. Toutefois, avant de s'engager, il convient de s'intéresser aussi à la situation géographique de ces serveurs. Plus un serveur est proche de son audience, plus rapide est l'accès au site et plus court est le temps de téléchargement. Il faut aussi s'inquiéter de la capacité de stockage et de l'efficacité de l'assistance de ces sites. Fréquenter les forums ou poser la question à un utilisateur de ce type d'hébergeur peut être instructif. Selon une étude menée pour des sites marchands, 70 % des visiteurs ne reviennent pas sur un site lent.

Conclusion

En parcourant le web, on tombe sur des milliers de boutiques ergonomiques qui inspirent confiance. En préparant méticuleusement l'arborescence de son site et en respectant quelques bonnes pratiques de présentation, un e-commerçant peut concevoir une boutique attractive. Cette approche lui donnera plus de chances d'émerger au milieu de ces milliers de sites en ligne avec une boutique bien conçue et pensée pour sa cible de clientèle.

L'e-commerçant doit prendre soin de choisir le thème qui convient le mieux à sa boutique et à son secteur d'activité. Il doit veiller à choisir les bonnes couleurs et à les harmoniser pour renforcer l'identité visuelle de sa boutique. La sélection et la mise en ligne d'images de qualité professionnelle est indispensables pour présenter et valoriser ses produits ou services. Pour terminer, un e-commerçant doit tester le site avant de le mettre en ligne afin d'apporter les modifications ou perfectionnements nécessaires.

En améliorant l'expérience utilisateur de son audience, l'e-commerçant met ses potentiels clients dans les meilleures dispositions pour s'attarder sur le site et faire ses achats. Tous les consommateurs s'attendent à un certain niveau de professionnalisme lorsqu'ils se rendent sur un site marchand. Un e-commerçant ne doit pas les décevoir par la qualité de son site, et ce, quel que soit son domaine d'activité.

CHAPITRE 6 :
LA FICHE-PRODUIT, RÈGLES SEO

I) QU'EST-CE QU'UNE FICHE-PRODUIT ?

La fiche-produit est une page au contenu stratégique qui doit respecter quelques règles pour trois bonnes raisons :

- Séduire le consommateur ;
- Augmenter les ventes ;
- Améliorer le référencement naturel de la boutique sur internet.

La fiche-produit est un support marketing incontournable qu'il faut rendre unique, impactant et original. Les fiches-produits doivent répondre au besoin d'information du client, séduire les moteurs de recherche, animer le site marchand, attirer de nouveaux visiteurs et clients et enfin faire gagner en crédibilité la boutique. Inutile de préciser que la réussite d'une boutique en ligne dépend beaucoup de la qualité de ses fiches-produits.

Autrefois support papier qui comportait toutes les informations et caractéristiques d'un produit, la fiche-produit désigne aussi de nos jours l'ensemble des caractéristiques et illustrations se trouvant sur une page web :

- photo,
- vidéo,
- plan,
- infographie,
- vue 360 o,
- taille/dimension
- matière
- prix/promo/solde,
- délai de livraison,
- etc.

On peut considérer que la fiche-produit remplace le vendeur que l'on trouve en magasin. Elle sert à informer le consommateur, elle doit le séduire, le convaincre et lui inspirer confiance pour qu'il passe commande. Un acheteur sur internet ne peut pas manipuler, sentir ou voir le produit, il doit donc se fier aux images qu'on lui propose et aux mots qui vont le convaincre. Il est donc très important de rédiger des fiches-produits qui vont donner au visiteur toutes les informations qu'il est venu chercher et susciter son intérêt.

A) Attention au duplicate content

Un e-commerçant qui fait du dropshipping ou qui revend une gamme de produits achetés chez un fabricant pourrait être tenté de copier ou d'importer la fiche-produit d'origine sur son site. Le procédé est courant et pratique lorsqu'on propose plusieurs dizaines ou centaines de produits. Cette façon de faire demande beaucoup moins de travail. Si certains éléments tels les caractéristiques techniques ne peuvent pas être réécrits, en revanche les descriptions de produits devraient l'être systématiquement. Plusieurs raisons à cela : Probablement que d'autres vendeurs ont recopié eux aussi les fiches-produits fournisseurs, voilà qui ne va pas différencier un nouvel e-commerçant de la masse de ses concurrents ! Avec un contenu identique, le dernier arrivé est toujours le moins bien classé sur les moteurs de recherche. Les robots favorisent toujours les contenus originaux pour établir leur classement. Cela peut nuire à la qualité de l'expérience client qui fait le constat que l'e- commerçant se contente de copier/coller une fiche-produit fournisseur. L'impact en termes d'image de marque auprès des visiteurs pourrait être dégradé.

Le risque d'être pénalisé au niveau du référencement par les moteurs de recherche, qui évitent de proposer aux internautes des contenus identiques. Si le risque est grand de voir sa boutique disparaitre dans les profondeurs du classement Google, il y a aussi le risque d'être blacklisté, certes c'est plus rare, mais bien réel... C'est une catastrophe pour une boutique en ligne.

Les moteurs de recherche sanctionnent le duplicate content, la copie de contenu. Un e-commerçant peut faire une demande d'autorisation de reprise d'un texte auprès de son auteur. En insérant une balise canonical avec l'URL de la page d'origine, qui indique aux moteurs de recherche le fait qu'une page est dupliquée et reprend le contenu d'un autre site. Il y a aussi la solution d'insérer une balise Author qui permet à Google d'identifier dans le code source d'une page HTML le nom de l'auteur qui a créé la page et qui est responsable de son contenu. Mais on ne peut pas encourager ces procédures pour l'e-commerce. En effet, si plusieurs vendeurs en ligne reprennent le même contenu, on se retrouve avec tous ces textes en doublon. C'est ainsi qu'un e-commerçant court le risque d'avoir un mauvais positionnement sur les moteurs de recherche.

Il faut toujours préférer rédiger des contenus uniques, utiles et complets qui boosteront grâce à leur originalité le référencement de la boutique et des produits sur les moteurs. Le procédé de l'écriture des fiches-produits est certes plus contraignant et chronophage, mais les résultats seront nettement meilleurs.

Rédiger une fiche-produit originale et orientée vers les attentes de sa cible de clientèle est donc le gage de pouvoir bénéficier d'un meilleur référencement et d'optimiser sa visibilité sur son marché. Voyons comment rédiger de bonnes fiches-produits originales et ainsi éviter d'être sanctionné pour duplicate content ou d'être perdu parmi tous les vendeurs qui copient les fiches-produits des fournisseurs.

B) Les préalables pour rédiger une fiche-produit

• De quoi parle-t-on ?

Bien parler d'un produit nécessite une étude approfondie de ce produit. On peut croire qu'il suffit de se référer à la fiche-produit du fournisseur pour donner aux internautes les principales informations et mettre en avant les avantages du produit. Cela n'est pourtant pas suffisant quand on ne connaît rien au produit ni à son utilisation. Peut-on se fier uniquement à la seule description, forcément objective, du fournisseur ? Le problème de la description se pose aussi lorsqu'il s'agit d'un produit fabriqué par soi-même ou que l'on a fait fabriquer. Avant d'entreprendre la rédaction d'une fiche-produit, il est nécessaire de rechercher des arguments supplémentaires.

Il ne s'agit pas de copier les concurrents, mais simplement de s'inspirer des fiches- produits les plus attractives. En plus des sites concurrents, il faut aussi visiter les sites e-commerce prestigieux comme Darty, La FNAC, Boulanger, Ikea, La Redoute, Amazon... Toutes les catégories de produits ou presque y sont présentées souvent avantageusement avec des fiches-produits aux descriptions intéressantes.

Comment faire pour trouver des arguments percutants à mettre en avant dans une fiche-produit ? En fréquentant les sites concurrents, les forums, les sites de fabricants ou distributeurs de produits ou services similaires qui sont de précieuses sources d'informations.

Sur le site Amazon, et sur d'autres marketplaces ou sites marchands, il est facile d'avoir accès à des commentaires de clients ou à des « questions réponses de clients », souvent positionnés au bas d'une fiche-produit. Toutes ces remarques de clients peuvent être très utiles pour trouver des arguments ou des avantages différents qui caractériseront un produit... Il ne faut donc pas hésiter à s'inspirer de l'expérience des utilisateurs pour rédiger le descriptif d'une fiche-produit.

Un e-commerçant peut ne pas être un rédacteur dans l'âme et être plutôt fait pour la gestion de sa boutique, la recherche de nouveaux produits, les livraisons, la tenue des stocks, le marketing… pour autant les fiches-produits doivent être sérieusement conçues pour bien vendre ses produits et avoir une boutique mieux référencée sur les moteurs de recherche. Ce travail de conception de fiches-produits originales peut être confié à un rédacteur professionnel ou à un assistant virtuel spécialisé dans ce travail. Sur plusieurs plateformes comme rédacteur.com, Scribeur, ou encore Malt ou 404works, la liste n'est pas exhaustive, il est possible de trouver des freelances qui se chargeront de ce travail. Les tarifs peuvent commencer à 1,70 euros HT la fiche- produit jusque 60 euros, tout dépend de la quantité commandée, du type de produit vendu, du nombre de mots, du délai… il est conseillé de faire plusieurs devis.

Concevoir ses fiches-produits soi-même ou faire appel à un rédacteur importe peu. Cependant, il est important pour un e-commerçant de bien comprendre comment se crée une fiche-produit attractive et quels doivent être ses atouts.

- **À qui parle-t-on ?**

Normalement, lorsqu'un e-commerçant rédige une fiche-produit pour sa boutique, il sait déjà à quelle cible de type de clientèle il s'adresse (voir module 2). Un rappel est nécessaire lorsqu'il est question de confier cette tâche de la rédaction de fiches-produits à un rédacteur. Le contenu de ces fiches doit s'adresser à l'acheteur sans détour et donc intéresser le persona ou client idéal. Pour ce faire, il convient :

- d'estimer les centres d'intérêt
  de la clientèle visée ;
- de connaître quel type de valeurs elle partage ;
- d'imaginer les questions que cette cible peut se poser par rapport au produit ;

- d'identifier quelles informations essentielles vont lui permettre d'acheter le produit ou le service en toute tranquillité.

Les informations délivrées varient en fonction de la nature du produit commercialisé.

On peut sur cette page mentionner :

- le prix
- la dimension, le poids
- les caractéristiques techniques
- les coloris, les tailles, la texture ou les matériaux utilisés, les options
- des illustrations, des photos de qualités parfois prises en situation (pour la mode ou le mobilier, par exemple)
- le conditionnement
- le stock disponible
- a livraison, les possibilités de retour
- les conditions de vente, les modalités de paiement
- les avis clients
- l'offre promotionnelle du moment
- la mention « satisfait ou remboursé » si c'est le cas
- des boutons « calls to action »
- des boutons « calls to action »

Cette fiche peut être complétée par des coordonnées de contact, le renvoi à un article de presse ou à une publicité, l'affichage d'un label ou d'une distinction obtenue par le produit ou encore présenter l'histoire de l'entreprise ou du produit. Quelles que soient les informations données, elles seront d'abord scannées à la vitesse de l'éclair, souvent par une lecture en diagonale, par l'internaute toujours pressé à ce stade de la sélection d'un produit ou d'un service. Voilà pourquoi, afin de susciter la curiosité de l'internaute et le motiver à l'achat, il faut lui donner durant ce bref balayage visuel toutes les informations qu'il est venu chercher.

Il est conseillé de sélectionner 2 ou 3 couleurs au maximum pour habiller un site et de jouer avec leurs variations, les différentes nuances et leur association entre elles.

Lorsqu'un article est déclinable en plusieurs versions, taille, couleur... il est préférable de réunir toutes les déclinaisons du produit en une seule fiche-produit. L'acheteur trouvera sur cette fiche unique la couleur ou la taille qui lui convient. Les raisons sont évidentes :

➔ Avec un descriptif du produit qui se répète sur chaque fiche-produit, les moteurs de recherche l'assimilent à du duplicate content, et cela affecte le classement de la fiche-produit.

➔ Au lieu d'avoir un petit nombre de visites sur chaque taille, il est préférable de concentrer les visiteurs sur la même fiche-produit pour améliorer le référencement naturel.

➔ En proposant aux visiteurs une seule fiche-produit qui décline les tailles et les couleurs par exemple, on améliore l'expérience utilisateur, ce qu'apprécient les moteurs de recherche pour faire leur classement.

➔ Plus on propose de choix au visiteur sur une fiche-produit, plus il a de chances de trouver ce qu'il recherche et ainsi passer à l'acte d'achat. Résultat : le taux de conversion de la fiche-produit sera meilleur.

Déclinaisons par type de produits à réunir dans une seule fiche-produit :
• Chaussures : pointure, coloris
• Vêtements : taille, couleur, style (chemise col français, col anglais, col mao, manches courtes ou longues...)
• Téléphonie mobile : coloris, capacité de la mémoire...
• Literie : taille (90 × 190, 140 × 190, 160 × 200...)
• Parfumerie, contenance (90 ml, 120 ml, 175 ml...)

Voyons maintenant comment rédiger une fiche-produit attractive incorporant toutes les informations essentielles à délivrer aux visiteurs.

C) Rédiger et organiser une fiche-produit

Détaillons les techniques à considérer lors de la rédaction d'une fiche-produit qui devrait permettre d'accroître la performance d'une e-boutique.

• Les informations importantes visibles

Les informations importantes doivent toujours être visibles en haut de la page, au-dessus de la ligne de flottaison. Les informations importantes à mettre en évidence sont :

- Le nom du produit
- Le prix
- Une description courte, éventuellement un slogan
- Un élément de réassurance, par exemple un avis client qui rassure l'internaute ou une note donnée au produit
- Les configurations de produit, taille, couleur, contenance, versions...

Le titre de la fiche-produit doit comporter 60 à 70 caractères au maximum. C'est la longueur idéale que doivent faire les titres pour Google, qui décrivent le contenu de la page : nom du produit, type de produit présenté, la marque. On appelle balise title le texte du titre, en bleu sur Google, que voit en premier l'internaute dans les résultats de recherche du moteur leader. Nous verrons plus bas dans les techniques SEO comment employer ces balises HTML et l'intérêt d'utiliser des mots-clés dans les titres et descriptifs. Une description courte peut se positionner en dessous du nom du produit ou du titre. L'objectif est de présenter les principales informations au visiteur sans qu'il n'ait à scroller. Une description détaillée courte d'une centaine de mots, 150 mots maxi, doit contenir les informations principales :

- nom du produit présenté,
- matériaux,
- couleurs, informations techniques,
- les principaux avantages du produit ou service.

Pour les descriptions détaillées, situées plus bas sur la page et qui nécessitent de scroller, il faut éviter de les faire trop longues pour ne pas rebuter le lecteur. La longueur idéale se situant autour de 300 mots. Dans les descriptions plus longues, on s'attache à rédiger un contenu original sans abuser de l'utilisation de mots-clés et sans se répéter. Le contenu doit avant tout être attractif et pertinent pour intéresser le lecteur jusqu'au bout.

Il est possible par exemple de faire du copywriting, ces textes publicitaires qui parlent au lecteur, en se mettant à sa place et en l'aidant à se projeter, et qui vont susciter son intérêt, puis faciliter le déclenchement d'une action de sa part.

• **Le storytelling**

Le storytelling ou l'art de raconter des histoires à des fins de communication peut aussi être une solution intéressante pour valoriser un produit ou service.

Pour illustrer le storytelling, on peut se reporter par exemple à la fiche-produit d'une basket Adidas Originals commercialisée par Sarenza. On trouve ce texte :
La ligne Adidas Originals est une création récente du grand équipementier Adidas. Qu'ils sont loin, les premiers jours de la marque, alors qu'Adi Dassler fabriquait à la main ses premières chaussures, installé dans les 20 m^2 de la buanderie de sa maman ! Les baskets Adidas ont traversé près d'un siècle en équipant les athlètes de tout poil du meilleur matériel possible. Un art de se chausser qui est aussi un art de vivre, depuis toujours : déjà en 1932, c'est en imaginant avec elle une nouvelle paire de chaussures qu'Adi Dassler rencontra sa future femme ! La qualité irréprochable de la fabrication est restée la même qu'au temps du patriarche, qui pouvait repérer du coin de l'œil le moindre défaut dans une immense chaîne de fabrication. Les baskets Adidas Originals existent depuis 1993, et dès leurs premiers mois elles furent adoptées par Madonna ainsi que par des millions de personnes qui souhaitaient retrouver le lifestyle décontracté, mais performant de la marque Adidas en dehors des terrains de sport. C'est un esprit original et décalé, bien ancré dans l'air du temps, qui fait la valeur d'Adidas Originals. Sans oublier le goût de l'innovation et la science du confort d'un grand équipementier sportif !

C'est une bonne méthode pour intéresser les visiteurs. C'est important, car le choix des mots, le ton et le style employés ont nécessairement un impact sur la performance des fiches-produits, sur leur taux de conversion. Il faut éviter les descriptions rébarbatives, froides et sans âme qui deviennent lourde et préférer adopter une autre approche qui permettra de distinguer la fiche-produit de celles de la concurrence.

Le storytelling est une bonne solution. Pour construire une histoire autour d'un produit, il faut le mettre en scène en insistant sur les avantages et caractéristiques qui apportent des bénéfices aux internautes. Il suffit de répondre à quelques questions :

- À quoi sert le produit ?
- Que peut-on faire avec ?

- Quel problème résout-il ?
- Quels sont ses avantages par rapport aux produits concurrents ?
- Quels avantages retire-t-on à utiliser ce produit ?

Dans un storytelling ou un descriptif détaillé, il ne faut pas hésiter à jouer sur le registre des sentiments, parfois avec humour, d'autres fois avec solennité, tout dépend du type de cible visée. C'est ainsi que l'on arrive à connecter le produit au lecteur. Il faut essayer de captiver l'attention du visiteur en faisant preuve de créativité et d'originalité.

D) Adopter un style en phase avec sa cible

On l'a vu, la rédaction d'une fiche-produit dépend de la cible visée et du secteur d'activité aussi. Lorsqu'on raconte une histoire, les descriptions doivent être en phase avec le profil des visiteurs. L'écriture d'une fiche-produit doit rester simple, précise et accessible par tous, ou au moins par les types de consommateurs visés.

Il faut éviter le style littéraire, le style administratif ou encore le ton trop commercial ou trop promotionnel. Pour concevoir des fiches-produits agréables à lire, il faut adopter une écriture dynamique et employer un ton léger qui rapproche la clientèle et donne une image sympathique de la boutique ou de la marque.

II) PRÉSENTATION ET STRUCTURATION D'UNE FICHE-PRODUIT

A) Les astuces

Rédiger et agencer une fiche-produit claire et intuitive en pensant au lecteur est un premier pas pour l'inciter au « *call to action* ». Voyons quelques conseils basiques pour améliorer la présentation d'une fiche-produit.

- **Les listes à puces**

Pour agencer les caractéristiques des produits sur une fiche-produit, il ne faut pas hésiter à recourir aux listes à puces, qui permettent d'aérer la présentation. Les lecteurs apprécient ces listes qui facilitent la lecture de données techniques, pour les produits high-tech par exemple.

- **Le bouton « Acheter »**

L'importance du visuel du bouton « Acheter » ou « Ajouter au panier » est bien évidemment primordiale. Ce bouton, sur lequel cliquent les internautes, doit être bien visible et ressortir sur la page avec une couleur qui contraste avec le reste de la page. Si possible, il faut le placer à proximité d'éléments d'information importants pour l'acheteur, comme la disponibilité, le prix, le paiement sécurisé, les frais et conditions de livraison, le satisfait ou remboursé, un avis de client... Ce bouton « Ajouter au panier » peut aussi employer d'autres mots :

- je commande,
- j'achète,
- voir les offres,
- achetez/er,
- commander/ez,
- comparer les prix...

Peu importe, la forme du bouton et la couleur vive choisie, ce bouton doit être bien visible et bien positionné dans le haut de la page. Le visiteur ne doit pas le chercher pour passer sa commande.
Sur la fiche-produit, il est possible de présenter une autre version du produit, un autre produit qui est susceptible de les intéresser car en lien avec celui qu'ils veulent acheter, un service lié au produit ou encore accéder à une page d'avis de clients... Dans une fiche-produit, il est recommandé d'avoir recours au *cross selling* ou au *up selling*.

B) Le cross selling et le up selling sur la fiche-produit

1) Le cross selling ou vente croisée

C'est un peu la méthode de la boîte de cirage que la vendeuse propose au client qui a acheté une paire de chaussures. Cette technique permet de faire monter la valeur du panier moyen. Il s'agit de proposer au client qui achète un produit un autre produit en complément de celui déjà acheté.

C'est une excellente méthode pour augmenter le chiffre d'affaires, mais aussi pour satisfaire la clientèle qui peut ainsi compter sur un fournisseur qui est en mesure de répondre à tous ses besoins. Cette méthode peut aider un e-commerçant à fidéliser la clientèle à ses produits ou services. Cette pratique permet aussi à l'e- commerçant de donner de la visibilité sur son site à des produits de son choix.

Pour réussir avec cette méthode, il convient de proposer des produits très proches ou complémentaires de celui déjà acheté. Proposer deux, trois ou quatre produits suffit largement en cross selling. Il faut bien les choisir et donner la possibilité à l'internaute de se diriger vers un descriptif ou une fiche-produit de l'article en question.

Le cross selling se fait évidemment en fonction du parcours client et dépend du type de produits commercialisés, mais les deux meilleurs emplacements pour faire du cross selling sont traditionnellement la fiche-produit et le panier. Le cross selling peut aussi être proposé lors de l'email de confirmation, avec la possibilité laissée au client de l'ajouter à son panier, par exemple en proposant une livraison sans frais supplémentaires.

Il ne faut pas négliger cette technique qui peut rapporter gros. Jeff Bezos annonce que 35 % des ventes Amazon sont générés grâce au *cross selling*.

2) Up selling

Ici, on est dans un registre différent puisque l'objectif est de proposer au client un produit ou un service supérieur en gamme par rapport à celui auquel il s'intéresse. C'est une montée en gamme qui permet à l'e-commerçant de réaliser un chiffre d'affaires et une marge supérieurs. Comme pour le *cross selling*, le *up selling* peut donner de la visibilité à d'autres produits que l'e-commerçant souhaite mettre en avant. Pour proposer des produits en *up selling*, la fiche-produit est sûrement le meilleur endroit, mais il est possible aussi d'utiliser le panier.

Pour solliciter les visiteurs, les gros sites marchands emploient souvent ce genre de formules :
Nous vous recommandons cet article
Nos clients ont aussi aimé
Les clients ayant consulté cet article ont également regardé...

C) L'importance du visuel

Pour attirer l'œil et favoriser la lecture, une fiche-produit doit être bien structurée. Il faut favoriser les paragraphes courts avec des sous-titres, ainsi que les listes à puces qui aèrent le contenu et améliorent la visibilité.

L'utilisation de caractères gras pour les sous-titres, le titre ou des groupes de mots importants dans le descriptif capte l'intérêt du lecteur et intéresse aussi les moteurs de recherche, qui les repèrent.

D) La qualité des images sur les fiches-produits

Nous l'avons déjà évoqué dans le module précédent, la qualité des images à publier sur un site marchand doit être irréprochable. Les images ont un impact considérable sur le visiteur, parfois plus important que le texte qui les accompagne.

C'est l'inconvénient majeur de l'e-commerce, l'acheteur doit acheter sans avoir la possibilité de toucher, de goûter, de sentir ou de voir le produit réellement. D'où l'intérêt de proposer des images de qualité qui mettent en valeur le produit.

• Comment optimiser les images des fiches-produits

Nous ne revenons pas sur l'investissement dans un équipement photo numérique de qualité ou sur le recours aux services d'un photographe professionnel spécialisé dans ce domaine.

En revanche, pour avoir le plus d'impact, les photos des fichent-produits doivent :

- Plutôt être proposées dans un grand format, le produit doit être bien visible sur l'écran pour capter immédiatement le regard de l'internaute ;

Même si l'aperçu donne une vue globale du produit, les détails doivent être palpables. C'est particulièrement vrai pour beaucoup de catégories de produits : chaussures, habillement, bijoux, mobilier, décoration... Parfois la mise en ambiance dans un environnement est un plus qui peut aider le visiteur à se projeter et à imaginer le produit chez lui. C'est le cas pour le mobilier ou la déco, par exemple.

- Présenter le produit sous différents angles ; L'objectif est de présenter le produit au visiteur pour qu'il l'examine sous toutes ses coutures. Une sélection de 2 à 5 images peut aider un internaute à se faire une idée précise en lui faisant faire le tour du produit.
- Donner la possibilité au visiteur de zoomer sur le produit pour qu'il apprécie mieux les détails ;
- Être en haute définition si possible pour offrir un bon rendu ; Attention toutefois à optimiser la taille des images pour ne pas pénaliser le temps de téléchargement.

- Proposer des vues similaires des différents produits, même angle de vue, même profondeur de champ.

L'idée est de donner une certaine cohérence ou unité aux visuels des produits qui sont présentés sur le site.

En outre, on peut envisager la possibilité de proposer des vidéos ou des 360 panoramiques, en fonction du type de produit proposé, qui peuvent donner une autre vision du produit, plus vivante ou concrète.

- **S'inspirer des leaders de l'e-commerce**

S'inspirer des meilleurs sites marchands ou des grandes marques, tant pour la qualité des photos que pour la structure de la fiche-produit, peut aider un e- commerçant à peaufiner ses propres fiches-produits.

Voyons deux exemples de produits bien différents : un hamburger McDonalds et une chaussure de sport Adidas.
Adidas : les photos sont nettes. Même la chaussure blanche sur fond blanc est mise en valeur. Le fond est dépouillé, pas de fioriture, le produit qui valorisé, il est presque palpable. On a une sensation d'espace et de qualité, et les produits présentés sont conformes à ce que l'on attend. Il est possible d'accéder à différents angles, de zoomer pour apprécier les détails et même de voir une photo en situation, ainsi qu'une petite vidéo de la chaussure en action. La dizaine de clichés proposés est de nature à convaincre un internaute indécis.
McDonald : même si on n'est pas un accroc de la restauration rapide, le hamburger peut donner envie. Il y a fort à parier que le même servi au restaurant pourrait décevoir tant la photo est alléchante.
Ces deux présentations de produits sont faites pour valoriser les produits et rassurer le consommateur. Ce sont sûrement des exemples à suivre.

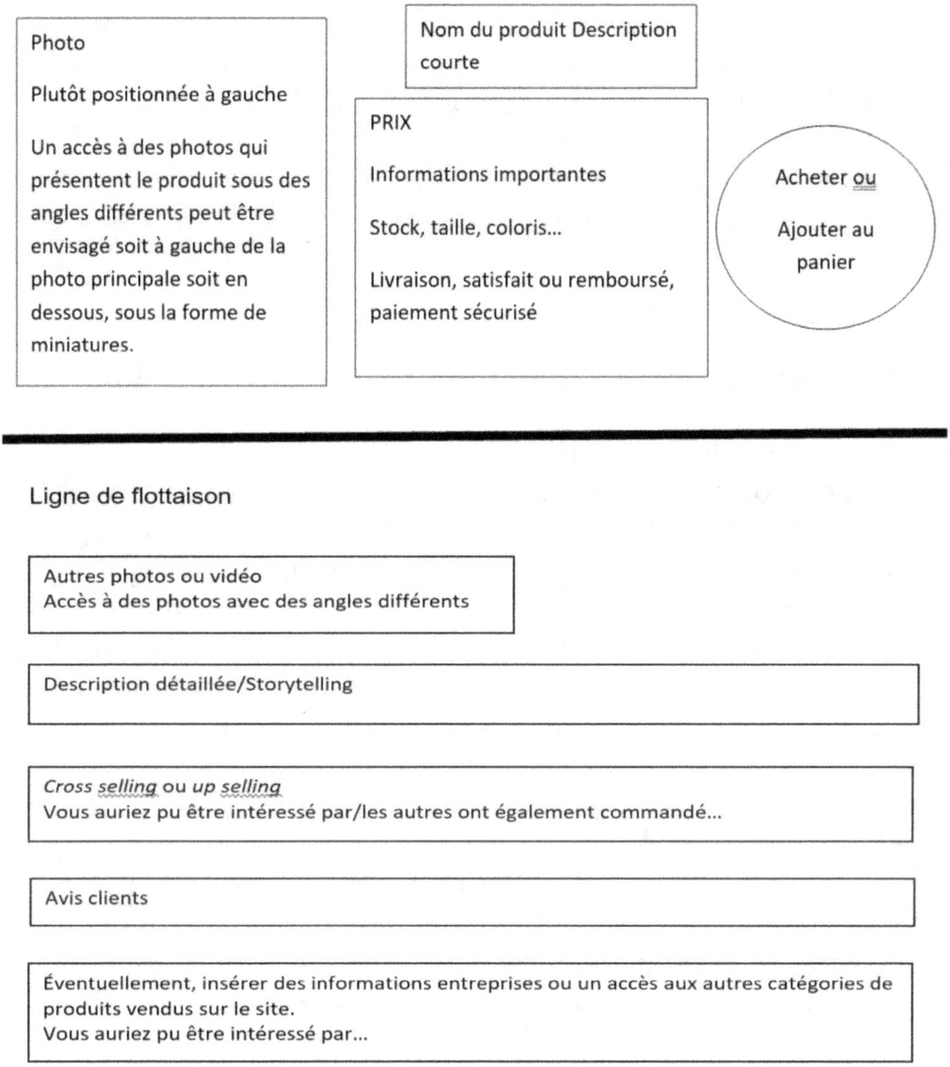

III) LES TECHNIQUES SEO

A) Le travail de rédaction SEO pour une fiche-produit

Une fiche-produit bien structurée avec des visuels de qualité aide grandement à vendre et à améliorer le taux de conversion, c'est un fait. Ce ratio peut être excellent, mais peu rémunérateur si le nombre de visiteurs est faible, voire inexistant. Un e-commerçant qui rédige ses fiches-produits doit donc chercher à augmenter le trafic sur son site. Pour y parvenir, il doit employer des techniques de SEO ou search engine optimisation, un terme qui définit l'ensemble des méthodes mises en œuvre pour améliorer la position d'une boutique ou de ses produits sur les pages des résultats des moteurs de recherche (ou SERP)[3]. Ces techniques SEO sont faciles à mettre en place lors de la rédaction et ont l'avantage d'être gratuites. Voyons quelles sont les techniques SEO importantes à suivre pour les fiches-produits.

B) L'URL, le titre et la description d'une fiche-produit

• l'URL de la fiche-produit

Il est conseillé de personnaliser cette URL ou adresse web, et ce, même si ce n'est pas l'élément qui compte le plus pour le référencement d'une page. Il suffit de placer un mot-clé principal, voire deux ou trois mots-clés. Ici, c'est le nom du produit. C'est souvent le cas pour une fiche-produit : débardeur-côtelé. Il est à noter que les mots-clés d'une URL sont toujours séparés par un tiret et qu'il faut éviter d'employer des abréviations pour composer une URL.

• La balise title

La balise title (voir plus bas les balises HTML), est le nom de l'article présenté sur la fiche-produit. Dans l'exemple donné ci-dessus, c'est : « Débardeur côtelé Zara international »

Cette balise est le premier élément analysé par le robot du moteur de recherche. La balise titre qui définit le produit est évidemment son nom. Il est possible d'y ajouter une ou plusieurs caractéristiques. Ici, c'est débardeur côtelé. On aurait pu rajouter « femme » ou « blanc », par exemple : « Débardeur côtelé blanc femme »

Le titre ne doit pas dépasser les 70 caractères espaces compris et comporter les bons mots-clés, 4 ou 5 au maximum de

---

[3] SERP, l'acronyme de search engine result page ou page de résultats des moteurs de recherche est une expression souvent employée lorsqu'il s'agit de référencement.

préférence. Il est possible, comme dans cet exemple, d'inclure un nom de marque si celle-ci est connue. Pour définir la balise < title >, il faut se demander ce que les internautes taperaient comme mots-clés pour parvenir à accéder à cette page. Ici, ce sont des acheteurs de débardeurs. Voir plus bas comment trouver les bons mots-clés pour les titres.

• **La balise metadescription**

Cette balise metadescription doit être optimisée pour permettre à l'internaute d'avoir accès aux informations essentielles qui concernent le produit. En lisant ces quelques mots bien choisis, l'internaute doit saisir ce que contient la fiche-produit, sans avoir besoin de cliquer dessus, mais tout en l'incitant à en savoir plus.

Pour trouver facilement des mots-clés qui aideront à composer les titres et les descriptions de produits, on peut utiliser des outils comme Semrush ou Google Aids. Il est possible de pousser plus loin ses recherches de mots-clés, par exemple en :

- utilisant des synonymes ;
- trouvant des mots-clés délaissés, dits de longue traîne, car peu utilisés par les internautes ;
- exploitant les données statistiques des mots-clés trouvés sur Google, grâce aux outils d'analyse disponibles sur internet ;
- s'appuyant sur les réseaux sociaux et les forums qui sont une source inépuisable d'inspiration lorsqu'on décortique les sujets de conversation ;
- trouvant les mots-clés via la concurrence, ce peut être des noms de marque, de produits ou de services.

Choisir les bons mots-clés et les insérer dans les descriptifs, titres, articles, fiches- produits... est important pour mieux positionner un site marchand ou une page- produit sur les moteurs de recherche. Il n'est pas utile de les répéter à l'infini. Il faut préférer cibler des mots-clés du marché, ceux les plus souvent tapés par les internautes et les associer à d'autres mots-clés moins utilisés ou moins populaires.

Des outils intéressants sont à découvrir comme Ubersuggest ou Wordstream. Ils décortiquent les expressions ou associations de mots-clés que les internautes tapent dans leurs requêtes sur un sujet précis. Un autre outil réputé, utilisé par les services de marketing et les rédacteurs, est Google Trends qui annonce : *Découvrez ce que recherchent les internautes du monde entier.* Avec cet outil, on peut vérifier les tendances de certains mots-clés et leur popularité auprès des internautes, notamment par zone géographique. Il permet de connaître entre deux mots-clés celui qui est le plus recherché. On peut savoir si le mot-clé est plus employé au singulier ou au pluriel, par exemple, ou encore connaître la popularité du mot-clé en fonction d'une région. Avec cet outil, on est aussi mis au courant des dernières tendances, des buzz et des sujets de prédilection du moment qui attirent les internautes.

• **Le balisage HTML**

Puisque nous évoquons les balises, il est nécessaire de donner quelques explications sur cette pratique SEO utile pour les fiches-produits, mais aussi pour tous les écrits publiés sur un site e-commerce : articles, comparatifs, argumentaires, descriptions, légendes, nom de visuels…

C) Les balises HTML

La balise HTML, comme nous allons le voir, est un code que l'on insère dans un fichier texte qui sert à indiquer aux moteurs de recherche la fonction du contenu que ces balises encadrent. Lorsqu'on parle de balisage HTML, le terme a de quoi effrayer les néophytes qui pourraient croire que cette méthode ne s'adresse qu'à des programmeurs. Mais il n'en n'est rien. Le balisage HTML est à la portée de tout le monde.

• **Qu'est-ce que le balisage HTML ?**

Le balisage HTML est un langage descriptif qui permet de structurer n'importe quel type de contenus : textes, liens, vidéos, images, en insérant des balises. Ce langage est interprété uniquement par les moteurs de recherche. Les balises HTML sont invisibles pour le lecteur, mais sont insérées par le rédacteur. Elles encadrent les titres, sous-titres, les blocs, images ou paragraphes qui sont rédigés.

• Pourquoi le balisage HTML ?

Publier un texte avec des balises permet aux algorithmes des moteurs de recherche de mieux indexer une page web, qui est ainsi correctement structurée grâce à ces balises. La mise en forme d'un texte avec des balises HTML favorise donc un meilleur référencement d'une page de site web, par exemple une fiche-produit, sur les moteurs de recherche. Personne n'a besoin de connaissances techniques en codage pour suivre les procédures expliquées ci-dessous et rédiger un texte avec le balisage HTML. Il suffit d'être attentif et précis. Voici comment procéder pour baliser une fiche-produit.

Pour baliser un texte, on utilise un chevron ouvrant de ce type <, puis on insère le nom de la balise et on termine par un chevron fermant >. Soit < = j'ouvre et > = je ferme.

Les balises fonctionnent par paire : la balise ouvrante <title> par exemple qui définit le titre du document HTML et la balise fermante qui porte le même nom, mais est pourvue d'une barre oblique soit : </title>.

Chaque page commence par la balise <HTML> qui indique au navigateur qu'on débute un document HTLM. La dernière balise pour fermer le document sera </html>. La balise <head> comporte plusieurs balises qui permettent de donner les éléments d'entête pour identifier le site et la page ou la fiche-produit, par exemple :
<html> <head>. La balise <base href = adresse URL du site/>, ce qui donne : www.zara.com » débardeur-côtelé-p00962168.

Il existe plus d'une centaine de balises HTML qu'il n'est pas forcément nécessaire de connaître par cœur. Avec les principales balises énumérées ci-dessus, il est possible de rédiger des textes ou des fiches-produits au format HTML. Cependant, pour ceux qui veulent en savoir plus sur les balises et leur utilisation, ils peuvent se reporter à cet article très bien fait : Liste des balises HTML.

Des outils gratuits disponibles sur internet existent pour faciliter la vie des rédacteurs qui rédigent des textes HTML. Il est possible de convertir des textes Word structurés avec des titres, sous-titres et paragraphes ou mises de caractères en gras sur word2cleanHTML. Toute une liste d'outils utiles se trouve sur Textfixer pour modifier, convertir et générer des textes en HTML.

Pour mieux appréhender le référencement SEO, nous vous conseillons de lire les conseils donnés par Google pour Bien débuter en référencement naturel SEO. En particulier la rubrique Optimiser votre contenu, une lecture utile pour connaître les bonnes pratiques à adopter pour tous les textes d'une e-boutique ou d'un blog. Pour en terminer sur les techniques SEO, voyons l'importance du maillage interne.

D) Le maillage interne

Le maillage interne ou « linking interne » ou encore « maillage de liens » qualifie l'organisation des liens en interne sur un site. Ce sont des liens qui relient entre eux des pages sur un même site. On peut aussi voir ces liens comme des guides qui orientent les lecteurs vers d'autres contenus à forte valeur ajoutée, hébergés sur le même site. L'avantage du maillage interne est d'améliorer la navigation à l'intérieur du site en la rendant plus fluide. L'autre avantage est d'améliorer le référencement du site sur les moteurs de recherche. En effet, les internautes qui passent plus de temps sur un site grâce au maillage interne vont booster l'intérêt des algorithmes de Google ou des moteurs de recherche dans le même temps. Pour que le maillage interne soit efficace, il faut veiller à ce que ces liens soient bien visibles, de préférence au-dessus de la ligne de flottaison pour une fiche-produit, pour que le visiteur n'ait pas besoin de scroller la page.

Il est préférable d'éviter de positionner trop de liens sur une même page, 5 ou 6 au maximum. Le maillage interne est à mettre en place dès la création du site et à compléter à chaque fois qu'une nouvelle fiche-produit ou un texte est publié sur le site. Pour tendre un maillage interne parfait, le choix des mots ou groupes de mots – qu'on appelle ancres – sur lesquels positionner le lien hypertexte est primordial. Ces ancres doivent inciter l'internaute à se diriger vers un autre contenu qui mérite son attention. Dans le cadre d'une fiche-produit, ces liens peuvent conduire vers un avis client, un produit similaire ou un service offert (livraison, facilités de paiement, extension de garantie...). Ces groupes de mots qui composent les ancres contiennent de préférence des mots-clés qui favorisent un meilleur positionnement ou *Page Rank* sur Google.

Inventé par Larry Page, cofondateur de Google, le *Page Rank* ou PR qualifie l'algorithme de Google qui analyse la qualité et la quantité des liens qui mènent vers une page web. Le moteur de recherche mesure ainsi la popularité d'une page web, ce qui lui permet de classer cette page en fonction de sa popularité. D'où l'importance d'insérer des liens au sein de son site.

Conclusion

Une fiche-produit n'est pas figée dans le temps et doit faire l'objet d'analyses régulières de la part de l'e-commerçant. Il faut par exemple déterminer quelles sont les fiches-produits qui ont le meilleur taux de conversion, celles qui sont les plus populaires, celles qui le sont moins... En fonction de ces analyses, il ne faut pas hésiter à apporter régulièrement des corrections pour améliorer en permanence les fiches-produits. Une fiche-produit doit contenir les informations essentielles que l'internaute est venu chercher et le séduire, comme elle doit séduire les moteurs de recherche. Il faut savoir répondre aux questions que se pose l'internaute en présentant les produits et en organisant les contenus comme il se doit. Tous les détails comptent pour élaborer une fiche-produit attractive et convaincante. De la qualité des descriptions et des visuels aux techniques SEO à suivre. Tout doit être fait pour améliorer l'indexation de ces fiches-produits et de la boutique sur les moteurs de recherche.

Dans le prochain chapitre, nous abordons deux aspects de la gestion d'une boutique en ligne qui sont la gestion des stocks et les solutions à envisager pour la livraison des produits.

CHAPITRE 7 : GÉRER LES STOCKS, GÉRER LA LIVRAISON

I) LA GESTION DES STOCKS

La gestion des stocks pour une boutique en ligne est surement perçue comme une corvée par la plupart des e-commerçants. Pourtant négliger cet aspect de la gestion d'un e-commerce peut avoir des conséquences désastreuses sur la rentabilité de l'entreprise. Une bonne gestion des stocks permet d'améliorer la rentabilité et la croissance d'une boutique en ligne. Gérer des stocks, c'est arriver à gérer l'approvisionnement d'une boutique, faire le point régulier ou permanent sur les produits entrants et les produits sortants. Une bonne gestion des stocks permet de réguler ces flux de produits ou marchandises en tenant compte d'éléments tels que les délais d'approvisionnements, les tendances du marché et les délais de fabrication, que les produits soient faits maison ou chez des fabricants ou sous-traitants. Plusieurs raisons peuvent motiver une bonne gestion des stocks :

- **Éviter le sous-stockage**

C'est un problème qui peut affecter toutes les entreprises et particulièrement celles qui démarrent une activité dans l'e-commerce. Sans avoir de recul sur les entrées et les sorties de marchandises, il est difficile au début de déterminer le stock parfait. Un e-commerçant doit alors utiliser des estimations qui ne sont pas toujours évidentes à définir. Pourtant, il faut essayer de ne pas tomber en rupture de stock sur les produits phares, ces 20 % qui vont générer 80 % du chiffre d'affaires.

Le sous-stockage est bon pour la trésorerie et permet à l'e-commerçant d'investir dans d'autres domaines comme la pub ou le webmarketing. Cependant, le risque couru avec le sous-stockage est de perdre des occasions de vente par manque de marchandises ou rupture de stock. On devine la réaction de clients qui s'aperçoivent que le produit qu'ils souhaitent acheter est en rupture de stock, que le délai de livraison va s'allonger ou encore qu'une procédure de remboursement est en cours alors qu'ils viennent de commander. Frustrés, ceux-ci ne manqueront pas d'aller voir la concurrence.

Pour l'e-commerçant, c'est la perte assurée et définitive de clients qui ne reviendront plus. Voilà comment une mauvaise gestion des stocks peut détériorer l'e-réputation d'une boutique sur internet.

- **Éviter le surstockage**

Le risque avec le surstockage est la mobilisation d'un capital circulant. Une trésorerie engagée pour financer les stocks ne sert à rien d'autre, difficile de payer ses charges avec des produits stockés dans son entrepôt. Cette mobilisation peut réduire drastiquement d'autres investissements comme la publicité, le marketing, le référencement de produits nouveaux...

Enfin, les produits en surstockage ont tendance à perdre de leur valeur dans le temps. En effet, les goûts des acheteurs peuvent changer, et les produits stockés devenir dépassés ou ringards. Certains produits avec des dates de péremption ne peuvent pas être stockés éternellement (produits de beauté ou alimentaires) et risquent ainsi de se transformer en invendus qui vont affecter la rentabilité de la boutique. Le surstockage, c'est aussi monopoliser des surfaces de stockage, des surfaces qui ont un coût. On peut conclure qu'être en surstockage, c'est mobiliser de la trésorerie, prendre le risque de voir les produits se déprécier et au final entraîner une perte d'argent. Un e-commerçant peut optimiser ses stocks en mettant en place un système efficace de gestion des stocks.

Surstockage ou sous-stockage et dépréciation des produits sont des freins au bon développement d'un business en ligne, il faut donc qu'un e-commerçant s'appuie sur une stratégie d'achats pertinente et une méthode d'approvisionnement opérationnelle et efficace.

II) LES SOLUTIONS POUR GÉRER LES STOCKS D'UNE BOUTIQUE EN LIGNE

La gestion des stocks est personnalisable en fonction du budget que l'e-commerçant souhaite y consacrer. Certaines solutions raisonnables au niveau du prix sont chronophages, tandis que d'autres solutions plus complètes qui font gagner du temps et de l'argent nécessitent un investissement financier plus conséquent. Le choix d'une méthode de gestion des stocks peut aussi dépendre de la manière dont sont stockées les marchandises. Si elles sont stockées dans le garage de l'e-commerçant ou dans un entrepôt à proximité de chez lui, l'organisation ne sera pas la même que si les marchandises sont stockées sur un marketplace ou dans un entrepôt éloigné qui assure toute la logistique. Évidemment, la gestion des stocks ne se pose pas si l'e-commerçant adopte le dropshipping, avec les inconvénients que cette forme de commerce implique comme nous l'avons évoqué dans le chapitre 4.

Gérer les sources d'approvisionnement et les relations avec les fournisseurs

Pour bien gérer les stocks, un e-commerçant doit bien connaître les sources d'approvisionnement. Certains fournisseurs livrent par saison ou demandent des quantités minimales qu'il est difficile de commander en plusieurs fois... Un e- commerçant doit entretenir de bonnes relations avec ses fournisseurs. Qu'il s'agisse d'un produit à échanger, d'un problème de SAV, d'être livré en urgence, de négocier les commandes minimales ou d'être livré de quantités très importantes, il est essentiel d'entretenir de bonnes relations avec ses fournisseurs. Ainsi, un e-commerçant est plus à l'aise quand il est question de négocier des conditions, remises, commandes minimales, dépannage ou encore lorsqu'il faut gérer des moments difficiles, comme une trésorerie limitée, un entreposage compliqué, des produits qui ne se vendent pas, l'arrêt de la fabrication d'un produit, une rupture de stock chez le fournisseur... Des relations client-fournisseur bien entretenues peuvent avoir un impact positif ou salutaire en cas de crise. Un e-commerçant doit garder cet aspect positif d'une relation client-fournisseur à l'esprit.

III) LES TECHNIQUES DE RÉAPPROVISIONNEMENT

Plusieurs techniques de gestion de stocks existent qui permettent les réapprovisionnements en fonction de critères prédéfinis.

1) La méthode point de commande ou stock minimum

Le point de commande, c'est définir un stock minimum pour chaque produit. Quand le stock minimum pour le produit est atteint, alors une commande de réapprovisionnement doit être déclenchée.

2) Le premier rentré, premier sorti ou first in first out (FIFO)

Ou encore premier arrivé premier vendu, qui consiste à sortir du stock le produit le plus anciennement stocké lorsqu'une vente est conclue. Cette méthode est particulièrement recommandée pour les boutiques qui commercialisent des denrées périssables, mais peut aussi être utilisée pour le non-périssable. Beaucoup de produits et techniques évoluent, changent de packaging... C'est sûrement une bonne méthode pour ne pas se retrouver avec des produits démodés ou dégradés par les conditions de stockage. Cette méthode nécessite une certaine organisation dans le rangement des produits pour accéder facilement aux anciens stocks.

À l'inverse, il existe une méthode FILO ou first in last out : dernier arrivé premier sorti. Le produit arrivé en dernier sort en premier, mais c'est une méthode moins en vogue, sauf peut-être chez les e-commerçants qui vendent de gros volumes. Le seul avantage de cette formule est d'ordre logistique : il est plus facile d'accéder aux produits récemment arrivés. Cette formule est bien sûr à éviter lorsqu'il s'agit de denrées périssables et semble peu adaptée aux e-commerçants qui lancent leur activité.

3) Le *just in time* ou juste à temps

L'approvisionnement se fait en fonction de la demande. L'e-commerçant attend la commande du client pour passer sa commande chez le fournisseur. L'avantage numéro un, comme pour le dropshipping, c'est que cela ne nécessite pas de stock et que les risques d'avoir des produits invendus ou périmés est nul. Le problème, c'est que ça engendre des délais de livraison plus longs et donc le risque de voir partir les clients chez des concurrents qui, eux, stockent le produit.

4) Les prévisions

Il s'agit, notamment lorsqu'on a un peu de recul sur son activité, de gérer les stocks en utilisant des études et des prévisions des demandes : saisonnalité, analyse des tendances du marché, étude des cycles de vente, sondages, études de marché... La difficulté est d'anticiper sur une période donnée le volume des ventes d'un produit pour estimer son approvisionnement. Le but est d'avoir le stock le plus juste possible, mais suffisant pour répondre à la demande.

5) La méthode de l'inventaire

Faire un inventaire physique est une obligation comptable pour tous les commerçants, souvent en fin d'année avant la fin de l'exercice comptable. Réaliser un inventaire consiste à compter tous les produits en stock en même temps. Lorsque le stock est conséquent, l'inventaire physique peut être un vrai casse-tête et parfois des écarts sont constatés entre le stock théorique et le stock physique. Trouver la cause de cet écart peut s'avérer fastidieux. En réalisant des inventaires tournants ponctuellement tout au long de l'année, par catégorie de produits par exemple, un e-commerçant peut s'assurer de l'état de son stock et éventuellement sortir les produits périmés, détériorés ou encore sélectionner certains articles pour une opération promotionnelle. Cette méthode de l'inventaire tournant permet de repérer les produits qui se vendent vite et ceux qui posent problème, ce qui peut aider l'e- commerçant à prévoir un stock plus conforme à ses ventes.

Attention aux erreurs d'inventaire

Un e-commerçant pense avoir en stock 10 articles, mais il n'en comptabilise que trois dans son stock physique ou encore il pense avoir 4 articles en stock alors qu'il n'en a plus un seul. Et voilà une catastrophe qui se profile lorsque deux ou trois clients commandent en même temps cet article épuisé. Ces clients mécontents des délais à rallonge risquent d'annuler, d'où perte de chiffre d'affaires. Et ils font courir un autre risque à l'e-commerçant et non des moindres : celui de ternir la réputation de sa boutique en ligne.

Plusieurs raisons peuvent être la cause de ces erreurs de stock : soit les produits ont été perdus ou égarés, soit ils ont été volés, soit l'inventaire des stocks est mal géré. C'est pour cette dernière raison, puisque pour les autres il faudra mener l'enquête, qu'un système de gestion des stocks fiable doit être mis en place par l'e-commerçant.

IV) SYSTÈME DE GESTION DES STOCKS

En mettant en place un système centralisé de stockage, un e-commerçant peut éviter ce genre d'erreurs d'appréciation des stocks. Les e-commerçants peuvent employer l'une ou l'autre de ces techniques pour estimer les stocks :

1. Le papier et le crayon mine : quatre colonnes, un descriptif et une référence produit, la quantité théorique, la quantité physique et le tour est joué. Sûrement efficace au siècle dernier, mais un peu dépassé...
2. La même méthode avec un tableur Excel rempli manuellement.
3. Un système de gestion automatisé proposé par les plateformes SaaS de type Shopify ou encore par les CMS open source type Prestashop.

4. Un système de gestion automatisé spécialement conçu pour les e-commerces.

Les deux premières méthodes sont théoriquement fiables. Pourtant, il faut reconnaître que mettre en place une gestion centralisée des stocks avec ces méthodes est fastidieux. À chaque entrée de produit, il faut sortir son crayon, gommer et noter, et c'est chronophage. De plus, cette méthode est aussi sujette aux erreurs, notamment lorsqu'il y a beaucoup de références à gérer. Enfin, s'il y a plus d'une centaine de références à gérer, l'e-commerçant peut manquer de recul et avoir plus de difficultés à analyser les performances de vente de chaque produit.

La troisième méthode est valable lorsque l'e- commerçant a opté pour une solution Saas ou open source pour sa boutique en ligne. Ces gestions de stocks par les plateformes sont des solutions satisfaisantes, mais parfois limitées, notamment si l'e- commerçant vend sur d'autres sites partenaires comme les marketplaces. Il est alors difficile de centraliser la gestion des stocks.

Le type de logiciel prévu sur ces plateformes permet d'automatiser le traitement des commandes et de faire les mises à jour du stock. Simplement, la plateforme demande à l'e-commerçant de renseigner les stocks pour chaque référence produit, et ensuite le logiciel met à jour automatiquement les stocks en fonction des ventes.

La quatrième solution du logiciel de gestion de stock automatisé est une bonne solution, car spécialement conçue pour l'e-commerce. Voyons quels sont les principaux logiciels disponibles sur le marché et les avantages qu'ils offrent.

V) LES LOGICIELS DE GESTION DE STOCKS EN LIGNE

Ces logiciels permettent donc à l'e-commerçant d'avoir une vue d'ensemble des marchandises en stock, de l'endroit précis où elles se trouvent et du moment où elles entrent et sortent de son lieu de stockage. Tous ces éléments lui permettent de planifier les approvisionnements et de mieux répondre aux attentes de ses clients. Les principaux avantages que revêt l'utilisation d'un logiciel de gestion de stock pour un e-commerçant sont les suivants :

- Éviter le surstockage et les ruptures de stock ;
- Planifier précisément les approvisionnements ;
- Réduire le risque d'erreur ;
- Augmenter la productivité grâce à l'automatisation d'opérations habituellement chronophages ;
- Satisfaire sa clientèle en ayant une gestion des stocks optimisée.

Il existe sur le marché de nombreux logiciels de gestion de stocks offrant une grande variété de fonctions et des tarifs tout aussi variés. Un e-commerçant doit adopter le logiciel qui convient le mieux à ses besoins et à son type d'activité. Sûrement que quelques recherches et essais pour trouver la bonne solution seront nécessaires. Opter pour une solution de gestion des stocks complète n'est pas toujours pertinent, notamment au lancement de la boutique ou lorsque les objectifs de chiffre d'affaires sont modestes. Les logiciels aux prix élevés ne servent pas à grand-chose si l'e-commerçant n'exploite que 30 % de leurs capacités. Pour les petites structures, un logiciel avec les fonctionnalités essentielles est souvent suffisant. Ce sera toujours beaucoup plus efficace qu'une gestion manuelle à l'ancienne. Les logiciels abordables dans leur version de base et performants pour le commerce en ligne sont:

- **Stocknet**

C'est le pionnier dans la gestion des stocks en ligne. Stocknet est un logiciel qui se loue en mode SaaS, et ses fonctions principales permettent de gérer les entrées et sorties de stock avec toute la chaîne de documents d'achats et de ventes, mais aussi d'alerter sur les ruptures de stocks, de donner les dates de péremption ou encore de donner un historique détaillé des mouvements de stocks. Stocknet propose un tarif de base à partir de 65 euros HT par mois.

- **Opensi**

Opensi se présente comme le premier logiciel de gestion commerciale pour l'e- commerce. Opensi permet d'avoir une analyse fine des stocks, car il a été spécialement développé pour les besoins des boutiques en ligne. Il permet de connaître le coût des marchandises stockées et gère aussi tout le processus de la transaction depuis la commande passée par le client. Le prix pour la formule expert démarre à 79 euros HT par mois, formation comprise.

- **Monstock**

Monstock est une application mobile de gestion de stocks, spécialiste dans la gestion de stockage pour tous les secteurs d'activités, dont la vente en ligne. Une formule essential commence à 14,90 euros HT/mois pour 1 utilisateur, la formule professionnal démarre à 24,90 euros HT, une période d'essai gratuite de 14 jours est proposée.

- **Fastmag**

C'est un logiciel complet de caisse et de gestion commerciale qui traite aussi la gestion des stocks. Fastmag propose un droit d'usage mensuel à 100 euros/mois.

- **sevDesk**

sevDesk est une solution abordable pour le lancement d'une boutique en ligne. Il est possible de démarrer avec un compte gratuit, tout en bénéficiant d'une assistance et d'un tutoriel pour comprendre le fonctionnement du logiciel. sevDesk pro valable pour un utilisateur est à 7,5 euros par mois (facturé annuellement) auxquels il faut ajouter la fonction gestion des stocks à 19,90 euros/mois. Cette liste n'est pas exhaustive. D'autres plateformes proposent des solutions pour la gestion des stocks. Les plus connues sont Zoho Inventory, OpenConcerto, Syspro, Stitch Labs ou encore GSM, qui proposent des formules adaptées aux petites et moyennes structures.

Certains de ces logiciels de gestion de stocks proposent ou sont intégrés à des systèmes ERP (enterprise resource planing), aussi appelés PGI (progiciel de gestion intégré) qui permettent de gérer et de suivre au quotidien l'ensemble des processus opérationnels d'une entreprise : gestion des commandes, facturation et livraison, de la comptabilité, du stock, de la paie et du personnel, des ventes, de la production...
Pour chaque périmètre de gestion de l'entreprise, les ERP proposent un module fonctionnel, et à chaque modification dans un module, l'information est mise à jour automatiquement dans l'ensemble des autres modules associés. Les modules de gestion des stocks proposés par ces ERP sont bien adaptés au commerce en ligne.

Les critères pour faire le choix d'un logiciel de gestion de stock peuvent être différents d'une activité à l'autre. Un e-commerçant doit prendre en compte certains points, notamment le nombre d'utilisateurs qui doivent avoir accès au logiciel et bien sûr la compatibilité avec le CMS ou logiciel de boutique en ligne qu'il utilise. En choisissant le bon logiciel, un e-commerçant est plus efficace. Il gagne du temps et de l'argent qu'il peut consacrer à d'autres domaines comme la publicité ou le webmarketing.

VI) L'ANALYSE ABC

L'analyse ABC est à considérer lorsqu'il s'agit d'optimiser le stock d'un commerce. Cette analyse est établie sur le principe de Pareto ou la règle des 80/20 : par exemple, 20 % des produits représentent 80 % du chiffre d'affaires ou encore 20 % des clients représentent 80 % du chiffre d'affaires.

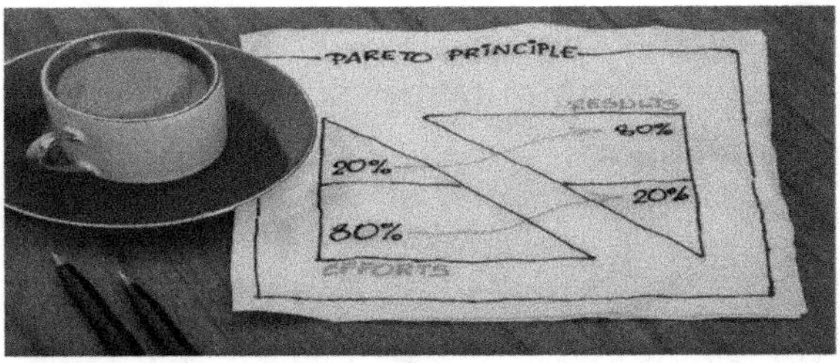

Cette méthode permet de déterminer quels produits, clients et prestations sont rentables ou au contraire comment ils sont peu rentables. Il est conseillé d'employer cette méthode pour la gestion des stocks d'un e- commerce et ainsi séparer les produits qui sont importants de ceux qui le sont moins, notamment en les classant en 3 catégories, par exemple :

A. Les produits chers qui ne se vendent pas souvent.
B. Les produits de valeur moyenne qui se vendent modérément.
C. Les produits à faible valeur qui se vendent bien.

Les produits de la première catégorie A, sont à surveiller, car leur impact sur la trésorerie est important tandis que leur vente reste aléatoire. Le stockage de ces marchandises, du fait de leur coût, doit être limité avec un faible stock.

Les produits de la catégorie C, en revanche, se vendent bien. Leur rotation est régulière et leur impact financier est moindre, ils nécessitent moins d'attention, ce sont des valeurs sûres qu'il faut avoir en stock.

Pour la catégorie B, qui se trouve entre les deux, les volumes de ventes sont moyens, mais stables. Cela nécessite une couverture des stocks moyenne, car le risque est maîtrisé.

Avoir le contrôle sur la gestion de ses stocks est primordial pour gagner de l'argent. Il est donc nécessaire pour un e-commerçant de mettre en œuvre la technique de gestion des stocks la mieux adaptée à son entreprise. Un autre critère important est à considérer pour assurer la satisfaction des clients : la livraison. Voyons tout de suite comment aborder ce service incontournable dans le commerce en ligne.

VII) LA LIVRAISON

Tous les e-commerçants qui vendent leurs produits sur internet ont nécessairement besoin de mettre en place une stratégie de livraison, exception faite de ceux qui fonctionnent exclusivement en dropshipping ou qui vendent des biens dématérialisés.

A) Proposer plusieurs options de livraison

Les conditions de livraison, délai, frais de port et emballage sont un point important pour un acheteur lors d'un achat en ligne. Près de 70 % d'entre eux considèrent qu'il est important de connaître le prestataire qui assure la livraison avant de passer commande.

Et 92 % des acheteurs en ligne seraient plus disposés à s'engager si on leur donnait le choix entre plusieurs options de livraison. Un acheteur en ligne aime avoir plusieurs options d'expéditions pour l'acheminement de son colis en phase avec son mode de vie, ses habitudes et ses envies. Les solutions de livraison les plus couramment proposées par les e-commerçants sont :

- La livraison le jour même
- La livraison express dès le lendemain
- La livraison standard sous 24 h-48 h
- La livraison économique dans un délai de 3 à 5 jours
- Le retrait dans un point relais ou en magasin
- La livraison sur rendez-vous

B) Offrir un service fiable au juste prix

Un coût trop élevé pour les frais de port est un motif d'abandon d'un panier en ligne pour de nombreux acheteurs. Des études ont révélé que 36 % des acheteurs abandonnent si la livraison n'est pas gratuite et que 31 % abandonnent si la livraison est trop lente ou trop compliquée. Voilà des chiffres qui doivent faire réfléchir un e-commerçant et l'encourager à offrir à ses clients un large choix d'options pour la livraison.

Le constat est évident la qualité et la fiabilité du service offert pour la livraison doit être irréprochable, il en va aussi de la réputation de la boutique. Un e-commerçant doit maitriser le facteur livraison pour assurer le meilleur service et répondre aux attentes de ses clients.

C) Communiquer sur la livraison

Comme pour les tarifs, un e-commerçant doit être transparent sur la livraison et le suivi des colis. Les processus de commande et de livraison doivent être visibles et clairement présentés pour offrir un choix en toute transparence aux acheteurs. Un e-commerçant doit considérer dans son approche client la livraison comme une stratégie marketing.

Une étude réalisée en 2018 affirme que :

~ 43 % des acheteurs ajoutent un article pour bénéficier des frais de port gratuits ;

~ 87 % déclenchent une action pour éviter de payer des frais de livraison, en ajoutant un produit ou en commandant un produit plus cher, offre *up selling* par exemple ;

~ 44 % abandonnent leur commande à cause des frais de livraison ;

~ 66 % n'hésitent pas à aller à la concurrence pour bénéficier d'un mode de livraison conforme à leur envie.

Dès qu'un acheteur a le moindre doute sur la livraison – délai, frais, suivi, emballage, choix du mode de livraison... –, il ne commande pas et n'hésite pas à se rendre chez les concurrents. Un e-commerçant doit donc lui proposer plusieurs choix de modes de livraison, des tarifs adaptés et compétitifs et respecter ses engagements, notamment quand il annonce un délai. L'e-commerçant peut rassurer les acheteurs, par exemple en mettant des avis clients sur la livraison, soit sur une page dédiée, soit sur les fiches-produits.

Pour rassurer les internautes, un e-commerçant doit leur communiquer des informations relatives aux prestataires qui assurent la livraison. 70% des acheteurs français en ligne considèrent que c'est une information essentielle à connaître au moment de l'achat.

Le tracking ou suivi de colis est en passe de devenir une exigence pour les acheteurs.
95 % d'entre eux considèrent que recevoir des informations par SMS ou email sur le suivi de leur commande est important.

VIII) LES DIFFÉRENTES SOLUTIONS POUR LIVRER SES PRODUITS EN E-COMMERCE

Le choix de mode de livraison dépend bien évidemment du type de produits vendus et des spécificités de la boutique en ligne : produits périssables ou fragiles ou encore volumineux...

Trouver le prestataire idéal peut paraître complexe à un e-commerçant, surtout lors de la période de lancement de sa boutique en ligne. Le mode d'expédition dépend pour beaucoup de la nature des produits à expédier.

Avant de choisir une solution pour la logistique, l'e-commerçant doit se poser ce type de question :

- Quel type de produit envoie-t-il ? Produits high-tech, denrées périssables, objets fragiles, matières dangereuses...
- Quels poids et tailles font les colis en moyenne ?
- Quel est le volume des expéditions prévu ? Quelques dizaines par mois ou plusieurs centaines par semaine ?
- Dans quels délais livrer les clients ?

Il faut savoir que 86 % des livraisons se font à domicile, et une étude récente affirme que 84 % des colis pèsent moins de 2 kilos, dont plus de la moitié moins de 500 grammes. Le premier constat est que la majorité des envois sont plutôt légers et petits. Ils représentent une part importante du flux des colis livrés en France, mais aussi à l'international. Pour assurer la logistique de ces colis, il existe des solutions adaptées, et la solution la plus utilisée est La Poste.

• **La poste**
Plusieurs solutions sont proposées par La Poste pour acheminer des colis.

• **Chronopost**
Chronopost offre un large choix de solutions pour livrer des colis sur le territoire et à l'international. Les transporteurs spécialisés pour les livraisons express de colis.

• **UPS** pour livrer en France ou à l'international : une offre *UPS my choice* permet un suivi ainsi que la maitrise de la livraison par le client. Il peut ainsi décider du mode, du lieu et de l'heure de livraison à son domicile.

• **DHL** qui propose des offres spécifiques pour les entreprises en fonction du volume d'expédition.

Pour débuter son activité, un e-commerçant peut se simplifier la vie en sous-traitant la livraison par un intermédiaire unique. Des sociétés se sont spécialisées dans ce genre de service. Ce genre de prestataire qui facture les expéditions des colis sur une base mensuelle offre quelques avantages :

- ✓ Des tarifs négociés et compétitifs : tarifs négociés auprès de sociétés connues comme Chronopost, UPS, La Poste, Fedex, Mondial Relay... et ce quel que soit le volume de colis expédiés.
- ✓ Une facture et un interlocuteur unique
- ✓ Une gestion de la livraison plus simple

Les principaux acteurs qui opèrent sur ce marché sont :
Boxtal qui se présente comme la solution d'expédition pour le e-commerce. La société annonce 65 000 clients et des tarifs négociés jusque 75 %.

Envoi du net qui annonce jusqu'à 80 % d'économie sur les frais de livraison pour ses clients.

Packlink *Pro* qui revendique 21 000 clients. Ces derniers ne paient que pour les marchandises réellement envoyées, sans frais d'inscription ou d'utilisation, un service à la demande sans contrainte et sans contrat.

Tous ces acteurs proposent une solution compatible pour relier le CMS de la boutique, Shopify, WooCommerce, Prestashop... à leur logiciel. Pratique pour automatiser l'impression des étiquettes et permettre le suivi des colis. Il est à noter que des plug-ins existent pour la plupart des transporteurs (Colissimo, Chronopost, UPS, Fedex...) à relier à une e-boutique CMS. Une fois installées, ces interfaces permettent à l'e-commerçant de gérer la partie administrative des livraisons depuis son site.

Un e-commerçant qui vend essentiellement sur les marketplaces comme Amazon ou Cdiscount… peut profiter des services de livraison de ces plateformes. Toutes les marketplaces ne le proposent pas et il convient de s'informer auprès d'elles de l'existence de ce service. Il suffit pour l'e-commerçant d'envoyer ses produits aux entrepôts de ces plateformes qui se chargent de les stocker, de les expédier. Ils assurent le service client et parfois se chargent des retours. Amazon propose le service Expédié par *Amazon*, vous trouverez toutes les conditions et tarifs en suivant le lien. Profiter du service logistique Amazon peut crédibiliser un site marchand et rassurer la clientèle. Evidemment il faut considérer le coût que ce genre de partenariat implique. Cdiscount propose le service *CDiscount Fulfilment* pour gérer le stockage, l'emballage et l'expédition des produits d'un site marchand. Le coût de ces services vient s'ajouter aux frais d'abonnement et aux pourcentages ponctionnés sur les ventes de produits par ces marketplaces.

IX) COMMENT CALCULER LES FRAIS DE PORT ?

Avant d'afficher ses tarifs de frais de port, un e- commerçant doit déterminer l'investissement que va représenter le poste livraison. Plusieurs facteurs entrent en jeu :

- Les zones d'expédition : Régional, France, Europe, International, il est possible de segmenter les expéditions en fonction de ces zones pour simplifier la mise au point des grilles tarifaires.
- Le coût moyen de l'emballage. Quel type d'emballage utiliser, type de carton ou d'enveloppe, ruban adhésif, palette… Un poste à ne pas négliger, car la qualité de

l'emballage reste la meilleure assurance pour éviter les produits endommagés et les remboursements.

- Les coûts du transport qui varient en fonction du mode de transport choisi et des délais (express ou normal).
- Les poids et les dimensions du colis. La plupart des transporteurs pratiquent des tarifs en fonctions du poids et des dimensions des colis, car ces données influent sur la manutention des colis, palette, chariot, tapis roulants et sur le type d'emballage à utiliser…
- Les retours de marchandises. On y reviendra dans la réassurance client, mais depuis la loi Hamon le consommateur bénéficie d'un délai de rétractation de 14 jours à date de réception du produit. Les frais de retour sont à la charge du vendeur dans la limite d'un montant correspondant au mode d'envoi standard le moins cher proposé sur le site. Il faut donc prendre en compte ce coût, prévoir une marge de 10 % de taux de retour est une base quand on démarre son activité sans avoir vraiment d'expérience sur la fréquence des retours.
- L'assurance ad valorem permet de garantir la marchandise à hauteur de sa valeur souvent pour un montant qui oscille entre 0,5 % et 0,75 % de sa valeur. Les litiges sur les dommages sur le matériel ou la perte arrivent plus souvent qu'on ne croit lors du transport.
- Le temps de préparation des commandes est un critère à prendre en compte. Parfois il peut impacter sur les délais de livraison, notamment lors des rushs des fêtes de fin d'année, fête des Mères, ou lors de promotions ou de périodes de soldes. Quand un e-commerçant a les mains dans les cartons, il manque peut-être d'autres opportunités de vente, d'où l'intérêt au moins au début de passer par des prestataires type Boxtal qui se chargent de tout.

X) ADOPTER LA BONNE STRATÉGIE DE PRIX

Au lancement de l'activité, il est préférable que les frais de livraison payés par le client couvrent l'ensemble des frais d'expédition. Il est difficile de gonfler les tarifs de livraison tant il y a de concurrents et d'offres de frais de livraison différente. Les internautes comparent les frais de livraison d'un site à l'autre. La difficulté pour un e-commerçant qui se lance est de trouver un juste équilibre avec des frais supportables par les clients, mais qui couvrent en même temps les frais d'expéditions. Un e-commerçant risque de tâtonner un peu avant de trouver la formule qui correspond le mieux à son activité.

Les acheteurs sont très attentifs aux frais de port, c'est un aspect stratégique et un e-commerçant peut se demander comment facturer ses frais de port pour avoir un meilleur taux de conversion. Des stratégies de frais de port gratuits sous conditions existent et peuvent être des puissants leviers de conversion ou de fidélisation. Un e-commerçant peut avoir recours à cette stratégie en cas de déstockage ou en *up selling*. Étudier la possibilité d'offrir les frais de port à partir d'un minimum d'achat peut être un excellent moyen d'augmenter la valeur moyenne du panier.

Dans tous les cas, il est préférable de dissocier le prix du port de celui du prix de vente des produits pour obtenir une bonne place dans les comparateurs de prix. Être transparent sur la politique de frais de port est important. Un e-commerçant doit éviter de tomber dans le piège des frais de port gratuits, car inclus dans le prix de vente. L'illusion ne fera pas long feu aux yeux des acheteurs.

• **Un e-commerçant peut avoir plusieurs approches pour facturer les frais de port**

Facturer en fonction du coût réel

- Facture en dessous du coût réel, en prenant en charge, au détriment de sa marge, une partie des frais. C'est surement une solution qui engendrera plus de commandes.
- Facturer au-dessus du coût réel. On l'a vu, ce procédé est déconseillé, car s'il permet d'améliorer les marges, c'est au détriment des commandes. Un e-commerçant vend ses

produits, mais ne s'engraisse pas sur le port. Surtout que le procédé est risqué pour la vente en ligne, il est facile de comparer les prix pour les acheteurs.

- **Voir les prix pratiqués par la concurrence**

Pour déterminer ses frais de port, un e-commerçant doit aussi tenir compte de la concurrence et étudier ce que les concurrents proposent. Quels sont leurs tarifs ? Que proposent-ils comme solutions de livraison ? Quels sont les délais annoncés ? Proposent-ils la livraison gratuite et sous quelles conditions ?

Il est difficile lors d'un lancement de boutique en ligne de déterminer combien de commandes supplémentaires vont être générées à cause de frais de livraison bas ou offerts.il est évident qu'au fil du temps, avec l'expérience, l'e-commerçant fera évoluer ses frais de port. Une stratégie de frais de port n'est pas figée et l'e-commerçant peut tester facilement différentes stratégies pour améliorer les performances de sa boutique en ligne.

Un e-commerçant doit déterminer le prix psychologique à appliquer pour le port, ce prix qui ne dissuade pas, mais qui séduit et qui permet d'influencer positivement le taux de transformation.

98 % des acheteurs commandent à nouveau sur un site lorsqu'ils ont une expérience de livraison positive, preuve que la livraison est aussi un outil de fidélisation en plus d'être un outil de conversion.

La stratégie des frais de port est cruciale et demande une grande attention de la part de l'e-commerçant. Il faut étudier, tester et retenir la solution qui parait la plus crédible et la plus juste. Ce choix de la livraison et des frais à appliquer est d'une importance capitale dans le succès d'un commerce en ligne.

Conclusion

La gestion des stocks est importante pour améliorer la rentabilité et la croissance d'une boutique en ligne. Les principales méthodes de gestion des stocks ont été abordées, ainsi que les logiciels dédiés à l'e-commerce qui peuvent faciliter la vie de l'e-commerçant. Dans le prochain chapitre, nous verrons quelles méthodes webmarketing l'e-commerçant doit adopter pour faire connaitre sa boutique et booster son chiffre d'affaires.

CHAPITRE 8 :
LE WEBMARKETING OU COMMENT FAIRE CONNAÎTRE SA BOUTIQUE EN LIGNE

I) LES MÉTHODES MARKETING POUR LE E-COMMERCE

Une fois qu'un e-commerçant a une boutique en ligne avec des produits en stocks prêts à être livrés, il a fait un grand pas en avant, mais il est toujours sur la ligne de départ ! En effet, un autre challenge l'attend, et pas des moindres : faire connaître son site marchand, puis trouver des acheteurs et les convaincre.

Une boutique en ligne sans une stratégie webmarketing, c'est comme un hôtel de tourisme en période de confinement : ça a le mérite d'exister, mais ça ne sert à rien. Un site marchand sans trafic est un site qui ne vend pas. Un e-commerçant doit suivre une stratégie marketing pour générer du trafic sur son site et des ventes. Parmi les pistes données ci- dessous pour faire connaître un site, nous ne revenons pas sur deux fondamentaux du webmarketing que nous avons déjà évoqué : l'offre produit ciblée et le référencement naturel SEO. Lorsqu'il arrive à l'étape du marketing, un e-commerçant sait quelle clientèle cibler avec une gamme de produits et de services appropriée à leur proposer.

Les tactiques à déployer que nous évoquons ici sont employées par les e- commerçants et les marques, mais toutes ne sont pas adaptées à tous les commerces ou secteurs d'activité. Un e-commerçant doit estimer celles qui correspondent le mieux à sa cible et à ses produits. Certaines de ces méthodes sont gratuites, d'autres payantes. Certaines sont rapides à mettre en œuvre, d'autres beaucoup moins. Certaines marcheront, d'autres se solderont par des échecs... Il faut être conscient de cette particularité de l'e-commerce et du commerce en général : attirer des visiteurs puis les convertir en clients est un travail de longue haleine qui demande de l'organisation, quelques moyens et beaucoup de persévérance.

Un e-commerçant doit essayer l'une ou l'autre de ces méthodes, les utiliser conjointement ou encore à sa façon, car pour certains de ces outils, on peut les utiliser de plusieurs façons. Il n'y a pas de recette miracle, seuls les résultats comptent. Voyons ces pistes à suivre pour booster la visibilité d'une boutique sur internet.

A) Le blogging

Créer un blog professionnel pour promouvoir un site e-commerce est une excellente stratégie à moyen ou long terme pour promouvoir une boutique en ligne. Le blog professionnel donne l'occasion à l'e-commerçant de se positionner en tant qu'expert sur son marché de niche. En publiant des articles de qualité dans un domaine d'activité précis, l'e-commerçant peut, avec son blog, devenir une référence et gagner en crédibilité auprès d'une audience ciblée. Rassuré et mis en confiance, ce public sera plus enclin à s'intéresser aux produits ou services vendus sur le site marchand. Les avantages du blogging sont considérables et peuvent aider l'e-commerçant à :

- **Créer et fédérer une communauté autour de sa marque.**

En créant ce genre de relation et en échangeant avec les internautes, un e-commerçant peut tenir compte de leurs remarques et besoins pour adapter et améliorer son offre commerciale.

- **Se montrer sous un autre jour avec son blog**

Il peut parler de ses produits, mais aussi de lui, de son entreprise ou de son domaine d'activité différemment en s'adressant aux internautes sur un ton plus amical, moins commercial.

- **Augmenter la notoriété et la visibilité de la boutique en ligne sur le web**

Un blog professionnel bien pensé avec du contenu de qualité attire les blogueurs influents, les médias aussi dans leur sillage vers leurs followers.

• Augmenter le trafic de la boutique en ligne

Les entreprises qui alimentent un blog attirent immanquablement des visiteurs vers leur site e-commerce. Des études ont prouvé que le blog est un puissant levier qui peut augmenter le trafic vers un site d'entreprise de 50 à 100 %.

• Améliorer le référencement naturel

Avec la publication d'articles uniques et de qualité qui vont favoriser les interactions entre internautes : partages, commentaires, likes... et donc être repérés par les robots des moteurs de recherche.

• Booster la fréquentation des comptes que l'e-commerçant a sur les réseaux sociaux.

En y diffusant les articles publiés sur le blog. Le blog est un bon moyen de communication pour l'e-commerçant qui sait l'animer et l'enrichir en articles régulièrement. C'est un support qui nécessite un investissement raisonnable, mais qui peut être chronophage et long à mettre en place pour ressentir les premiers résultats sur les performances de la boutique. Certes, il ne faut pas mésestimer ces inconvénients, mais le blog reste un moyen bigrement efficace pour générer du trafic et augmenter sa visibilité. Ne pas hésiter à faire appel à des rédacteurs web pour créer du contenu exclusif si l'on n'a pas le goût ou le temps de le faire soi-même.

B) Les comparateurs de prix

Être présent sur les comparateurs de prix est une solution à envisager pour un e- commerçant. Certains internautes qui sont à la recherche de bonnes affaires les utilisent toujours avant de faire leurs achats. Un e-commerçant peut donc tirer profit de sa présence sur les comparateurs de prix, notamment s'il vend des produits haut de gamme ou à des prix discounts.

Depuis la mise en service de Google Panda et de Google Penguin, qui traquent et pénalisent les sites de mauvaise qualité ou ceux qui emploient des méthodes frauduleuses pour tromper l'algorithme du moteur, l'influence et la visibilité de ces comparateurs a baissé dans les moteurs de recherche.

Un e-commerçant peut se lancer sur les comparateurs de prix de deux manières différentes : soit en proposant tous les produits de son catalogue, soit en sélectionnant des produits qu'il veut mettre en avant. Dans les deux cas, un e- commerçant doit tenir compte des principales informations recherchées par les internautes sur ces comparateurs :

- Les prix des articles.
- Leur disponibilité.
- Les délais de livraison et leur coût.

Les comparateurs de prix permettent aux acheteurs de comparer le prix d'un produit similaire proposé par différentes boutiques ou sites marchand. Comme c'est le point de passage privilégié pour de nombreux acheteurs, un e-commerçant doit avoir une politique de prix agressive et donner des garanties de réassurance aux clients lorsqu'il se positionne sur ces comparateurs. Les comparateurs offrent la possibilité à un e-commerçant d'améliorer sa visibilité sur des sites à fort trafic. Les visiteurs ciblés sont très qualifiés puisqu'ils sont vraisemblablement en recherche active d'un produit spécifique à acquérir. Il est probable qu'un comparateur de prix se positionnera sur les moteurs de recherche devant la boutique en ligne de l'e-commerçant, au moins pendant toute sa période de lancement. Être présent sur ces comparateurs est donc un bon moyen pour bénéficier d'une meilleure visibilité.

Les comparateurs de prix ont d'autres intérêts pour un e-commerçant. Par exemple :

- Savoir si un produit est populaire.
- Découvrir les pratiques tarifaires de ses concurrents sur ces sites.
- Aider à fixer les prix de ses produits.
- Mieux connaître son audience en découvrant quels prix et quels arguments peuvent les pousser à acheter.

Il existe presque autant de comparateurs de prix que de niches de marché ou domaines d'activités. On trouve donc des sites comparateurs généralistes et des sites spécialistes. Les comparateurs de prix se rémunèrent généralement au coût par clic ou CPC ou au coût par acquisition ou CPA, qui varie selon les comparateurs de quelques centimes d'euro à quelques euros. Comme l'e-commerçant ne paye que pour les clics ou les conversions, il est important de bien lire les conditions tarifaires du comparateur avant de s'engager.

Voyons quels sont les principaux comparateurs de prix. Les comparateurs de prix les plus utilisés par les e-commerçants pour présenter des produits ou leur catalogue sont : Google shopping, Idealo, Kelkoo, le Dénicheur, Shopping.com, Cross-shopper, I-comparateur, Le guide.com, Pricegrabber, camelcamelcamel, shopzilla.fr...

Cette liste n'est pas exhaustive, car il en existe des dizaines. Un e-commerçant peut se positionner sur l'un ou l'autre de ces comparateurs, voire être présent sur plusieurs comparateurs à la fois. Beaucoup de marques et d'e-commerçants présents sur les comparateurs de prix, souvent sur plusieurs à la fois, disent doper leurs ventes grâce à cette stratégie dans des proportions allant de 15 % à 30 % pour certains.

- **Être stratégique**

L'e-commerçant peut soit présenter deux ou trois produits sur plusieurs comparateurs, soit mettre en ligne son catalogue sur un comparateur généraliste pour une campagne d'une quinzaine de jours ou un mois. Il pourra ainsi affiner sa stratégie de présence sur ces comparateurs en fonction des résultats obtenus. C'est une stratégie qui peut être payante pour attirer et convertir de nouveaux clients.

Le catalogue-produits

Créer un catalogue-produits en ligne est un plus pour un site e-commerce. Ce support en ligne peut aider un e-commerçant à accroître son audience et à la fidéliser davantage. Un catalogue-produits en ligne digne de ce nom doit présenter aux visiteurs l'ensemble des meilleurs produits du site. Inutile de tout mettre dans un catalogue en ligne, il suffit de sélectionner les produits phares, les valeurs sûres et les exclusivités.

• Concevoir un catalogue clair

Consulter un catalogue en ligne ne doit pas être une tâche fastidieuse pour l'internaute. Il ne doit pas s'y perdre ou être dérouté par un catalogue avec de trop nombreuses références. Un catalogue en ligne de qualité est clair et bien organisé pour que le visiteur puisse accéder rapidement au produit qu'il recherche, avec un système de navigation intuitif. Il faut correctement décrire les produits, et la présentation est importante avec des visuels de qualité et une description qui donne le maximum d'informations, comme les possibilités de versions déclinables des produits dans des tailles ou coloris différents doivent être visibles.

Un bon catalogue-produits est un catalogue qui satisfait les internautes et qui les engage en quelques clics à commander un produit qui réponde à leur besoin ou à en savoir encore plus, par exemple en les redirigeant vers une fiche-produit.

Pour concevoir un catalogue-produits, un e-commerçant peut faire appel à un graphiste spécialisé dans ce genre de travail. Un e-commerçant peut aussi concevoir lui-même son catalogue. Il a déjà en sa possession les principaux éléments nécessaires à sa création : les photos et les données et descriptifs des produits. Il ne reste lui qu'à trouver un outil pour la mise en page du catalogue. Parmi les outils disponibles et recommandables pour faire de la mise en page et créer un catalogue, on trouve sur le net une plateforme comme Issuu.com, accessible aux débutants qui veulent créer leur catalogue interactif. D'autres sites proposent des services similaires pour concevoir un catalogue en ligne, notamment Joomag.com, Flipsnack.com, PublishPaper, Calameo.com, Flowpaper, Mag- glance pour créer et imprimer un catalogue numérique ou encore Flihtml5.

Une fois le catalogue conçu, il est assez facile d'en imprimer des versions papier que l'e-commerçant peut utiliser lors de manifestations commerciales. Il peut également le remettre aux clients de sa boutique physique ou encore le joindre aux produits livrés. Le catalogue-produits en ligne est un support à envisager pour promouvoir des produits ou services et attirer l'attention de clients et prospects qui peuvent le consulter sur PC, tablette ou mobile.

C) L'emailing

L'emailing est le terme employé pour désigner l'envoi d'un courrier électronique à un ensemble de personnes. C'est une pratique marketing courante sur internet qui peut donner d'excellents résultats à condition de la maîtriser. L'emailing est une stratégie marketing qu'emploient les marques et les e-commerçants pour communiquer auprès de leur audience. C'est aussi un canal d'acquisition de trafic. Les objectifs de communication d'une campagne d'emailing d'une boutique peuvent avoir comme objets :

- Acquisition de nouveaux clients à travers le lancement d'une campagne de prospection.
- Campagne de fidélisation d'un portefeuille client.
- Offre promotionnelle, réduction ou offre spéciale.
- Promotion de produits auprès de la clientèle.
- Lancement d'un nouveau produit.
- Diffusion d'une newsletter.

- Lancement d'une campagne pour assister ou promouvoir un événement : salon professionnel, présentation publique d'un produit, anniversaire, *etc.*
- Envoi de messages de relation client ou mails qui répondent aux actions des clients : confirmation de commande, suivi, bienvenue, remerciement, etc.
- Générer du trafic sur le site internet, le blog ou sur les comptes des réseaux sociaux de la boutique.
- Promouvoir des enquêtes, sondages ou jeux-concours.
- Inciter à télécharger d'autres ressources, catalogue-produits, e-book, livre blanc, etc.

Le lancement d'une campagne emailing sert à tout type de communication et peut intervenir à deux moments clés d'une relation commerciale :

- avant la relation, alors on peut le qualifier d'emailing de conquête ;
- et après la relation que l'on nomme emailing de fidélisation.

Évidemment, les résultats des emailings sont bien meilleurs en fidélisation qu'en conquête. Le potentiel de l'emailing est important pour créer et entretenir des contacts avec des clients ou des prospects. Pour se développer, un e-commerce peut mettre en place rapidement et à faible coût sur internet une campagne emailing qui lui permet de communiquer avec des prospects et des clients, et générer ainsi de nouveaux contacts et des ventes.

1) Les solutions pour faire des campagnes d'emailing

Un e-commerçant peut faire appel à une agence marketing spécialisée ou encore, s'il est à l'aise avec la conception de mails commerciaux, mener sa campagne emailing lui-même en s'aidant d'outils disponibles en ligne. Les plus utilisés par les e-commerçants et les agences pour gérer une campagne d'emailing sont :

Sendinblue est une SaaS française qui propose une solution gratuite pour envoyer jusque 300 emails/jour dans la limite de 9 000/mois. L'interface Sendinblue, bien conçue et facile à prendre en main, permet sans compétences techniques d'exploiter toutes les fonctionnalités de cet outil.

Mailchimp, le leader américain mondialement connu, est un outil pour mener des campagnes d'emailing bien adaptées aux PME. Il existe une version gratuite, uniquement en anglais, qui permet d'entrer 2 000 contacts et de leur envoyer jusque 10 000 mails/mois. L'interface est simple à utiliser et accessible pour tous, elle offre un grand choix de modèles graphiques pour concevoir des emails commerciaux originaux. Le site est en langue anglaise.

Mailjet est une plateforme qui gère les emails marketing. Mailjet met à disposition un éditeur d'email complet et intuitif qui permet de créer, en « glisser et déposer » ou « *drag and drop* » des textes, images, liens et boutons de partages sur les réseaux sociaux, de superbes emails marketing.

Il existe des dizaines d'autres logiciels pour gérer une campagne emailing disponible sur d'autres plateformes. On peut citer entre autres Sarbacane, eTarget, Getresponse, Oximailing, Benchmark ou encore Digitaleo. La plupart de ces sites spécialistes qui proposent des offres gratuites ou payantes, avec des possibilités d'essais, sont faciles à utiliser et permettent de créer des campagnes d'emailing de bonne qualité sans avoir de connaissance technique.

2) *Se constituer une base de données ou louer des fichiers*

Dans l'emailing, la difficulté pour un e-commerçant est de se constituer une base de données suffisamment qualifiée pour lui expédier des mails. Il est difficile pour un e-commerçant qui lance son activité d'avoir à sa disposition un fichier suffisamment fourni. Pour constituer ce fichier, il peut mettre en place des actions. L'achat ou la location de fichiers peut être une solution pour lancer des campagnes emailing lorsqu'on lance une boutique en ligne. Des agences spécialisées sur le net proposent ce genre de service : esayfichiers.com, zecible.fr, spot-hit, Verity360.com, companeo.com… La liste n'est pas exhaustive.

Le RGPD

Le RGPD ou Règlement général sur la protection des données est un règlement de l'Union européenne qui constitue le texte de référence en matière de protection de données à caractère personnel. Les e-commerçants, pour être en conformité avec cette, loi doivent recueillir le consentement de chaque personne dont les données sont enregistrées et susceptibles d'être utilisées. Le site doit clairement permettre aux clients ou prospects de consentir au traitement de leurs données.

Pour les principales mesures, la constitution d'un fichier nécessite de :

- Informer les personnes de leurs droits
- Assurer la sécurité des données
- Respecter les droits des personnes
- Respecter les règles spécifiques aux données sensibles
- Conserver les données au sein de l'union européenne...

Le respect du RGPD permet à l'e-commerçant de renforcer la confiance auprès de ses clients ou prospects et peut aider à améliorer la sécurité des données de l'entreprise. Pour en savoir plus sur le RGPD, le site de la CNIL donne tous les renseignements qu'un e-commerçant doit connaître sur la protection des données personnelles.

II) LE RÉFÉRENCEMENT PAYANT OU SEA

Contrairement au SEO gratuit, le SEA ou *Search Engine Advitising* qualifie la publicité payante en ligne. Visible sur les pages des résultats des moteurs de recherche, on parle aussi de liens sponsorisés ou de référencement payant. Ces liens sponsorisés apparaissent tout en haut des pages Google, avec la mention Annonce, avant les sites qui bénéficient d'une notoriété naturelle. Pour mener des campagnes SEA, un e-commerçant utilise en priorité Google Ads, qui est de loin le moteur de recherche numéro un en Europe. *Bing Ads* de Microsoft étant le principal concurrent de Google (loin derrière) pour ce type de service.

Google propose un modèle payant pour les annonces publicitaires qui fonctionne sur le modèle du coût par clic (CPC), lui-même associé à un système de *stratégies d'enchères* que l'e-commerçant choisit. En fait, Google permet à l'annonceur de déterminer la meilleure stratégie à adopter en fonction de l'audience ciblée et de son souhait de privilégier :

- soit les clics,
- soit les impressions (à chaque fois que l'annonce est diffusée sur Google ou sur un autre site du réseau),
- soit les conversions (qui qualifient les ventes ou prises de contact ou téléchargement),
- ou encore les vues.

Avant de lancer une campagne sur Google, l'e-commerçant peut donc déterminer le budget à y consacrer et à ne pas dépasser, mais aussi définir l'audience à cibler.

Pour créer un compte Google Ads, il suffit d'avoir une adresse mail, un site, puis de remplir un formulaire et enfin de configurer la première campagne Google Ads. En 15 minutes, il est possible de créer une première annonce.

Une campagne SEA sur Google permet à un e-commerçant de toucher rapidement de nouveaux clients et de générer du trafic de qualité vers sa boutique en ligne. C'est surement une solution intéressante lors du lancement d'une boutique en ligne qui est positionnée sur un marché de niche pour être vue instantanément par une audience ciblée et qualifiée.

III) LES RÉSEAUX SOCIAUX

Un e-commerçant peut s'appuyer sur les réseaux sociaux pour atteindre une nouvelle clientèle et faire connaître ses produits et services à une large audience. Les réseaux sociaux permettent d'avoir des interactions avec les clients et prospects et de les fédérer en communauté autour de sa marque. Avoir un compte actif sur un réseau social, c'est se rapprocher de ses clients. Cette proximité peut aider à mieux répondre à leurs demandes et à mieux cerner leurs besoins.

L'e-commerçant doit sélectionner le ou les réseaux sociaux sur lesquels être présent, il faut choisir le réseau le plus susceptible d'attirer la clientèle visée. Une clientèle familiale se trouve plus facilement sur Facebook, tandis qu'un e- commerçant qui cible le B2B doit préférer Twitter ou LinkedIn. Chaque réseau a ses codes, et les internautes qui les fréquentent, leurs habitudes. Il est préférable d'être actif sur un ou deux réseaux plutôt que d'être présent sur tous les réseaux avec des comptes « morts » où il ne se passe rien ou quasiment. C'est une contrepublicité à éviter qui entache l'image de marque d'un e-commerce.

Animer un compte sur un réseau social est chronophage et nécessite parfois l'aide d'un community manager ou d'une agence web pour répondre aux demandes des internautes et publier régulièrement de nouveaux contenus. Les gros sites marchands emploient plusieurs community managers pour gérer leur présence sur les réseaux sociaux. Pour certaines plateformes internationales, une présence est assurée 24/24 h. Si les réseaux sociaux sont un support marketing efficace pour les entreprises, il faut les gérer sérieusement. Personne n'est à l'abri d'un bad buzz qui peut détruire une réputation à la vitesse des données sur la fibre optique. Les réseaux sociaux les plus utilisés par les e-commerçants sont :

1) Facebook

Même si le réseau s'est recentré pour favoriser les échanges entre amis et membres d'une famille, il reste une valeur sûre pour le commerce, notamment le commerce de proximité. C'est un réseau très utilisé par les commerçants qui ont un point de vente physique.

Mais c'est aussi le réseau sur lequel tous les types d'entreprises créent une page pro facilement. Ce réseau présente l'avantage de réunir 2,6 milliards d'utilisateurs actifs par mois dans le monde. En France, les derniers chiffres Médiamétrie annoncent 49,6 millions de visiteurs uniques par mois et 28,1 millions de visites par jour. Il est probable que les clients ou futurs clients de l'e-commerçant s'y trouvent. Un e- commerçant peut créer une page boutique pour présenter ses produits et services. Pour être vu sur Facebook au lancement d'un e-commerce, le recours à la publicité est nécessaire. Facebook et le réseau frère Instagram sont des supports à considérer pour communiquer, mettre en avant les produits d'une boutique en ligne et booster les ventes.

2) **Instagram**

Le réseau social lancé en 2010 et racheté par Facebook en 2012 est dédié à l'image. Instagram attire 81 % des jeunes de 16 à 25 ans. Le réseau compte plus de 1 milliard d'utilisateurs actifs chaque mois, dont 19 millions en France. Instagram étant axé sur le visuel, un e-commerçant peut utiliser le réseau pour communiquer sur les coulisses de son entreprise et valoriser ses produits et services en les mettant en scène. Il peut partager des contenus sous la forme de :

- Photos accompagnées d'une publication classique ;
- Vidéos en direct ;
- Stories, ces contenus éphémères très prisés et partagés par les utilisateurs ;
- Posts sponsorisés.

Une messagerie instantanée est également à disposition. Un e-commerçant peut associer sa boutique Facebook à son compte pro Instagram. Avec un compte Instagram, un e-commerçant développe son image de marque en créant un univers visuel qui va refléter les valeurs et l'identité de sa boutique. C'est sûrement l'un des réseaux les mieux adaptés aux marques et à l'e-commerce qui permet d'accroître les ventes et de développer sa visibilité quand il est bien utilisé. Ce réseau est recommandé pour bénéficier du pouvoir des influenceurs qui opèrent en priorité sur Instagram et nouer des partenariats.

Pour activer la fonctionnalité shopping Instagram, c'est-à-dire avoir une vitrine pour présenter des produits, il faut respecter certaines conditions et suivre la procédure y afférente pour ouvrir un compte.

3) Pinterest

Créé en 2010, Pinterest est le réseau qui n'en finit pas de monter auprès des marques et e-commerçants. En 2020, Pinterest revendique 367 millions d'utilisateurs dans le monde chaque mois, plus de 9 millions en France. L'audience Pinterest est majoritairement féminine. Pinterest est un réseau social qui fait la part belle au visuel. Les utilisateurs peuvent créer des tableaux pour rassembler des images, les « pins » ou épingles, qui suscitent leur intérêt. Les internautes qui fréquentent Pinterest viennent pour partager leurs idées et trouver l'inspiration. Ces utilisateurs peuvent choisir les thèmes sur lesquels ils souhaitent être informés et voir (uniquement) du contenu qui les intéresse. Un e- commerçant qui publie du contenu visuel sur ses produits ou services sur Pinterest peut ensuite rediriger les utilisateurs vers son blog ou site pour leur permettre d'en savoir plus, puis de commander.

Les chiffres parlent d'eux-mêmes puisque, d'après une étude :

- 55 % des utilisateurs utilisent Pinterest pour effectuer des achats
- 87 % des utilisateurs ont acheté quelque chose qu'ils ont vu sur la plateforme
- 61 % ont découvert de nouveaux produits via les épingles ou pins sponsorisés
- 71 % des utilisateurs se rendent sur la plateforme pour obtenir des avis sur ce qu'il faudrait acheter.

Avant d'ouvrir un compte Pinterest, un e-commerçant doit s'inscrire et devenir un utilisateur du réseau pour bien comprendre comment il fonctionne et ce qu'attendent les utilisateurs.

Lire les directives de Pinterest pour bien utiliser la plateforme dans une stratégie de marketing.

Pinterest est un réseau générateur de trafic ciblé et de ventes, un e-commerçant doit s'y intéresser.

4) **YouTube**

Créée en 2005, la plateforme d'hébergement, de partage et de diffusion de vidéos a été rachetée par Google en 2006. YouTube est le deuxième moteur de recherche le plus utilisé dans le monde après Google. En 2020, YouTube, c'est 2 milliards d'utilisateurs chaque mois. En France, on compte 46 millions de visiteurs uniques qui se rendent sur la plateforme chaque mois.

Un e-commerçant peut utiliser YouTube pour générer du trafic avec ce support dédié à la vidéo. Il peut par exemple réaliser et diffuser des vidéos pour expliquer les fonctionnalités d'un produit ou les avantages d'un service, les vidéos Mode d'emploi et les tutoriels ont du succès auprès des internautes. Il est possible de diffuser des interviews de clients, de professionnels du secteur d'activité, de fournisseurs ou encore dévoiler les coulisses de son entreprise. Les vidéos diffusées doivent être de qualité et instructives. Comme pour les autres réseaux sociaux, YouTube propose un service publicitaire qui permet à l'e-commerçant de cibler une audience.

Pour créer une chaîne YouTube, suivre le lien. La création d'une chaîne YouTube peut entraîner des liens privilégiés avec les utilisateurs ou les clients, mais pour être vu sur ce réseau il faut investir de l'argent, y consacrer beaucoup de temps, être créatif et persévérant. La concurrence est rude : 720 000 heures de vidéos sont ajoutées chaque jour.

5) Les autres réseaux

Créé en 2006, **Twitter** est le réseau social de l'instantané et de l'actualité. Ce réseau, qui permet de publier et de partager des contenus en 280 caractères maximum, compte 330 millions d'utilisateurs dans le monde dont 16, 9 millions en France. On trouve sur ce réseau les décideurs, les catégories CSP+, les marques... C'est le réseau des leaders d'opinion. Dans le monde de l'entreprise, il est utilisé pour gérer les problèmes SAV. Un e-commerçant qui opère dans le B2B peut s'intéresser à ce réseau. Pour ouvrir un compte Twitter, il suffit de se rendre sur le site puis de remplir le formulaire d'inscription en communiquant son nom et en donnant une adresse email.

LinkedIn peut être utile aux e-commerçants qui proposent des produits et services aux acteurs du B2B, dirigeants, freelances, marques, PME...

Snapchat est à envisager si la cible de l'e- commerçant est jeune, car 60 % des 18-34 utilisent ce réseau au quotidien en France.

TikTok est l'autre réseau jeune qui monte et qui séduit en priorité la tranche d'âge 15-20 ans.

Les réseaux sociaux sont un canal efficace pour donner de la visibilité à la boutique en ligne et toucher une nouvelle audience. Ils sont aussi un bon support de communication pour interagir directement avec les consommateurs et créer des liens. Il est possible de susciter l'intérêt des internautes sur les réseaux sociaux en organisant des jeux-concours, en faisant de la publicité ou encore en mettant en place des partenariats. C'est justement ce que nous abordons maintenant : le marketing d'influence.

IV) LE MARKETING D'INFLUENCE

A) Qu'est-ce que l'influence ?

L'influenceur sur internet, aussi considéré comme un leader d'opinion digital, est une personne qui influence de façon indirecte, allusive ou informelle le comportement d'autres personnes ou internautes dans le sens souhaité, soit : acheter, soutenir, relayer, recommander, participer... S'appuyer sur des influenceurs pour vendre ses produits ou services est une approche marketing qui mérite d'être envisagée pour un e-commerce.

Qui est l'influenceur et comment l'utiliser ?

Un influenceur est souvent un passionné ou un expert connu dans un domaine particulier. Généralement, c'est un blogueur reconnu qui a une notoriété avérée au travers des médias sociaux sur une thématique quelconque. En tant que leader d'opinion, l'influenceur prend la parole sur un thème de manière très active sur ses plateformes sociales préférées. Un influenceur digne de ce nom est une source d'inspiration pour nombre de ses followers. Il est capable d'engager son audience qui interagit volontiers à ses publications. Un bon influenceur est une référence, et son opinion sur un produit ou un service pèse sur le comportement de consommateur de son audience. Grâce à l'influenceur, une marque ou un e- commerce peut cibler une audience particulière. Un e-commerçant peut s'appuyer sur un influenceur pour :

- augmenter sa notoriété ;
- atteindre de nouvelles audiences que les autres méthodes ne touchent pas ;
- améliorer l'image de marque de sa boutique ;
- favoriser les interactions avec ses clients et prospects ;
- générer des ventes en ligne ou dans les points de vente physique ;
- cibler un public particulier, une niche qui correspond à l'audience visée ;
- augmenter sa communauté sur les réseaux sociaux ;

- générer de l'engouement sur un lancement de produit ou service ;
- déclencher des retombées dans la presse spécialisée ou généraliste ;
- accroître le trafic sur le site marchand ;
- augmenter les ventes sur un produit ou un service spécifique;

Un e-commerçant choisit un influenceur qui a une audience susceptible d'être intéressée par les produits ou services qu'il vend. L'influenceur sélectionné par l'e- commerçant doit refléter l'image de l'entreprise et partager les mêmes valeurs.

B) Approcher un influenceur, la rémunération

L'e-commerçant peut s'intéresser à des influenceurs et les approcher directement ou procéder par étapes. La méthode par étapes consiste à les suivre sur les réseaux sociaux. Il faut aimer, commenter et partager leurs contenus avant que vienne naturellement l'étape de la demande de collaboration.

L'autre possibilité plus rapide avec l'approche directe est de passer par une plateforme spécialisée dans ce genre de mise en relation, influenceur/e- commerçant ou marque. Parmi les agences les plus connues, on peut citer : Reech, Hivency, Influence for You, Kolsquare, Octoly, Traackr ou Value Your Network... La liste n'est pas exhaustive. Ces plateformes permettent aux entrepreneurs et aux influenceurs de se rencontrer sur un terrain favorable.

La rémunération des influenceurs est variable et fonction de leur notoriété, de la plateforme sur laquelle ils opèrent et de la taille de leur communauté. Les influenceurs sont classés en quatre grandes catégories, en fonction de leur nombre d'abonnés :

- Nano influenceur, ou influenceur de niche : entre 500 et 5 000 abonnés ;
- Micro influenceur : entre 5 000 et 30 000 abonnés ;
- Power influenceur, ou Middle Tail : entre 30 000 et 500 000 abonnés.
- Star ou célébrité, ou Top Tail : + de 500 000 abonnés.

Les rémunérations moyennes des influenceurs offertes par les marques qui s'attachent leurs services sont variables. Un micro-influenceur gagne 172 $ pour un post publié sur Instagram tandis qu'une star percevra 2 085 $ pour le même service.

Le choix d'un influenceur ne se fait pas seulement en fonction de la taille de sa communauté, mais au taux d'engagement qu'il suscite. Ce taux est matérialisé par le nombre d'internautes qui ont interagi, liké, commenté, partagé ou relayé une publication de l'influenceur.

Un e-commerçant positionné sur un marché de niche peut obtenir de très bons résultats de marketing d'influence grâce à des nano-influenceurs ou micro- influenceurs qui rassemblent une communauté tournant autour de son domaine d'activité.

Voyons maintenant un autre élément important qui est au cœur des campagnes marketing sur internet : la landing page.

V) LA LANDING PAGE

Qu'est-ce qu'une landing page ?

Une *landing page* ou page d'atterrissage désigne la page sur laquelle un internaute arrive après avoir cliqué sur un lien : soit depuis un autre site, un moteur de recherche, les réseaux sociaux comme Pinterest ou Instagram, une publicité, un site partenaire... Cette page est donc bien différente de la page d'accueil.

Pourquoi une landing page ?

Une *landing page* est conçue spécialement pour inciter le visiteur à accomplir une action précise et significative pour le site. Elle sert entre autres à :

- acheter un produit ou service,
- s'abonner à une newsletter,
- découvrir un descriptif détaillé de produit,
- remplir un formulaire pour bénéficier d'une promotion ou d'un service,
- suivre l'entreprise sur les réseaux sociaux

L'objectif d'une *landing page* est de créer un lien avec le visiteur et d'essayer d'engendrer un engagement de sa part en l'amenant sur une page où il va trouver directement ce qu'il recherche. Cela peut éviter à un client potentiel de se perdre dans une offre de produits trop importante.

Il est inutile de présenter toute la gamme d'appareils photo d'une marque si l'internaute est intéressé par un modèle précis. En atterrissant sur la landing page du modèle en question, le visiteur n'a qu'une action à effectuer pour tout savoir sur le modèle en question et l'acheter. Une *landing page* délivre un seul message ou aborde un seul sujet.
Plusieurs modèles de *landing pages* existent : Airbnb, Sarbacane, Hubspot, Adobe, Babbel, la FNAC...

D'où vient l'internaute qui atterrit sur une landing page ?

Plusieurs supports peuvent être utilisés pour rediriger les internautes vers une landing page :

- Par les moteurs de recherche, en optimisant, avec la technique SEO ou SEA, la landing page pour une requête précise faite par l'internaute. En phase de lancement de l'activité, une campagne payante sur Google qui présente quelques produits phares de la boutique sur des landing pages peut être très efficace.
- À travers les réseaux sociaux comme Facebook, Instagram et Pinterest avec l'aide de la publicité payante que proposent ces plateformes.
- Par les campagnes d'emailing qui peuvent conduire le destinataire vers une landing page spécialement conçue pour l'occasion : offre promotionnelle, nouveauté, produit spécifique à découvrir... ou tout autre sujet évoqué dans l'email.

- Dans le cadre d'une campagne publicitaire, notamment de liens sponsorisés ou encore lors d'une campagne de marketing d'influence.

Comment concevoir une landing page ?

La conception d'une landing page est importante, car, pour beaucoup d'internautes, c'est la première perception qu'ils auront du site commerçant. Les fondamentaux à respecter pour concevoir une landing page efficace et attrayante sont :

• Un titre accrocheur

C'est la première chose que découvre l'internaute. Le titre doit être pensé pour capter l'attention et valoriser le message à faire passer. Ce titre est souvent fondé sur une promesse tangible faites au visiteur. Si on reprend les exemples de landing pages donnés avant, on constate que :

- sur Airbnb, on annonce : **Gagnez de l'argent grâce**...
- sur Sarbacane : **Gagnez du temps**...
- sur Hubspot, on propose : **faites un essai gratuit**...

Le titre peut être accompagné d'un sous-titre qui explique plus en détail l'offre et pourquoi il est avantageux d'y souscrire.

• Les avantages du produit

Il est impératif de mettre en avant les avantages que peut apporter un produit au visiteur dans une offre commerciale de landing page. Le visiteur doit facilement comprendre tous les bénéfices qu'il va tirer de ce produit ou de cette offre, il doit être rapidement convaincu que c'est une solution fiable pour résoudre son problème.

• Donnez confiance

Sur une *landing page*, il faut rassurer le visiteur et lui donner le sentiment que le site est sécurisé et fiable. Par exemple, en mettant un avis client, en rappelant la politique de confidentialité du site ou encore en affichant une certification ou des résultats favorables du produit à des tests...

• **Le call to action**

Le bouton de « call to action » doit être facilement distinguable par l'internaute, soit par sa forme, sa couleur ou encore par la précision du mot ou des mots qu'il contient. Il doit indiquer clairement l'étape suivante :

- acheter,
- s'inscrire,
- en savoir plus,
- profiter de l'offre,
- s'abonner à la newsletter,
- bénéficier d'un essai gratuit...

VI) D'AUTRES ÉLÉMENTS À CONSIDÉRER POUR PEAUFINER UNE LANDING PAGE

Cette page doit de préférence apparaître comme indépendante du site internet, et ce, afin de réduire la possibilité que le visiteur ne quitte la page par distraction ou curiosité, par exemple en allant sur la barre de menu ou dans le footer s'ils sont visibles sur la landing page. Le seul moyen de quitter cette page devrait être le bouton « *call to action* ».

Il faut cependant laisser au visiteur une échappatoire, par exemple via le logo de l'entreprise généralement placé en haut à gauche. Cette possibilité satisfera les internautes soucieux d'en savoir plus sur la boutique. Néanmoins, une landing page reste une page à part, isolée du reste du site, sans menu ni footer de préférence. Les textes doivent être courts et expliquer en quoi l'offre peut être profitable pour le visiteur.

Il faut donner les informations essentielles en quelques mots et ne pas hésiter à présenter l'offre écrite avec des listes à puces, des icones, des colonnes et des paragraphes courts pour attirer l'œil du lecteur et faciliter la lecture et la compréhension du texte.

Les images ou les visuels doivent aussi capter l'attention du lecteur et être de préférence en rapport avec l'objectif ou le sujet de la *landing page*. Une landing page doit être optimisée pour le responsive design, fait pour faciliter la navigation et la lecture d'une page web en l'adaptant aux dimensions d'un écran de smartphone, qui offre donc le même confort de lecture que sur un pc ou une tablette aux mobinautes de plus en plus nombreux. La landing page est une page épurée, plutôt aérée qui ne contient pas trop d'images ou de textes. La mise en page claire doit permettre à un internaute de savoir à quoi s'attendre au premier coup d'œil. Le contenu visuel et le contenu écrit doivent être en symbiose avec l'atmosphère du site et véhiculer l'image et les valeurs de l'entreprise.

A) Les outils pour créer des landing pages

Un e-commerçant qui souhaite concevoir lui-même sa landing page peut s'aider de plusieurs outils disponibles sur le net : **Unbounce** est un des incontournables du secteur qui offre une solution complète pour créer une landing page.

Leadpages est un outil parmi les plus abordables du marché qui propose de nombreuses fonctionnalités, avec une prise en main facile.

Gestreponse, un logiciel de marketing qui offre aussi d'autres fonctions marketing intéressantes pour un e-commerce.

Instapage, un outil aux nombreuses fonctionnalités, simple et facile à utiliser.

Il existe beaucoup d'autres outils disponibles sur le net. Parmi eux, deux autres plateformes spécialisées dans le marketing à consulter en priorité : **Squaresplace** et **Wishpond**.

B) Trouver un nom de boutique idéal

Comme le souligne Claude C. Hopkins, concepteur-rédacteur, l'un des pionniers de la publicité moderne, un bon nom est une publicité en soi. Le choix du nom de la boutique en ligne est crucial. C'est un élément marketing à prendre en compte. Ce nom est la première chose que doivent retenir les internautes. Il doit donc sonner parfaitement à l'oreille, véhiculer le sens que l'e-commerçant souhaite lui donner et se distinguer de celui de ses concurrents. Ce n'est pas un choix anodin puisqu'une boutique devra porter ce nom de nombreuses années, il faut donc prendre le temps de le choisir soigneusement. Parmi les possibilités pour choisir un nom de boutique ou d'entreprise, on retient :

- Le nom propre, utiliser son propre nom ou prénom, mais aussi les noms de villes de lieux géographiques, voire des noms fictifs est une solution à envisager. Jeff de Bruges, Louis Vuitton...
- Inventer un nom à partir de plusieurs mots qui ont une signification particulière pour désigner l'activité : Gosport, TripAdvisor, Evernote, The Body Shop...
- Faire preuve de créativité en associant des mots, des initiales ou des noms. Par exemple, IKEA associe les initiales du fondateur et de sa ville natale.
- Opter pour un nom descriptif qui désigne l'activité en choisissant deux ou trois mots idoines à associer. Par exemple, La Caisse d'Épargne, Pièces auto 24, Probikeshop...
- Imaginer un nom suggestif qui suggère dans l'esprit du lecteur une qualité ou une particularité de l'entreprise : allomatelas, Speedy, Chronopost...

Associer deux idées distinctes pour composer le nom de l'entreprise. C'est le cas pour de nombreuses entreprises du web : Pinterest, YouTube, photo-service, outillage-online...

Enfin, pour aider un e-commerçant à trouver le nom de sa boutique, de nombreux générateurs de noms sont disponibles sur internet. Il suffit d'entrer des mots clés liés à l'activité ou au type de commerce sur des générateurs comme generateur.name, trouver un nom, Nomatic, Shopify, Nameboy... Le net regorge de sites qui proposent ce genre de service. L'autre solution pour trouver un nom est de faire appel à une agence de naming spécialisée dans ce domaine. Parmi les plus connues, on retient : Bénéfik, Nomen, Creads ou Pankartagency... la liste n'est pas exhaustive.

C) Le nom de domaine

Une fois le nom de boutique trouvé, un e-commerçant doit trouver un nom de domaine qui indique l'adresse internet du site approprié à sa boutique et le réserver en ligne. Les outils pour vérifier la disponibilité et réserver un nom de domaine sont nombreux. On peut recommander entre autres ces sites sérieux : Gandi, Go daddy, OVH Cloud, Ionos, Namecheap…

Conclusion

Un e-commerçant peut s'appuyer sur de nombreuses méthodes marketing pour faire connaître sa boutique, améliorer sa visibilité et conquérir de nouveaux clients. Toutes ces solutions peuvent être mises en place par l'e-commerçant lui-même au lancement de son activité (pas toutes à la fois, évidemment) ou encore, il peut faire appel à des professionnels du webmarketing ou des agences marketing. Il est bon de rappeler que le marketing est un vrai métier. Un e-commerçant peut facilement perdre du temps, de l'argent et sa crédibilité auprès des internautes en voulant tout faire lui-même. Dans le prochain chapitre, il sera encore question de stratégie avec l'inbound marketing et le tunnel de vente ou funnel, ainsi que des outils d'analyse et les solutions pour gérer les paiements des clients en toute sécurité.

CHAPITRE 9 :
INBOUND MARKETING, LES SOLUTIONS DE PAIEMENT ET LES OUTILS D'ANALYSE

I. L'INBOUND MARKETING

Le marketing et plus particulièrement l'inbound marketing sont des méthodes efficaces qu'il faut maîtriser et exploiter, avec l'aide d'un community manager ou d'une agence web marketing si besoin. Tout l'art de l'inbound marketing consiste à attirer des visiteurs avec des contenus de qualité et les convertir en leads ou contacts, puis en prospects qualifiés, puis en clients. Pour offrir une bonne expérience utilisateur à sa clientèle, un e-commerçant doit au moment de conclure la transaction lui proposer une solution de paiement adéquate et sécurisée. C'est un aspect important pour le conforter sur son choix. A ce stade d'une transaction, tout doit être fait par l'e-commerçant pour rassurer son client.

On oppose l'inbound marketing à l'outbound marketing ou « marketing sortant » qui consiste à solliciter les consommateurs par des méthodes plus classiques comme le démarchage téléphonique, l'achat d'espace publicitaire, l'achat de listes de contacts, *etc*. L'inbound marketing consiste à attirer le client vers soi, ou plutôt il vient par lui-même tandis que l'outbound consiste plutôt à aller vers lui avec des méthodes plus intrusives.

La landing page, le tunnel de conversion ou l'automation marketing sont des techniques d'inbound marketing. Voyons en quoi consiste la mise en place d'un tunnel de conversion avant de nous intéresser à l'automation marketing.

Le site Définitions Marketing donne de l'inbound marketing la définition suivante : L'inbound marketing désigne le principe par lequel une entreprise cherche à ce que ses prospects ou clients s'adressent naturellement ou spontanément à elle en leur délivrant des informations ou des services utiles dans le cadre d'un besoin éprouvé ou potentiel. L'inbound marketing c'est l'art et la manière de se faire connaître de ceux qui ne vous connaissent pas (Cyril Bladier spécialiste des stratégies digitales).

Le tunnel de vente, technique d'inbound marketing

Le tunnel de vente est une stratégie d'inbound marketing qui consiste à attirer les prospects avec du contenu de qualité pour pouvoir ensuite les transformer en client. Cette technique peut différer en fonction de ce qu'on veut obtenir. Un tunnel de conversion peut avoir pour objectif de récupérer les coordonnées d'un prospect ou récolter des adresses mails. Elle est principalement utilisée dans l'e-commerce pour transformer un visiteur en lead ou contact, puis en client.

En France, on appelle cette technique tunnel de vente. On parle aussi de « tunnel de conversion », mais c'est mal traduit de l'anglais, car pour sales funnel en fait il s'agit plutôt d'entonnoir de ventes ou entonnoir de conversion, qui correspond mieux à l'approche de cette méthode marketing. En effet, dans un entonnoir il y a plus de monde à l'entrée qu'à la sortie, ce qui est le cas pour ce procédé qui consiste à convertir un visiteur en client.

Créer un entonnoir de ventes, c'est amener les visiteurs à franchir plusieurs étapes pour les convertir plus facilement en clients ou en prospects. Et c'est là que l'image de l'entonnoir est appropriée puisque, à chaque étape, on perd des visiteurs. Si par exemple on a 100 visiteurs à l'entrée de l'entonnoir, à la sortie ils sont beaucoup moins à se transformer en clients.

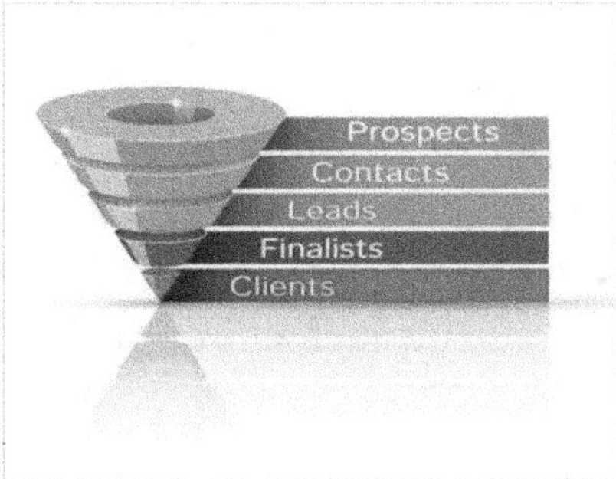

Cette méthode de l'entonnoir a un impact positif sur les résultats d'une boutique en ligne ou d'un site web, car il guide les visiteurs étape par étape tout au long de leur parcours jusqu'à les amener à l'achat.

L'entonnoir de conversion, c'est pouvoir diriger en douceur, mais inéluctablement, le client vers le produit ou le service dont il a besoin pour résoudre son problème.

Concrètement, quelles sont les étapes pour créer un tunnel de vente ? Intéressons- nous d'abord au modèle classique couramment utilisé. Les étapes d'un entonnoir de conversion ou tunnel de vente, le modèle AIDA. Le modèle AIDA pour :

→ **A**waraness pour sensibilisation ou attention
→ **I**nterest pour intérêt
→ **D**écision pour décision ou choix
→ **A**ction pour action.

• Première étape : attirer l'attention

C'est l'étape qui consiste à attirer l'attention d'un consommateur lorsqu'il effectue des recherches sur internet et qu'il repère la boutique, soit grâce à un lien, à un post sur les réseaux sociaux, à un commentaire de client, une publicité, un lien sponsorisé SEA... À partir de cet instant, l'internaute sait que la boutique existe et prend connaissance des offres.

Parfois, à ce stade, si l'internaute arrive sur une landing page attractive, il peut acheter directement, mais quoi qu'il fasse, il sait que l'entreprise existe et que les produits proposés aux prix du marché rentrent dans son budget et répondent à ses besoins. On peut parler d'étape de séduction pour ce premier contact.

- **Deuxième étape : susciter l'intérêt**

Dans la deuxième phase, il faut éveiller et entretenir l'intérêt du visiteur. Le visiteur est en phase de recherche d'un produit ou d'un service qui va l'aider à résoudre son problème. Il fait des comparaisons et pèse le pour et le contre, il s'informe et se pose des questions. C'est ici qu'il faut lui proposer un contenu clair, une landing page ou une fiche-produit qui va lui donner toutes les informations qu'il est venu chercher. Ces informations peuvent se présenter aussi sous la forme d'un tableau comparatif avec les produits concurrents ou un argumentaire avec les principaux avantages du produit par rapport à ceux des concurrents. L'idée est de mettre en avant les atouts du produit.

Lorsqu'un même produit est vendu chez les concurrents, il faut mettre en avant les services de la boutique, le paiement sécurisé, la livraison à la carte, le satisfait ou remboursé ou encore un avis client favorable. Tout est bon pour mettre en avant l'expertise du vendeur et le professionnalisme de la boutique et ainsi aider le visiteur à faire un choix éclairé.

- **Troisième étape : provoquer la décision**

On arrive dans la partie rétrécie du tunnel de conversion ou de l'entonnoir. Nous en sommes au stade où le client prêt à acheter va faire son choix, puis passer à l'action. À ce stade, il est possible d'être encore mis en concurrence avec 1 ou 2 autres sites. C'est ici que l'e-commerçant doit faire sa meilleure offre pour remporter le marché. Par exemple, il peut miser sur une offre promotionnelle, proposer les frais de port gratuits, un cadeau de bienvenue... L'objectif est de rendre l'offre encore plus attractive, voire irrésistible.

• **Quatrième étape : passer à l'action et fidéliser**

C'est à ce moment que le prospect achète en cliquant sur le bouton *acheter* et se transforme en un client de l'e-commerce. Le travail ne s'arrête cependant pas ici puisqu'un achat effectué n'est pas une fin en soi. Il reste à fidéliser le client en lui proposant un service irréprochable afin de l'inciter à revenir faire ses achats sur le site. Un client fidèle qui achète régulièrement coûte 5 à 10 fois moins cher pour e-commerçant que de s'évertuer à en trouver de nouveaux. Sous forme d'entonnoir, cela donne ceci :

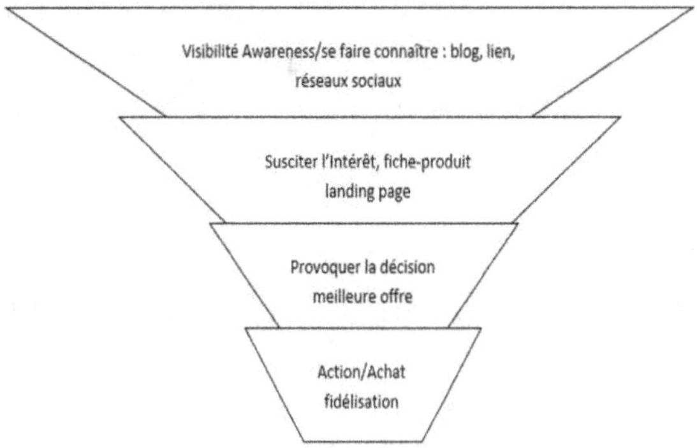

II. LE MODÈLE D'ENTONNOIR DE CONVERSION TOFU, MOFU, BOFU

Avec le TOFU, le MOFU et le BOFU, qui constitue un entonnoir de conversion utilisé dans l'e-commerce, nous sommes dans une opération proche du modèle AIDA, mais en 3 phases :

• **Le TOFU ou top of funnel : le haut de l'entonnoir**

Le cheminement d'un tunnel de conversion passe donc par le haut de l'entonnoir. Pour qu'une boutique ou ses offres produits attirent l'attention des internautes, il faut avoir créé du contenu optimisé SEO ou payant SEA, notamment avec des landing pages et des fiches produits optimisées, des articles de blogs ou encore attirer des visiteurs depuis les réseaux sociaux où l'e-commerçant est présent. On comprend mieux tout l'intérêt du blogging pour capter l'attention d'une audience ciblée dans un domaine ou un secteur précis.

• Le MOFU ou middle of the funnel

Les internautes savent ce que l'e-commerçant propose au milieu du tunnel, mais ils ne sont pas encore engagés. À ce stade, ils sont de simples leads ou contacts commerciaux avant de se transformer en prospects ou contacts qualifiés. Car c'est maintenant qu'un e-commerçant doit susciter l'intérêt du lead.

Dans le cas d'une boutique en ligne, un visiteur est dirigé depuis ce lien d'où il vient, soit vers une landing page, soit vers une fiche-produit, d'où l'intérêt de bien optimiser le contenu de ces supports, comme nous l'avons vu. Les informations données doivent rassurer le visiteur à la fois sur le produit et sur le vendeur pour l'inciter à passer au stade suivant. C'est à ce stade qu'un lien de confiance doit se créer entre le vendeur et le visiteur pour que ce dernier aille plus loin.

• Le BOFU ou bottom of the funnel : la partie basse de l'entonnoir

Les prospects arrivent maintenant au bout de l'entonnoir pour prendre leur décision finale. C'est maintenant qu'il faut finir de les convaincre en employant les grands moyens. Par exemple, en provoquant la décision ou en incitant à l'action en proposant un code promo, une offre de livraison gratuite ou un cadeau. La fin de l'entonnoir avec ce prospect qui devient client n'est pas la fin de la relation. Comme nous venons de le voir, il convient d'entretenir cette relation client à la sortie du tunnel pour le fidéliser et peut-être le transformer en ambassadeur.

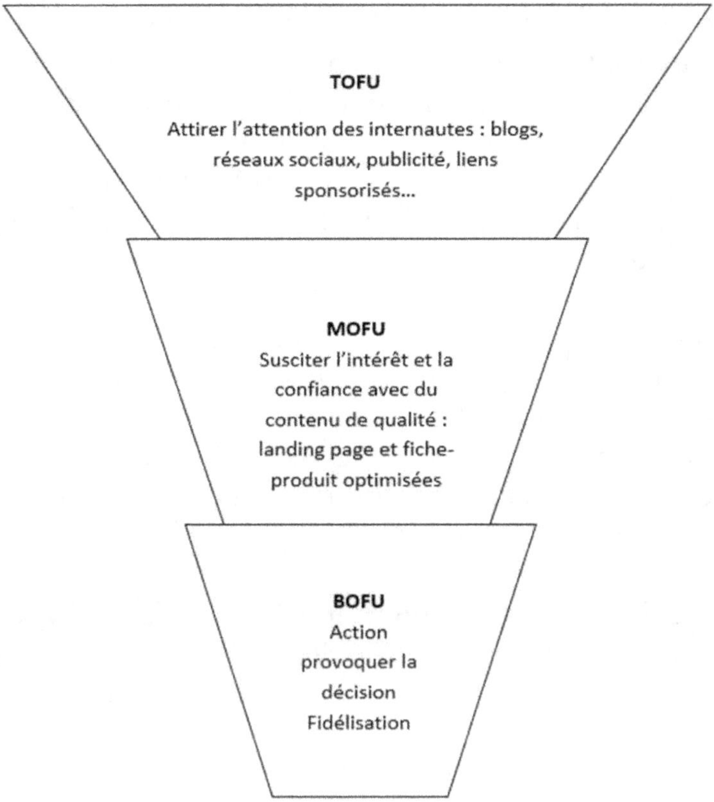

Un entonnoir de vente peut être utilisé pour la vente d'un produit ou pour l'acquisition d'adresses mail, par exemple. En fonction des besoins et de la stratégie commerciale de l'e-commerçant, il peut s'avérer simple à mettre en place ou plus complexe à réaliser.

A) L'objectif de l'entonnoir

En haut de l'entonnoir, l'objectif est de faire venir tous les internautes qui sont plus ou moins intéressés par les produits ou services offerts par la boutique. Ce sont ces internautes qui font une recherche sur un sujet lié à la niche sur laquelle l'e-commerçant s'est positionné qui sont visés. Tous ces internautes-chercheurs ne se transformeront évidemment pas en clients, mais grâce à un contenu optimisé mis en ligne par l'e-commerçant, ils ont vu ou repéré la boutique.

➔ Au sommet de l'entonnoir, un e-commerçant doit donc proposer l'accès à des contenus de qualité pour attirer les visiteurs vers la boutique ou vers la landing page. Dans le cas d'une vente de produit, après le haut de l'entonnoir, le visiteur est généralement dirigé vers la landing page (ou la fiche-produit), d'où l'importance de la peaufiner, car elle est décisive sur la conversion et donc influe directement sur l'efficacité d'un entonnoir de vente.

➔ Au milieu de l'entonnoir, il faut fournir les informations recherchées par le visiteur et le rassurer. Le visiteur est entré dans une phase de sélection, il lui faut comprendre spontanément la nature des offres qui lui sont faites. Les offres d'une landing page doivent donc être claires, attractives, accessibles et facilement compréhensibles.

➔ Dans le bas de l'entonnoir, le visiteur s'est transformé en prospect qualifié prêt à passer à l'action. Il faut le convaincre avec la meilleure offre pour le transformer en client. Ensuite, il faudra entretenir cette relation pour le garder comme client fidèle, et pourquoi pas en faire un ambassadeur.

Si l'entonnoir de vente mis en place par un e-commerçant convertit bien les visiteurs en prospects, puis en clients (avec des top landing pages, on ne le répétera jamais assez), alors il est possible d'envisager des actions publicitaires encore plus agressives en achetant du trafic sur Google ou sur les réseaux sociaux. Nous verrons entre autres que des outils d'analyse permettent entre autres d'analyser les performances des actions marketing mises en place par l'e- commerçant.

On confond parfois l'influenceur et l'ambassadeur. Les deux sont sollicités par les marques, mais la différence entre les deux est de taille.

Un ambassadeur est acquis et exclusif à une marque. C'est un réel adepte des produits ou services de la marque, et ce, qu'il soit payé ou pas par la marque – généralement, d'ailleurs, il ne l'est pas. Il a un vrai pouvoir d'influence et est un prescripteur des produits de premier ordre auprès d'une communauté. Contrairement à l'influenceur, qui a un attachement « intéressé », sous la forme d'une rémunération ou de cadeaux, pour communiquer sur des marques ou des produits qui peuvent être concurrents.

L'influenceur n'est pas obligatoirement un fidèle des produits et services d'une marque. Un e-commerçant qui arrive à avoir des ambassadeurs pour ses produits ou services doit les bichonner, car ils ont un pouvoir d'influence sur les achats auprès d'une communauté qui est largement supérieur à celui des ambassadeurs.

B) Envoyer des internautes vers une landing page

Pour envoyer du trafic vers les landing pages, un e-commerçant peut donc tabler sur :

- La création de contenus de qualité. Notamment si l'e-boutique à un blog. Les internautes effectuent des recherches pour trouver des solutions à leur problème et si on leur apporte un contenu pertinent, ils se laisseront plus facilement tenter. Une fois mis en confiance, ils progresseront plus volontiers dans le tunnel de ventes.
- La publicité. Notamment le SEA qui permet d'envoyer du trafic de qualité vers les landing pages. Évidemment, il faut cibler les bonnes audiences comme nous l'avons déjà évoqué dans le module précédent.
- Les réseaux sociaux. Être présent sur ces réseaux comme le sont la plupart des futurs clients d'un e-commerce est un bon moyen de générer du trafic vers les landing pages ou vers le site.

Toute cette mise en place d'un entonnoir de vente peut *a priori* effrayer un e-commerçant à cause du travail, de l'argent et du suivi que cela représente. Certes, le travail en amont est important, mais, nous l'avons vu, il suffit de créer des *landing pages* attractives, des fiches-produits efficaces et assurer le trafic par l'un ou l'autre des moyens qui sont à la disposition de l'e-commerçant, référencements SEO et SEA.

Rappelons que le marketing et en particulier l'*inbound marketing* ne s'apprivoise pas si facilement. Le recours à des professionnels du marketing, freelances ou agences, est sûrement un bon moyen d'aborder cette étape importante du lancement d'un e-commerce. Une fois aguerri à ces pratiques, un e-commerçant sera en mesure de concevoir lui-même ses tunnels de vente ou aura, grâce au succès rencontré, les moyens de consacrer un budget pour employer un professionnel qui se chargera des actions de marketing et d'*inbound marketing*.

C) Automation marketing

Un e-commerçant peut s'appuyer sur des outils qui vont lui simplifier la vie, notamment les actions marketing. Pour optimiser son tunnel de vente et ces actions marketing, un e-commerçant peut envisager l'automatisation.

L'automatisation est une bonne solution pour faciliter la vie de l'e-commerçant. On parle aussi de trigger marketing, qui permet de déclencher automatiquement des actions marketing par mail en fonction du comportement des clients ou prospects. Concrètement, une action se déclenche automatiquement pour diverses occasions :

- Envoi d'un email de confirmation de commande et de suivi de commande ;
- Envoi d'un message de bienvenue après une inscription ;
- Email de relance après un « lâche » abandon de panier par un client ;
- Email pour une montée en gamme, *up selling* ;
- Envoi d'une offre promotionnelle ;

- Fêter un anniversaire, celui du client, de son premier achat, celui de la boutique avec un coupon de réduction pour le prochain achat. Il y a toujours une raison ou un événement pour susciter leur intérêt : les soldes, l'arrivée de l'été, une nouvelle collection, un lancement de nouveau produit, un jour de fête...
- Envoi d'un questionnaire de satisfaction, notamment après un retour produit ;
- L'inscription à un événement, soldes privées, invitation à un salon...
- Envoi d'accusé de réception lorsqu'un client annule sa commande ou se désinscrit. C'est l'occasion d'émettre des regrets pour l'e-commerçant et de s'intéresser aux raisons qui ont poussé les clients à mettre fin à cette belle histoire, parfois en soumettant une petite enquête où ils pourront exposer les raisons de cette désaffection. Les raisons peuvent être intéressantes à connaître pour améliorer l'offre, la navigation, l'expérience utilisateur. Et puis si le client a appuyé sur le bouton « désinscription » ou « annulation » par inadvertance, rien ne sera perdu. Il pourrait même être reconnaissant d'avoir pu rattraper sa bévue.

D) Les outils pour l'automation marketing

Le recours à des logiciels d'e-mailing comme *Sendinblue* ou *Sarbacane* permet d'automatiser toutes ces actions sans avoir à intervenir ou presque. Les services d'automation proposés par ces deux plateformes sont simples à utiliser et performants, et il est possible de s'y essayer gratuitement. Les conseils donnés et le support client permettent une prise en main rapide et intuitive de ces outils. Le seul point qui peut prendre un peu de temps pour l'e-commerçant est la création des emails types qu'il souhaite envoyer à ses prospects ou clients. Il est possible de s'inspirer de nombreux modèles en ligne. Une fois ces mails types définis, le logiciel se charge d'envoyer les messages automatiques et ciblés aux destinataires en fonction de leur progression dans le parcours client.

Voilà comment, avec toutes ces techniques et outils, un e-commerçant peut créer un entonnoir de conversion efficace et bâtir une relation de confiance avec ses prospects et clients.

E) Le marketing d'affiliation

L'affiliation est un autre moyen à envisager pour doper les ventes de produits ou services sur internet. Pour un e-commerçant, il s'agit de proposer à un partenaire dit « affilié » (blogueur, autre site e-commerce, ambassadeur ou influenceur...), de mettre un lien sur leur site ou sur leurs comptes des réseaux sociaux, qui conduit les visiteurs ou membres de leur communauté vers la boutique de l'annonceur (l'e-commerçant). Ces affiliés sont rémunérés en fonction des ventes, souvent au pourcentage.

Pour trouver ces affiliés apporteurs d'affaires, un e-commerçant peut s'appuyer sur des plateformes d'affiliation. Les plus performantes sont : *Rakuten, Trade doubler, JV Zoo, Awin, Target Affiliates, Click Bank, CJ affiliate...* La liste n'est pas exhaustive. Certaines de ces plateformes sont spécialisées sur des catégories de produits bien précises. Un e-commerçant doit choisir la ou les plateformes qui correspondent le mieux à ses produits et qui répondent aux objectifs visés.

Passons maintenant à un autre aspect important du commerce en ligne : choisir une solution de paiement pour sa boutique.

III. QUELLE SOLUTION DE PAIEMENT ?

Le paiement est la dernière étape que franchit le client pour confirmer son achat. Il est essentiel que cette étape soit facile, rassurante et pratique pour la clientèle. Nous avons vu tout au long de cette formation tous les efforts qu'il fallait consentir pour vendre des produits ou services sur internet, ce n'est pas une sinécure... Il faut donc prendre au sérieux cette étape du paiement. D'autant que 20 % des abandons de panier par les clients sont causés par le défaut d'un paiement adéquat !

En 2019, le moyen de paiement le plus en vogue auprès des acheteurs français est la carte bancaire, qui concerne plus de 80 % pour les achats en ligne, selon la FEVAD. Le reste des paiements se partage entre les portefeuilles électroniques (dont le très connu Paypal) en ligne pour environ 11 %, puis suivent les crédits conso pour près de 4 %, les virements et prélèvements pour 1 %. Les 4 % restants se partagent les autres modes de paiement comme les chèques, espèces, chèques cadeaux, mandats cash, contre remboursement…

Voyons quelles sont les solutions de paiement en ligne envisageables pour un e- commerce.

1) Le contrat VAD pour accéder à un terminal de paiement électronique

Un contrat entre l'e-commerçant et son banquier

C'est sûrement la solution numéro un à envisager pour une boutique en ligne. Le contrat de vente à distance ou « contrat monétique de vente à distance », plus communément appelé contrat VAD, est le contrat conclu entre un e-entrepreneur et une banque. Cet accord permet à l'e-commerçant d'intégrer à sa boutique un TPE ou terminal de paiement électronique (dit virtuel). Une fois l'accord validé par la banque, après que l'e-commerçant a rencontré son banquier pour présenter son activité et remplir quelques formulaires chers aux banquiers, il peut utiliser ce mode de paiement sécurisé par carte bancaire. Obtenir l'accord d'un banquier qui permet d'utiliser un terminal de paiement électronique est un plus pour l'e-commerçant. Travailler de concert avec une banque peut rassurer les clients[4].

[4] Les taux de commissionnements pratiqués par les banques sont plus faibles qu'avec les autres solutions de paiement en ligne. Il faut cependant brasser un certain volume d'affaires tous les mois pour amortir le coût de l'abonnement mensuel qui tombe chaque mois.

Les frais sont différents d'une banque à l'autre, ils peuvent être négociés et renégociés régulièrement par l'e-commerçant, mais globalement un terminal de paiement électronique a un coût qui inclut :

- Les frais de mise en service ou d'ouverture : entre 100 et 300 euros ;
- L'abonnement mensuel : de 10 à 30 euros ;
- Le taux de commission sur chaque transaction : de 0,5 % à 1,5%.

Si le contrat VAD venait à être refusé par la banque, un e-commerçant a d'autres solutions de paiement en ligne à proposer à ses clients.

2) Les autres solutions de paiement, les PSP

Un e-commerçant peut opter pour un PSP ou « prestataire en solution de paiement ». Plusieurs prestataires sérieux se partagent le marché. Ils mettent à la disposition de l'e-commerçant un module de paiement à intégrer sur son site marchand. Deux catégories de prestataires apparaissent :

Les sociétés avec une solution de paiement avec contrat VAD

Ces sociétés servent d'intermédiaires entre l'e-commerçant, ses clients et les banques des deux parties.

Un client achète un article sur le site de la boutique en ligne, puis est redirigé au moment de payer sur le serveur de la société de paiement. Cette dernière se charge de demander l'autorisation à la banque de l'acheteur et valide (ou refuse la transaction). Une fois la transaction validée, la banque de l'e-commerçant est créditée.

Ces solutions sont sensiblement plus chères que les solutions des banques traditionnelles, mais elles proposent des services complémentaires plus pointus comme les assurances et sont très fiables au niveau de la sécurité : le risque de fraudes et d'impayés est quasi inexistant. Parmi les sociétés les plus cotées, on peut citer Payline, ou Pay Site Cash.

Les solutions sans contrat de VAD

Beaucoup de sociétés prestataires de paiement en ligne ne requièrent pas un contrat VAD. La plupart de ces sociétés travaillent sans abonnement et ne se rémunèrent qu'à la commission en fonction du volume de transaction. Difficile de donner un prix pour ces solutions puisque le taux de commission décroît en fonction du volume d'affaires. Le taux de commission est cependant bien plus élevé que ceux pratiqués dans le cadre d'un contrat VAD. Cette formule de paiement peut néanmoins intéresser les e-commerces qui ne génèrent pas beaucoup de chiffres d'affaires ou qui veulent commencer rapidement. L'autre inconvénient de ces solutions, c'est qu'en cas de fraude ou d'impayés, un e-commerçant est moins bien protégé qu'avec une solution VAD. Les prestataires qui proposent ces solutions de paiement sans contrat de VAD sont entre autres : PayPal, Hipay, Freepay, Stripe...

Il existe de nombreuses autres sociétés de prestataires de paiement avec ou sans solution VAD parmi les plus utilisées : Ingenico, Bluepaid, Paybox, Epay, Payzen...la liste n'est pas exhaustive.

Pour calculer le coût d'une solution de paiement en ligne, un e-commerçant doit prendre en compte : le montant de l'abonnement mensuel et/ou de l'inscription le cas échéant et le montant des taux fixes par transaction, souvent calculés en fonction du chiffre d'affaires. Une différence d'un demi-point sur les taux de commissionnement peut représenter une grosse somme d'argent à la fin d'un exercice comptable. Il faut vraiment prendre le temps d'étudier toutes les offres de ces prestataires et banquiers avant de s'engager.

IV. CRITÈRES POUR CHOISIR UN PSP

Hormis le coût, un e-commerçant doit considérer d'autres critères pour choisir une société prestataire de paiement en ligne :

- → La méthode de paiement retenue doit s'intégrer parfaitement dans l'environnement de la boutique en ligne, et ce, quelle que soit le CMS retenu (Woocommerce, Shopify, Prestashop...). La plupart de ces sociétés PSP proposent des solutions compatibles avec les principaux CMS du marché.
- → La qualité du support client est importante, notamment pour la phase d'intégration de la solution de paiement au site e-commerce. Il faut privilégier les solutions qui proposent un interlocuteur capable de guider l'e-commerçant dans la phase d'installation et de paramétrage.
- → Choisir une solution responsive pour améliorer l'expérience utilisateur. De plus en plus de ventes se font sur mobile, il faut que la page paiement s'adapte à ce format d'écran. En facilitant la vie du client avec une procédure de paiement simple et claire, un e-commerçant augmente son taux de conversion en même temps que l'expérience client, lequel client sera plus enclin à revenir sur le site via son mobile.
- → Le back-office doit être complet, intuitif et simple à utiliser pour l'e-commerçant.

On doit accéder facilement à une vue complète de l'activité et des transactions réalisées. Le back-office doit donner accès à des statistiques et à des outils de reporting, voire rendre possible le transfert des données sur le logiciel comptabilité de l'e-commerce.

→ Penser à l'international. Le développement d'une boutique en ligne peut largement déborder des frontières si un potentiel de ventes est exploitable à l'étranger. Il faut favoriser les prestataires qui facilitent les solutions de paiement d'achats faits en devises étrangères ; la plupart des prestataires proposent des moyens de paiement à l'international.

→ Diminuer le risque de fraude. Même si la plupart des prestataires de paiement ont développé des technologies de pointe pour lutter contre la fraude, il faut toujours s'inquiéter de cet aspect. Un e-commerçant optera de préférence pour un établissement qui présente les meilleures garanties et qui lutte efficacement contre la fraude.

Parmi toutes les solutions de paiement en ligne existantes, un e-commerçant trouvera sans doute celle qui convient le mieux à sa boutique et à ses clients. Faire le bon choix peut représenter un gain de temps et un gain d'argent considérables. Il ne faut pas hésiter à mettre en concurrence les banques traditionnelles et les prestataires avant de faire un choix. Régulièrement, il faut essayer de renégocier le taux de commissions. Ces prestataires seront attentifs à ce genre de demande, notamment si le volume d'affaires brassé est important.

V. LE PAIEMENT SÉCURISÉ

1) SSL

Le standard SSL Secure Socket Layer est une technique de cryptographie qui permet de renforcer la sécurité des transmissions sur internet. Ce système établit un canal de communication sécurisé entre les machines qui assure la confidentialité des données transmises, le numéro de carte bancaire ne circule pas sur le web ou du moins il n'est pas lisible hors du système SSL. C'est la solution de base, adoptée par tous les établissements bancaires, pour protéger les échanges de données sensibles.

2) 3 D Secure

Certains prestataires proposent une sécurité supplémentaire et optionnelle : le système 3D Secure, qui permet d'authentifier le porteur de carte. Le système d'authentification du client peut varier en fonction de la banque. C'est généralement un SMS avec un code unique qui est envoyé par la banque au porteur de la carte. En rentrant ce code sur le site sécurisé, le client valide le paiement. Un e- commerçant peut activer ou désactiver ce système, par exemple en fonction de la valeur des marchandises vendues, du pays d'émission de la carte bancaire ou encore en fonction du support utilisé – mobile ou pc.

Le recours à ce système de sécurité permet d'être payé même en cas contestation si une fraude est avérée. Avec ce type d'authentification 3D, sous réserve d'accord de la banque ou du prestataire de paiement, un e-commerçant peut afficher un logo de type Verified by Visa ou MasterCard SecureCode, entre autres, qui va rassurer les acheteurs.

Un e-commerçant doit prendre le temps d'étudier et de comparer les différentes solutions de paiement sécurisé proposées par les banques traditionnelles et les PSP pour choisir celle qui lui convient le mieux et qui satisfera sa clientèle en lui offrant la meilleure expérience utilisateur.

Après l'épineuse, mais incontournable, question du paiement, voyons maintenant quels outils d'analyse peut utiliser un e-commerçant pour faire le point sur les performances de son site et les améliorer.

VI. LES OUTILS D'ANALYSE POUR AMÉLIORER LES PERFORMANCES D'UN SITE

A) Les indicateurs de performance d'un site ou KPI

Dans l'e-commerce, il ne suffit pas de se faire connaître et de vendre ses produits ou services aux internautes. Afin d'améliorer les performances d'un site et booster les ventes, il faut analyser les performances à travers différents indicateurs que l'on peut récolter grâce à des outils gratuits et payants que l'on trouve sur le net.

Avant d'utiliser ces outils, un e-commerçant doit savoir à quels indicateurs s'intéresser. Dans le domaine du marketing, les indicateurs clés de performance d'un site sont appelés KPI, Key Performance Indicators. Voyons quels sont les KPI qu'un e-commerçant ou son community manager doit surveiller en premier lieu. Les principaux indicateurs à surveiller sur les outils d'analyse sont :

- **Le nombre de visiteurs** uniques qui permet d'évaluer la popularité d'un site. Il s'agit ici de quantifier le nombre de visiteurs uniques qui visitent le site et s'attardent sur une ou plusieurs pages. Si un même visiteur vient 5 fois sur le site sur une période donnée, sont alors comptabilisées 5 visites par 1 visiteur unique.
- **L'évolution du nombre de leads** ou contacts par jour, par semaine, par mois.
- **Les pages les plus visitées**, voilà qui est intéressant à analyser pour savoir ce qui est efficace et permettre ainsi d'en tirer les conclusions pour améliorer le score des pages délaissées. Ou encore déclencher de nouvelles actions sur ces pages les plus vues, par exemple l'inscription à une newsletter, l'affichage d'une promo, le lancement d'un jeu-concours, l'insertion d'un bouton « call to cation » pour rediriger vers les réseaux sociaux ou une landing page…
- **Les mots-clés** que tapent les internautes pour arriver sur le site. En ayant connaissance de ces mots-clés, parfois insoupçonnés, il sera possible d'optimiser les contenus mis en ligne.
- **La durée des visites** ou le temps moyen passé sur le site par les visiteurs. Plus les visiteurs passent du temps sur un site, meilleur sera son classement sur les moteurs de recherche. Si un site ne retient pas les visiteurs, il faut s'interroger sur la pertinence du site.
- **Le taux de rebond** justement qualifie ces visiteurs qui ne voient qu'une seule page du site et le quittent tout de suite. Un taux de rebond faible est un bon indicateur.

- **Le taux de conversion** ou taux de transformation, qui est déterminé en fonction des visiteurs qui ont effectué une action : achat, inscription, téléchargement de documents, prise de contact...
- **La provenance des visiteurs**, par quels moyens ils sont arrivés, réseaux sociaux, publicité, liens, liens sponsorisés SEA, moteur de recherche, accès direct par l'URL...

Certains autres indicateurs sont disponibles comme la géolocalisation des visiteurs, les moments de la journée où ils se connectent le plus, leurs centres d'intérêt, le taux d'abandon des paniers, les données démographiques, quels sont les types d'appareils utilisés, mobile, PC ou tablette, le pourcentage de visiteurs connus ou les visiteurs avec accès direct... et bien d'autres indicateurs encore. Tous ces indicateurs vont permettre au e-commerçant ou à son community manager de faire un point sur :

- Les sources de trafic
- La pertinence des contenus du site
- La performance de conversion et de fidélisation du site

Autant d'indicateurs qui vont aider un e-commerçant ou son community manager à améliorer les actions de web marketing et à peaufiner la stratégie marketing du site pour le rendre plus performant.

VII. LES OUTILS D'ANALYSE EXISTANTS

Ce travail d'analyse est possible grâce aux outils disponibles sur le net, il en existe des dizaines. Nous avons sélectionné les outils les plus utilisés par les agences de web marketing et les community managers. Le premier outil incontournable qui vient en tête de liste est Google Analytics.

• Google Analytics

Gratuit, le tableau de bord Google Analytics permet de récolter des données intéressantes, notamment sur la provenance du trafic et les pages sur lesquelles les visiteurs passent le plus de temps. D'autres indicateurs importants sont facilement accessibles, comme le taux de rebond, les mots-clés employés par les internautes pour découvrir le site et les sites web à travers lesquels ils ont accédé à la boutique en ligne.

- **Semrush**

Cette plateforme se présente comme le kit marketing tout-en-un pour les professionnels du marketing numérique. Sur Semrush en plus des indicateurs de performance classique, il est possible d'avoir des informations détaillées sur la concurrence, notamment en matière de stratégie publicitaire. Toute la concurrence peut ainsi être analysée, ce qui peut être intéressant pour faire un point sur les performances des principaux sites concurrents.

- **Matomo**

Matomo est un logiciel open source d'analyse qui garantit la propriété des données à 100 % à l'e-commerçant qui contrôle seul l'utilisation et le stockage de ses données. Toute la gamme de fonctionnalités proposée par Matomo permet d'évaluer l'ensemble du parcours utilisateur de tous ceux qui visitent le site.

- **Similar Web**

Similar Web pour surveiller les données concernant le site, mais aussi pour découvrir les stratégies des concurrents ou encore améliorer les performances des tunnels de conversion.

- **Hotjar**

Hotjar pour comprendre rapidement comment agissent les visiteurs de l'e-boutique, ce qu'ils veulent, apprécient et font sur le site.

- **Mention**

Mention est un outil d'analyse et d'e-surveillance qui permet de surveiller l'e-réputation d'une boutique en ligne. Il est intéressant d'utiliser Mention, notamment pour mesurer les résultats des campagnes d'influence.

Il est possible de créer sa propre liste d'influenceurs avec l'outil de recherche interne de la plateforme.

Il existe des dizaines d'autres outils d'analyses. Il faut savoir que la plupart de ces outils sont compatibles avec les CMS. Nous pouvons entre autres citer parmi les plus sérieux : Ionos, Metrilo, Myfeelback, AT Internet, Dareboost. Indispensables pour calculer le taux de conversion et analyser les actions marketing et la concurrence, au moins deux ou trois de ces outils doivent faire partie de la panoplie de l'e-commerçant.

Pour en terminer avec le marketing, un e-commerçant qui souhaiterait traiter seul toute la stratégie marketing de sa boutique peut s'appuyer sur des outils spécialisés, généralement utilisés par les spécialistes. Parmi les plus sérieux, nous conseillons Oct8ne, Sale Cycle, Marketo ou encore Hubspot. Ces sites, que l'on appelle aussi des CRM ou Customer Manager Relationship, sont des spécialistes dans la gestion de la relation client.

Conclusion

Les techniques d'*inbound marketing* gagnent à être connues pour améliorer les taux de conversion et booster le chiffre d'affaires d'un e-commerce. Il s'agit d'une part, l'entonnoir de conversion, qui permet de guider un visiteur dans son parcours pour le transformer idéalement de contact à prospect qualifié, puis en client et enfin en client fidèle, voire en ambassadeur. Et d'autre part, l'automation marketing, qui permet à l'e-commerçant, avec l'aide d'outils en ligne, de déclencher automatiquement des actions marketing par mail en fonction du comportement de ses clients ou prospects. Proposer des solutions de paiement adaptées à sa clientèle en sélectionnant des PSP fiables est un élément déterminant pour conclure une transaction commerciale sereinement.

CHAPITRE 10 : LE STATUT DE L'E-COMMERÇANT, LA LÉGISLATION DU E-COMMERCE

I. LE CHOIX DU STATUT JURIDIQUE

Commençons par le statut juridique que doit adopter l'e-commerçant. Nous passons en revue les critères qui peuvent influer sur le choix d'un statut plutôt qu'un autre. Tous les statuts présentent des avantages et des inconvénients qu'un e-commerçant doit connaître, notamment pour déterminer le régime d'imposition qui lui convient le mieux.

L'e-commerce est un secteur d'activité en pleine expansion qui attire de plus en plus de créateurs d'entreprise. Ces entrepreneurs, avant de se lancer, doivent se poser une question : quel statut juridique vais-je adopter pour mon entreprise ? C'est un aspect incontournable de la création d'entreprise. Le choix de la forme juridique engage l'e-commerçant à la fois sur son niveau de responsabilité et sur le plan du régime fiscal. Ce n'est donc pas un choix à faire à la va-vite ou à prendre à la légère. Un futur entrepreneur ne doit pas hésiter à avoir recours à un conseil : fiscaliste, avocat, expert-comptable,... pour mieux se faire guider parmi tous les choix de statuts existants.

A) Quels critères prendre en compte avant de choisir un statut ?

Un entrepreneur peut commencer par débroussailler le terrain en se posant les bonnes questions qui lui permettront de retenir ou délaisser certains statuts juridiques, en fonction de sa situation. Les principales questions qu'il doit se poser sont :

~ Est-il envisagé de créer cette entreprise seul ou avec d'autres personnes ? Des partenaires financiers indépendants, des associés, des membres de la famille, le conjoint... Si d'autres associés entrent dans le capital, avec un rôle actif ou pas, il faut exclure les solutions de micro-entreprise et d'entreprise individuelle.

~ Quels sont les investissements financiers prévus ? Création du site, achats de produits pour le stock ou matières premières, frais de constitution, locaux, embauche de personnel, frais de formation, publicité de lancement... Faut-il avoir recours à des prêts bancaires ? Quel est le montant de l'apport personnel du créateur ? Est-il envisagé d'avoir recours à des investisseurs à moyen ou long terme ?

- Quel chiffre d'affaires prévisionnel est envisagé ?
- Quels sont les objectifs de chiffre d'affaires à moyen et long terme ? En fonction de la croissance prévue, il peut être judicieux de partir avec un statut pas trop contraignant comme l'EURL, pour ensuite évoluer vers la SARL ou la SA. Si les objectifs sont vraiment ambitieux mais réalistes, il faut peut-être envisager de suite un statut de société. En revanche, si l'e-commerçant veut tester l'activité et prévoit un chiffre d'affaires plus modeste, le statut de micro-entreprise offre beaucoup d'avantages que nous évoquerons.
- Le créateur a-t-il un patrimoine personnel à protéger ? Si c'est le cas, il faut adopter un statut d'EIRL ou de société.

D'autres critères peuvent entrer en compte dans le choix d'un statut. Par exemple, la rémunération du dirigeant :

- Sera-t-elle sous la forme d'un salaire ou de dividendes ?
- Va-t-elle dépendre des revenus de son commerce en ligne ou le dirigeant va-t-il conserver une autre activité ou encore pouvoir compter sur un autre revenu pour vivre ?
- Est-ce que l'embauche de salariés est prévue à court ou moyen terme ?

Répondre à ces questions peut guider pour le choix du régime d'imposition et du statut juridique. Le choix d'un statut juridique doit se faire en toute connaissance de cause. Il n'existe pas de statut spécifique à l'e-commerce, et cela dépend pour beaucoup du prévisionnel de chiffre d'affaires et des perspectives de croissance à moyen long terme. Peuvent aussi peser dans la balance le régime d'imposition à privilégier et le patrimoine personnel à protéger. Il est conseillé de bien étudier tous ces aspects, et de lister les avantages et les inconvénients de chaque solution. Comparer pour choisir le statut le mieux adapté à l'activité envisagée, aux objectifs fixés et à la situation personnelle et patrimoniale du créateur.

B) Les statuts juridiques

Parmi les statuts adaptés à un projet d'e-commerce, le premier à envisager est celui d'auto-entrepreneur ou plutôt de micro-entrepreneur, la nouvelle dénomination qui qualifie ce statut, même si les deux dénominations sont toujours employées.

• La micro-entreprise

C'est le statut idéal pour démarrer simplement, rapidement et à moindres frais. Beaucoup d'e-commerçants ont opté pour ce statut.

Et pour cause, selon la Fevad :

~ Trois quarts des e-commerces français ont réalisé moins de 100 000 euros de chiffre d'affaires en 2019.

~ 17,3 % des sites réalisent entre 100 000 et 1 000 000 d'euros.

~ 5,5 % réalisent 90 % du chiffre d'affaires de l'e-commerce et parmi eux 0,9 % font plus de 10 millions d'euros de CA et pèsent pour 69,5 % du chiffre d'affaires total.

Pour pouvoir adopter ce statut de micro-entrepreneur, un e-commerçant doit respecter certaines conditions, notamment au niveau du chiffre d'affaires :

➔ Le plafond maximum à ne pas dépasser pour la vente de produits ou de marchandises avec le statut micro-entrepreneur est de 176 200 euros HT.

➔ Le plafond maximum pour les prestations de services est de 72 500 euros.

Différence entre la personne morale et la personne physique
On distingue la personne morale et la personne physique dans le monde de l'entreprise. On parle de personne physique pour les créateurs de micro-entreprise ou d'entreprise individuelle, c'est l'entrepreneur qui représente l'entité juridique de l'entreprise. C'est la raison pour laquelle il est responsable sur ses propres biens. La personne morale concerne les sociétés à associé unique ou avec plusieurs associés. Avec ce statut, la personnalité de l'entreprise se distingue en droit des personnes physiques qui la constituent. L'entreprise est une personne morale avec une personnalité juridique qui lui est propre, avec des droits et des obligations, et avec un capital qui lui est propre, distinct de celui de son ou de ses associés. Une SARL, une EURL, une SA, une SAS... sont des personnes morales.

Les avantages du statut de la micro-entreprise

La constitution et l'immatriculation d'une micro- entreprise se fait très rapidement et très facilement. L'immatriculation peut se faire en ligne gratuitement. Voir le site de l'URSSAF pour s'inscrire en ligne[1] en tant que micro-entrepreneur. Sont requis :

- une pièce d'identité en cours de validation,
- un justificatif de domiciliation (adresse en France).
- En quelques clics, un auto-entrepreneur est inscrit et reçoit dans un délai de 8 à 15 jours un numéro de SIRET.
- Aucun apport de capital n'est exigé.
- Pas de paiement de cotisations sociales et fiscales tant qu'il n'y a pas de recettes.
- Une comptabilité simplifiée. Il suffit de faire une déclaration du chiffre d'affaires mensuelle ou trimestrielle, et tenir un livre de recettes et éventuellement un registre des achats. Les déclarations se font en ligne.

- Pas de déclaration de TVA, le seuil de franchise de TVA est à 85 800 euros pour la vente de marchandises et à 34 400 euros pour les activités de prestation de services.

Au-delà de ces seuils, l'e-commerçant est assujetti à la TVA et doit la faire apparaître sur ses factures[5]. Les taux de cotisations sont faibles et sont calculés sur le chiffre d'affaires. En 2020, dans le cadre de l'achat et de la revente de marchandises, le taux est de 12,8%. Ce taux est de 22% pour les prestations de services commerciales ou artisanales.

Tout le monde peut créer une micro-entreprise : salariés, fonctionnaires (sous conditions), retraités, demandeurs d'emploi, dirigeants, étudiants, femmes ou hommes au foyer. Il suffit d'être majeur, d'avoir une adresse en France et de ne pas déjà être inscrit comme travailleur non salarié.

Les inconvénients du statut de la micro-entreprise

- Le patrimoine privé n'est pas protégé, la responsabilité de l'entrepreneur est illimitée. Ses biens peuvent être saisis en cas de dettes impayées.
- Les charges fiscales et sociales sont calculées en pourcentage fixe sur le chiffre d'affaires. En cas d'activité déficitaire, c'est pénalisant.
- Dès lors que le seuil de franchise de TVA est dépassé, la comptabilité devient plus compliquée à gérer et peut nécessiter le recours à un comptable ou à un service comptable.
- Ce statut de micro-entrepreneur fait moins sérieux aux yeux des banquiers, des fournisseurs et même des clients qu'un statut de société avec un capital.
- Pas de récupération ni de facturation de TVA sur les achats et les ventes, ce qui, dans le domaine du négoce, achat/revente, est un handicap.
- Pas d'association possible, le créateur reste seul à gérer son activité.

[5] Un seuil majoré pour la vente de marchandises permet d'échapper à la TVA à hauteur de 94 300 euros de CA. Il est de 36 500 euros pour la vente de services.

Le statut de micro-entrepreneur doit être envisagé pour tester et lancer une activité ou encore être choisi lorsque le chiffre d'affaires prévu est modeste. Par la suite, si le chiffre d'affaires dépasse le seuil de franchise de TVA ou le seuil de chiffre d'affaires minimal, un micro-entrepreneur peut très bien évoluer vers le statut de l'entreprise individuelle ou de la SARL. Ces démarches de changement de statut se font simplement et rapidement.

• **L'entreprise individuelle**

Même si elle ressemble à la micro-entreprise sur bien des points, l'entreprise individuelle ou EI est une vraie entreprise puisque, avec ce statut, l'entrepreneur est assujetti à la TVA. Il facture la TVA à ses clients et la récupère sur ses achats et ses investissements professionnels. Une déclaration de TVA mensuelle doit être faite en ligne tous les mois ou tous les trimestres.

Les avantages, le régime fiscal

Avec cette forme de statut juridique, un e-commerçant n'a pas besoin d'apporter de capital à son entreprise.

Inconvénients du statut de l'entreprise individuelle

- La responsabilité totale et indéfinie de l'entrepreneur sur ses biens. Il peut envisager une déclaration d'insaisissabilité qui lui permet de protéger ses biens immobiliers non affectés à son activité professionnelle.
- Pas de déduction de la rémunération de l'entrepreneur dans les comptes de l'entreprise. Les rémunérations n'étant pas déductibles du bénéfice imposable, les appointements que s'alloue l'exploitant individuel sont un prélèvement sur ses bénéfices.
- Pas de personnalité morale de l'entreprise, l'entreprise s'identifie à la personne physique, au créateur responsable.
- Un autre statut d'entrepreneur individuel peut pallier au moins un de ces inconvénients : L'EIRL.

• L'EIRL ou l'entreprise individuelle à responsabilité limitée

Pour protéger son patrimoine personnel. Depuis 2011, un statut est venu compléter l'entreprise individuelle. Il s'agit de l'EIRL ou entreprise individuelle à responsabilité limitée. Comme son nom l'indique, ce statut permet de séparer le patrimoine personnel du patrimoine privé.

L'entrepreneur doit faire une déclaration d'affectation qui comprend tous les biens qui sont nécessaires à l'activité de l'EIRL. Cette évaluation des biens affectés à l'activité professionnelle doit être faite sommairement. Si un ou plusieurs biens n'excèdent pas 500 euros, il faut les regrouper avec d'autres biens dans une catégorie : informatique, emballage, expédition... L'affectation professionnelle d'un bien immobilier (ou d'une partie) doit être effectuée par acte notarié. Des frais non négligeables sont occasionnés par les intervenants - expert et notaire - en cas d'évaluation de biens immobiliers.

L'entrepreneur sous le statut d'EIRL est imposé à l'impôt sur le revenu dans la catégorie des bénéfices industriels et commerciaux (BIC). S'il est commerçant et s'il est professionnel libéral, il est imposé dans la catégorie des bénéfices non commerciaux (BNC). Cependant, sous certaines conditions, l'entrepreneur individuel peut aussi opter pour l'impôt sur les sociétés.

L'EIRL relève du régime social des travailleurs indépendants, et la base de calcul des cotisations varie selon l'impôt sur les bénéfices dont relève l'entreprise.

Le principal inconvénient de l'EIRL est la capacité de croissance limitée puisqu'elle ne permet pas de faire intervenir d'autres partenaires dans l'exploitation de l'activité. Toutefois, le passage d'une EI ou EIRL à SARL ou EURL se fait assez facilement.

• Les sociétés EURL et SARL

Ces structures de société sont assez semblables. La société avec l'un ou l'autre de ces statuts devient une personne morale. Ce sont les formes de sociétés les plus prisées en France. La SARL ou société à responsabilité limitée est une société qui réunit au moins 2 associés et 100 au plus. L'EURL ou entreprise unipersonnelle à responsabilité limitée compte un seul associé.

Les règles de fonctionnement

Les règles de fonctionnement d'une SARL nécessitent d'organiser une assemblée générale annuelle pour approuver les comptes. Les convocations des associés aux assemblées générales nécessitent une organisation et un formalisme stricts.

Une SARL doit disposer d'un représentant légal appelé **gérant** qui est pénalement et civilement responsable en cas de faute de gestion. La responsabilité des associés est limitée au montant de leurs apports.

Un associé unique d'EURL s'autodésigne gérant et prend seul toutes les décisions relatives à la gestion quotidienne et à la gérance dans les assemblées générales. Un associé unique ne se convoque pas à l'assemblée générale et consigne les décisions prises lors des « assemblées » dans un simple registre.

Les conditions d'approbation des comptes annuels sont simplifiées dès lors qu'une EURL ou une SARL ne dépasse pas certains seuils de chiffres d'affaires et d'effectifs. Au-delà de ces seuils, les comptes doivent être approuvés par un commissaire aux comptes. Pour les sociétés, ce seuil de chiffres d'affaires à ne pas dépasser est de 8 000 000 d'euros et celui de l'effectif à ne pas dépasser est de 50 salariés.

Le statut social du gérant

Le statut social du gérant varie en fonction du nombre de parts sociales qu'il détient dans la société :

➔ Le gérant minoritaire ou égalitaire de la SARL est affilié au régime général de la sécurité sociale lorsqu'il est rémunéré. Il bénéficie d'une protection en cas d'accident du travail et relève du régime général de la sécurité sociale. Un gérant minoritaire ou égalitaire non rémunéré ne dispose pas de couverture sociale.

→ Le gérant majoritaire d'une SARL est considéré comme un travailleur indépendant et relève du régime général de sécurité sociale des travailleurs non- salariés (TNS).

→ Le gérant associé unique d'une EURL a aussi le statut de travailleur indépendant et est affilié au régime social des TNS.

Ces formes de sociétés sont adaptées à l'e-commerce si les objectifs de chiffre d'affaires sont ambitieux et si l'embauche de personnel est envisagée.

Ces statuts permettent aux gérants de protéger leur patrimoine, mais nécessitent des procédures de créations plus lourdes avec l'obligation de tenir une comptabilité complète.

Il existe une SARL de famille qui reprend toutes les caractéristiques d'une SARL classique. Pour adopter ce statut, il faut que tous les associés soient des membres de la famille, par les liens du sang et d'alliance. Ce statut spécial peut être adopté notamment à cause des avantages fiscaux qu'il procure. Il est possible d'opter pour l'impôt sur le revenu ou l'IR, qui permet d'éviter la double imposition en cas de bénéfices ; un associé de SARL de famille n'est imposé qu'au titre d'impôt sur le revenu ou en cas de déficit d'imputer, proportionnellement aux apports, le déficit subi par la société dans son imposition personnelle.

• Les SASU et SAS

SAS qualifie des sociétés par actions simplifiées et, pour un actionnaire unique, on parle de SASU, société par actions simplifiée unipersonnelle. Dans une SAS ou SASU, l'associé dispose d'actions, alors que ce sont des parts sociales dans une EURL ou SARL.

Les avantages des sociétés par actions simplifiées

Le principal avantage de ces formes de sociétés par actions est d'offrir plus de liberté aux actionnaires. En effet, lors de la rédaction des statuts, les actionnaires fixent librement le mode d'organisation et les règles de fonctionnement de la société. Les actionnaires ont une plus grande flexibilité pour la cession et l'émission d'actions (contrairement à la SARL où ces opérations sont plus compliquées), la répartition des bénéfices ou encore la répartition du pouvoir décisionnel. La seule obligation est de nommer un président. Flexibilité est le mot qui décrit le mieux ce genre de société. Cette souplesse permet d'attirer facilement des investisseurs, qui peuvent entrer aisément et intervenir rapidement dans les décisions opérationnelles ou stratégiques de la société.

Comme pour les autres formes de sociétés, en cas de liquidation, la responsabilité des actionnaires est limitée au montant de leur apport, sauf faute grave de gestion. L'autre avantage est l'imposition des SAS. Même si sous certaines conditions les SAS, pour une durée de 5 ans maximum, peuvent être imposées sur l'IR, elles sont de plein droit imposées à l'impôt sur les sociétés. La fiscalité des SAS suscite l'intérêt des actionnaires puisque les résultats de l'entreprise après impôts peuvent leur être redistribués sous la forme de dividendes moins taxés.

Le dépôt d'un dossier de demande d'immatriculation d'une SAS ou SASU se fait auprès du centre de formalités des entreprises. La constitution d'une SAS est lourde. De nombreuses pièces justificatives sont à fournir, et la rédaction des statuts est, du fait de cette forme de société, à prendre au sérieux. Il est conseillé de se faire aider par un juriste ou un spécialiste, car la rédaction des statuts est complexe. C'est un document sensible. Des associés peu regardants ou néophytes peuvent facilement se faire déposséder de certains droits s'ils ne sont pas attentifs aux clauses spécifiques que peuvent comporter ces statuts. Là encore, se faire épauler par un avocat ou un spécialiste pour la rédaction semble beaucoup plus judicieux que de s'inspirer de modèles existants sur le web.

Un e-commerçant peut adopter ce statut s'il souhaite attirer facilement des investisseurs ou lever avec moins de contraintes des capitaux pour le développement de son entreprise. Un autre statut de société pour e-commerçant ambitieux peut-être étudié : il s'agit de la société anonyme.

• **La société anonyme ou SA**

C'est un statut réservé aux projets très ambitieux avec des objectifs de chiffres d'affaires qui doivent dépasser le million d'euros. La SA nécessite un capital de départ de 37 000 euros minimum et requiert deux associés au minimum. Il en faut 7 pour les sociétés cotées.

Ce sont les grands groupes qui adoptent ce statut, car la gestion d'une SA, son mode de fonctionnement et son organisation sont plus lourds à gérer. Une SA fonctionne avec un conseil d'administration ou avec un conseil de surveillance. C'est au cours d'assemblées générales ordinaires ou extraordinaires que les décisions sont prises par les actionnaires. Les comptes sont obligatoirement approuvés par un commissaire aux comptes. Ce dernier est nommé avec son suppléant dès la constitution de la société.

La SA est soumise à l'impôt sur les sociétés, et ses statuts, obligatoirement réalisés par écrit (un acte sous seing privé ou notarié), sont encadrés par la loi. Ces statuts doivent inclure plusieurs mentions obligatoires, comme l'objet social de la société, la forme de la SA (un conseil d'administration et un directeur général qui s'occupe de façon étendue de l'administration de l'entreprise, stratégie, orientation, arrêt des comptes annuels, rapport de gestion à l'assemblée... ou avec un directoire et un conseil de surveillance qui s'assure de la régularité des comptes et qui exerce le contrôle de gestion par le directoire), la dénomination sociale, la durée de la société d'un maximum de 99 ans entre autres. Ces statuts doivent également mentionner les premiers administrateurs ou les premiers membres du conseil de surveillance. La durée de leur mandat est plafonnée à 3 ans.

Un e-commerçant peut s'orienter vers ce statut si son business connaît une progression de chiffre d'affaires exponentielle. Le choix d'un statut juridique pour une entreprise d'e- commerce est vaste et dépend essentiellement des objectifs que s'est fixés le créateur. Pour commencer ou tester une activité, le choix de la micro-entreprise ou de l'entreprise individuelle peut être envisagé. Pour les projets plus ambitieux qui font entrer des associés et

demandent la mobilisation de capitaux plus importants, c'est vers les sociétés qu'un e-commerçant doit se tourner.
Toutes les informations données ici vous permettront d'évaluer quel statut juridique peut être le plus approprié à votre projet d'e-commerce. Néanmoins, dès qu'il s'agit de société avec un capital à investir et des statuts à rédiger, il est vraiment conseillé de se faire aider par un spécialiste, avocat ou expert-comptable. Ce choix peut avoir des conséquences sur les responsabilités du créateur, son régime fiscal et sur la protection de son patrimoine.
Il faut se poser les bonnes questions, lister les avantages et les inconvénients de chaque statut, car chaque situation d'entrepreneur est différente. D'où la nécessité de se documenter et de se renseigner auprès des structures compétentes en la matière.

II. LES CGV OU CONDITIONS GÉNÉRALES DE VENTE

Les conditions générales de ventes encadrent officiellement et juridiquement les relations entre un vendeur et ses clients. Elles sont obligatoirement publiées sur le site lorsque les clients sont des particuliers (B2C), et il est fortement recommandé de les publier lorsqu'il s'agit d'une clientèle professionnelle (B2B). Dans les deux cas, la loi impose à l'e-commerçant de publier certaines mentions légales obligatoires sur le site de sa boutique en ligne.

A) Les informations à communiquer dans les CGV

Les articles L111-1 du code de la consommation stipulent qu'avant qu'un consommateur soit lié par un contrat de vente de biens ou de fourniture de services, le professionnel doit communiquer au consommateur de manière lisible et compréhensible les informations suivantes :

- Les caractéristiques essentielles du bien ou service ;
- Le prix du bien ou service ;
- La date ou le délai auquel le professionnel s'engage à livrer le bien ou à exécuter le service ;
- Les informations relatives à son identité (coordonnées postales, téléphoniques et électroniques de la personne

morale ou de la personne physique qui gère le site) et celles relatives aux garanties légales.

-

Un e-commerçant doit donc préciser sur son site :

• **Les modalités de commande**

Les CGV doivent présenter les modalités de commande et préciser la marche à suivre à l'internaute pour commander un produit sur la boutique.

Le site doit permettre à l'internaute d'accéder à une page qui comprend un récapitulatif de la commande, l'intégralité du panier, avec une possibilité d'ajout ou de retrait de produits le cas échéant.

Trois étapes doivent être respectées lors du processus d'achat:

1. La visualisation du détail de la commande par le client, avec les prix TTC. Le prix unitaire d'un produit ou service est à spécifier, ainsi que les frais de livraison.
2. La possibilité de modifier la commande avant de passer au règlement.
3. L'étape de la confirmation de la commande par l'acheteur et le paiement.

De même, il peut être informé de son obligation de paiement après le passage de la commande.

• **Les modalités de paiement**

Lorsqu'il arrive à ce stade de la transaction, un client doit comprendre facilement quels sont les moyens de paiement mis à sa disposition pour payer le produit ou service.

Un e-commerçant mentionne les moyens de paiement acceptés et éventuellement les modalités de paiement (paiement en une seule fois ou en plusieurs fois, par crédit, mandat postal...). Le client doit pouvoir accéder facilement aux informations concernant la sécurisation des paiements données par le prestataire qui gère le paiement.

- **Les modalités de livraison**

Dans cette partie, l'e-commerçant donne des informations sur les processus d'expédition et de livraison des produits. Le transporteur choisi et les frais de port doivent être mentionnés. Pour chaque possibilité, le tarif doit être précisé (express, normal, point relais...). Tout comme il peut être précisé que l'acheteur pourra, le cas échéant, suivre l'avancement de sa commande (préparation, expédition, livraison) par SMS ou mail.

Les délais de livraison sont un point important. Il convient de respecter les délais annoncés, et si un e-commerçant doit promettre une livraison en 24 ou 48 heures, il est préférable de préciser l'heure limite pour passer la commande. Dans le cas où les délais ne sont pas respectés, à défaut dans un délai de 30 jours à compter de la date de commande (loi Hamon), le consommateur peut révoquer le contrat et se faire rembourser.

- **Les modalités de rétraction**

Les modalités du droit de rétractation, dans un délai de 14 jours comme nous l'avons vu, doivent être précisées. Un e-commerçant doit préciser les différentes étapes pour le retour du produit, pour la procédure de remboursement et l'avertir de l'éventuel paiement des frais de retour qu'il devra payer. Si un pas averti du coût des frais de retour des marchandises, ces frais sont de facto à la charge de l'e-commerçant.

Un professionnel est tenu de rembourser le client dans un délai de 14 jours à partir de la date où il est informé par l'acheteur de sa volonté de se rétracter. Ce délai de remboursement peut être différé si le vendeur récupère lui-même les biens ou à la réception d'une preuve de leur réexpédition par l'acheteur.

La procédure et les conditions de retour doivent être clairement indiquées, notamment pour se prémunir de malversations. Par exemple, un client qui aurait utilisé le produit ou renverrait un article détérioré par ses soins.

Le client internaute dispose bien d'un droit à l'essai des produits, comme il l'aurait dans un magasin, mais si le produit retourné est essayé au-delà de ce qui est normal – vêtement sali par exemple –, alors le vendeur peut être dédommagé. Il est possible de demander au client d'envoyer une photo du produit avant réexpédition pour éviter ce genre de litige. L'e-commerçant peut aussi préciser les cas spécifiques pour lesquels le droit de rétractation n'est pas applicable. En effet, pour s'en prévaloir, un e-commerçant doit les préciser dans les CGV. Il est judicieux de mieux se renseigner sur les exceptions au droit de rétractation[6]. En cas d'absence d'informations sur le droit de rétractation dans les CGV, le délai de rétractation passe de 14 jours à 12 mois.

- **Les clauses abusives**

Un e-commerçant ne peut déroger aux règles du code de la consommation. Il ne peut pas rédiger les CGV comme bon lui semble et insérer des clauses dites abusives qui joueraient en sa faveur. Dans les conditions générales de vente, une clause est considérée comme abusive à partir du moment où elle crée un déséquilibre significatif entre les droits et les obligations des différentes parties liées par ce contrat, ce déséquilibre défavorisant l'acheteur. Certaines clauses sont donc répertoriées par le code de la consommation comme abusives[7].

Un e-commerçant doit être très attentif lors de la rédaction des CGV. En effet, si le contrat contient une clause abusive, celui-ci jouera en faveur du consommateur. Le contrat pourra être frappé de nullité dans son ensemble sans que l'e-commerçant n'ait la moindre possibilité de recours.

La DGCCRF ou la Direction générale de la concurrence de la consommation et de la répression des fraudes peut exiger de l'e-commerçant qu'il supprime une clause abusive dans les CGV. Un entrepreneur individuel ou micro-entrepreneur encourt une

---

[6]https://www.europe-consommateurs.eu/fr/quels-sont-vos-droits/achats-sur-internet/apres-la-commande/droit-de-retractation/exceptions-au-droit-de-retractation/

[7]https://www.legifrance.gouv.fr/affichCodeArticle.do?cidTexte=LEGITEXT000006069565&idArticle=LEGIARTI000006 292911&dateTexte=&categorieLien=cid

amende d'un montant de 3 000 euros, amende qui peut s'élever à 15 000 euros pour une personne morale.

B) La rédaction des CGV

Il peut être tentant pour un e-commerçant de recopier les CGV de vente de sites concurrents en les personnalisant à sa sauce. C'est une fausse bonne idée... Un mot, un signe de ponctuation mal placé, une phrase remaniée peut transformer un article des CGV en clause abusive et avoir des conséquences désastreuses.

S'il manque des mentions obligatoires qui doivent figurer dans les CGV, telles que définies au I de l'article L.441-1 du code du commerce comme :
- Les conditions de règlement ;
- Les éléments de détermination des prix, tels que le barème des prix unitaires et les éventuelles remises de prix.

Ce manquement peut se traduire par une amende administrative d'un montant maximal de 75 000 euros pour une personne physique et de 2 millions d'euros pour une personne morale. Les risques encourus devraient faire réfléchir. Il faut avoir en tête ces risques lors de la rédaction et la publication des CGV sur un site marchand.

Un e-commerçant pour la rédaction de ses CGV à quatre possibilités :

1. Les rédiger lui-même, avec le risque encouru de faire des erreurs qui peuvent coûter cher.
2. Les confier à un juriste, avocat, professionnel du droit du commerce, avec une facture d'honoraires qui peut être élevée.
3. Les rédiger en ligne via les services proposés par des plateformes spécialisées. Services payants, mais abordables.

4. Passer par les CMS, Shopify, Prestashop, Wizishop... qui mettent à la disposition des e-commerçants des conditions générales de vente pour leur boutique, à personnaliser.

Les sites spécialisés recommandables sont entre autres Captain Contrat, qui peuvent élaborer des CGV personnalisées et Contract Factory, qui offre le même type de service à des tarifs raisonnables.

C) Spécificité des conditions générales de vente en B2B

L'e-commerçant qui vend des produits aux professionnels n'est pas tenu d'afficher ses conditions générales de vente en ligne. Néanmoins, il est fortement conseillé de les rendre accessibles si le client les demande. Il est aussi envisageable de les faire figurer au dos ou en annexe des factures envoyées. Pour les professionnels, les informations à faire figurer impérativement dans les CGV sont :

- Les conditions de vente,
- Le barème des prix unitaires,
- Les conditions de règlement avec les pénalités en cas de retards de paiement,
- Les réductions de prix.

L'obligation est faite à l'e-commerçant de communiquer les CGV à tout client professionnel qui en fait la demande.

D) Porter les CGV à la connaissance du client

Une fois les CGV rédigées, l'e-commerçant a pour obligation en B2C de les porter à la connaissance du client. Pour les communiquer, deux solutions s'offrent à lui :

- soit les transmettre au client avant la conclusion du contrat, souvent sous la forme d'une case à cocher : « Je déclare avoir pris connaissance des conditions générales de vente décrites... »,
- soit au moment de la confirmation de la conclusion du contrat, avec l'envoi d'un email de confirmation.

III. LES MENTIONS LÉGALES

Selon les lois en vigueur, la loi no 2004-575 du 21 juin 20049[8], des mentions légales et obligatoires doivent figurer sur un site internet. L'application de ces lois a pour but de contrôler la diffusion d'informations et d'en identifier les auteurs. Elle précise les mentions obligatoires que tout site internet doit comporter. Ces mentions légales sont généralement présentes dans le footer du site ou sont accessibles sur une page distincte en format HTML ou PDF. La loi précise que toute personne physique doit communiquer sur son identité. C'est valable pour les professionnels qui doivent être joignables, tout comme les administrateurs d'un site web doivent l'être en cas de litige.

A) Les informations à communiquer

Pour une personne physique, obligation est faite de faire apparaître dans les mentions légales :

- Nom, prénom
- Adresse du domicile
- Numéro de téléphone
- Adresse email
- Nom de l'hébergeur, les coordonnées de l'hébergeur
- Le numéro de déclaration à la CNIL (Cf. chapitre 8 : le RGPD)

Si ces personnes sont assujetties aux formalités d'inscription au RCS, ce qui est le cas pour un e-commerçant, il faut en plus mentionner le numéro d'inscription au registre du commerce.

Les personnes morales assujetties aux formalités d'inscription au registre du commerce doivent donner, avec le numéro RCS, les informations suivantes :

- Raison ou dénomination sociale
- Adresse du siège social
- Adresse email, coordonnées téléphoniques
- Nom du directeur de publication

---

[8] https://www.legifrance.gouv.fr/affichTexte.do?cidTexte=JORFTEXT000000801164

- Nom, dénomination ou raison sociale, téléphone et coordonnées de l'hébergeur
- Numéro de déclaration à la CNIL
- Le montant du capital de la société

Pour tout savoir sur les mentions à faire figurer sur un site professionnel, il faut se rendre sur le site du service public mentions obligatoires d'un site professionnel[9].

Toutes ces mentions légales pour identifier un professionnel doivent aussi figurer ou être accessibles depuis les pages ou comptes des réseaux sociaux, ou encore depuis les marketplaces. Pour faciliter le travail de rédaction des mentions légales, le recours à des sites gratuits peut grandement aider un e-commerçant. Il s'agit de : Générer des mentions légales[10] et de Générateur de Mentions légales[11].

B) Les CGU

Pour rassurer les utilisateurs, un e- commerçant peut envisager de publier des CGU ou conditions générales d'utilisation. Ces CGU ne sont pas obligatoires, mais recommandées. Elles ont pour objectif de dresser les modalités d'utilisation du site auprès de l'internaute. Le contenu des CGU porte essentiellement sur les fonctionnalités d'un site internet. Par exemple, le traitement des données des internautes et la responsabilité de l'éditeur du site vis-à-vis des utilisateurs. Les CGU peuvent, en cas de litige, permettre à l'éditeur de prouver sa bonne foi en démontrant que les internautes venus sur le site étaient avertis du fonctionnement de la plateforme.

Que faire figurer dans les CGU ?

- En préambule, l'e-commerçant doit expliquer que le texte qui suit concernant les conditions générales d'utilisation est destiné aux visiteurs venus naviguer ou s'inscrire sur le site

[9] https://www.service-public.fr/professionnels-entreprises/vosdroits/F31228
[10] https://www.generer-mentions-legales.com/
[11] 12 https://generateur-de-mentions-legales.com/

et qu'ils s'engagent à le lire et à respecter les conditions d'utilisation.

- Les différents intervenants qui sont autorisés à intervenir sur le site : l'administrateur, le modérateur, les membres ou utilisateurs, les contributeurs...
- Les mentions légales à faire figurer sur le site, dont les CVG, CNIL...
- L'accès au site et les services qui sont fournis en décrivant les finalités du site, les services proposés, les modalités d'utilisation, les conditions d'inscription des internautes via un compte...
- Le droit à la propriété intellectuelle afin de rappeler aux utilisateurs que les contenus sont protégés et que toute reproduction est soumise à l'accord de l'éditeur du site sous peine de sanctions légales.
- Le droit du pays qui est applicable au site, la juridiction à saisir qui est compétente en cas de litige.
- La possibilité de modifier les conditions de la CGU. L'internaute doit savoir que l'e-commerçant se réserve le droit de modifier les CGU.
- Définir les responsabilités de l'éditeur web et celles des internautes qui, en cas de non-respect des CGU, pourraient être bannis du site.

Un e-commerçant qui souhaite publier des CGU sur son site peut avoir recours à un site comme Captain contrat, qui propose ce service de rédaction des CGU.

Entre les conditions générales de vente, les mentions légales et les conditions générales d'utilisation, un e-commerçant doit être vigilant sur ces aspects, obligatoires ou pas. Le recours à un conseil est souhaitable pour établir des CGV, comme il est possible de s'appuyer sur des plateformes pour rédiger les mentions légales ou les CGU. Encore une fois, ces documents engagent l'e- commerçant, il ne faut pas les prendre à la légère, quitte à investir un peu d'argent. Cette façon de procéder sera moins coûteuse et moins risquée que les amendes encourues et que les recours que pourrait avoir le client qui peut, en cas de CGV mal rédigées ou incomplètes, obtenir des réductions de prix, l'annulation de sa commande contre remboursement ou encore exiger des dommages et intérêts en cas de préjudice. Autant bétonner ces aspects législatifs d'un site e-commerce pour éviter plus tard une perte de temps et d'argent pour régler les litiges, parfois devant les tribunaux.

Le succès d'une boutique en ligne ne doit rien au hasard, mais réclame une organisation sans faille depuis la sélection des fournisseurs jusqu'au choix des prestataires pour assurer les livraisons ou les paiements. Mettre en ligne une boutique qui propose des produits ou services à une clientèle ciblée n'est pas suffisant. Nous avons vu qu'un e-commerçant a pour principale mission de faire connaître sa boutique dans la nébuleuse internet ou au moins de la rendre visible à l'audience ciblée. Ce n'est pas une sinécure. Il faut en passer par le webmarketing et l'inbound marketing, l'optimisation SEO, SEA, l'utilisation des réseaux sociaux, des marketplaces ou la création d'entonnoirs de vente. Toutes ces méthodes sont utiles pour être vus, attirer les visiteurs vers son site et les transformer en clients. Une fois ces clients acquis, il faudra les fidéliser et continuer à en acquérir de nouveaux pour développer le chiffre d'affaires.

Enfin, il faut connaître les lois qui régissent le commerce en ligne. Un e-commerçant ne peut pas ignorer les lois du code du commerce et doit être en conformité avec elles, notamment en proposant des conditions générales de vente réglementaires et en respectant l'obligation faite à tout site internet d'insérer les mentions légales.

Tous ces aspects ne doivent pas faire oublier tous les côtés passionnants du commerce en ligne que sont par exemple la recherche de nouveaux produits ou l'acquisition de nouveaux clients et leur fidélisation. L'e-commerce a cet avantage de toucher des domaines variés et intéressants qui évoluent sans cesse avec les habitudes des internautes et les pratiques de la concurrence. Nul doute qu'arrivé(e) à ce stade de la formation, vous connaissez mieux toutes les étapes de la création d'une boutique en ligne. Peut-être faudra-t-il encore vous perfectionner dans l'un ou l'autre des domaines qui ont été traités, voire vous faire assister par un professionnel pour aborder des statuts de société ou valider des

CGV, mais rien ne doit vous empêcher d'aller au bout de votre projet d'e-commerce.

En effet, au-delà de toutes les méthodes marketing et considérations techniques sur la gestion d'un site marchand, l'essentiel pour réussir repose pour beaucoup sur la volonté et la motivation du créateur. Sûrement que des obstacles se dresseront devant vous avant de mettre en ligne votre site et de faire les premières ventes, puis d'autres obstacles que vous ne soupçonnez même pas surgiront avec les clients, les prospects, les partenaires, les législateurs, les concurrents... C'est ce qui fait tout le sel du commerce en ligne et de ce métier indépendant et passionnant : e-commerçant.

Dans un contexte hautement concurrentiel dominé par des géants de l'e-commerce, il reste des places à prendre sur des marchés de niche. Être professionnel, persévérant et attentif aux clients et cela permettra d'avoir une place de choix dans l'e-commerce.

Conclusion

Dans ce chapitre, nous avons abordé les principaux aspects législatifs et juridiques d'une boutique en ligne. Pour commencer, ce sont les différents choix de statuts juridiques à adopter dont il a été question. Micro-entrepreneur ou gérant majoritaire de SARL, le choix tient souvent aux objectifs de chiffre d'affaires et aux considérations fiscales et patrimoniales les mieux adaptées à la situation du créateur. Par ailleurs, nous avons vu l'importance que revêtent la rédaction et la mise en ligne des conditions générales de vente et des mentions légales d'un site e-commerce. Des points sensibles qui de préférence doivent être abordés et validés par des spécialistes des questions juridiques relatives au commerce en ligne ou électronique.

CHAPITRE 11 : E-PUBLICITÉ ET E-COMMERCE, LE MIX GAGNANT

I) STRUCTURATION ET ENJEUX

Le e-commerce initialement présenté comme terrain de prédilection des start-up est aujourd'hui le champ d'investigation d'acteurs très variés. On les distingue traditionnellement selon leur forme de distribution et leur histoire. En synthèse, les « *pure players* » : nouveaux arrivants nés sur le Net ont une activité commerciale exclusivement en ligne (ex. : Amazon, eBay, RueDuCommerce, *etc.*) ; ils sont parfois qualifiés de « *pure click* ». Les entreprises « click and mortar » ou « brick and click » sont des distributeurs hybrides qui associent Internet aux canaux traditionnels (ex. : Fnac, La Redoute, SNCF, *etc.*) par rapport aux distributeurs traditionnels dits « *brick and mortar* ».

Après un engouement pour la stratégie « pure click » et le fantasme de « la fin des magasins » au début des années 2000, la tendance est à l'hybridation : les « vieilles » entreprises peuvent de plus en plus difficilement se passer d'Internet et d'anciens *pure players* ont ouvert des magasins et des points de contact « physique ». Mais la formule est coûteuse et certains font marche arrière (ex. : Pixmania).

À l'exception des Amazon, eBay ou Expedia (leader mondial des agences de voyage) qui occupent les devants de la scène médiatique, les grands acteurs du e-commerce sont très majoritairement des entreprises traditionnelles converties au click and mortar. Mais les pure players représentent bel et bien l'essentiel du marché (en France en particulier où les pure players ont doublé leur part de marché durant les années 2000. En pratique, ce sont des micro-entreprises, le plus souvent indépendantes. Un regard plus précis sur les modèles d'affaires permet de mieux comprendre les stratégies des acteurs, leurs intérêts et limites dans le contexte actuel.

Avant d'examiner plus en détail ces business models, retenons que des acteurs spécialisés et situés tout au long de la chaîne de valeur interviennent pour épauler les e-commerçants. Ils peuvent prendre en charge des missions spécifiques telles que :

- la conception de site Web : de nombreuses sociétés spécialisées accompagnent et réalisent tout ou partie des sites Web marchands (designers, développeurs, ergonomes spécialisés dans les interfaces, etc.) ;
- l'hébergement de site Web : il peut être réalisé en interne ou avec un prestataire spécialisé ; parfois, les sociétés qui développent proposent aussi d'héberger même si cela devient plus rare ;
- le référencement : le référencement est devenu un enjeu clé de l'e-marketing : il doit assurer l'accessibilité et la visibilité du site sur les moteurs de recherche et les annuaires;
- le paiement en ligne : des solutions sont proposées par les banques et des acteurs spécialisés (ex. : Paypal, moneybookers, Paysite Cash, *etc.*) ;
- l'affiliation, la publicité et plus généralement la communication en ligne : ces responsabilités marketing sont assurées par des agences de communication spécialisées, des Web agencies et des régies publicitaires;
- l'e-mailing et la gestion de programmes promotionnels ;
- la logistique (de l'approvisionnement à la livraison en passant par la gestion des stocks) ;
- la gestion de la relation client (outils de CRM et marketing relationnel – programmes de fidélisation et de personnalisation) ;
- les études en ligne.

Des métiers encore plus spécialisés sont apparus ces dernières années (ex. : community management) et d'autres apparaîtront sans nul doute. Cela s'explique par le fait que l'e-publicité est très récent et par un double mouvement de forces opposées. D'une part, les domaines sont de plus en plus techniques et spécialisés (Webdesign, ergonomie, conception d'outils d'aide à la décision, « nommage » de site, data mining, affiliation, *etc.*).

D'autre part, la pratique de l'e-publicité implique des approches de plus en plus globales qui intègrent des compétences dans des domaines de plus en plus variés.

A) L'e-commerce en quête de business models

Business models, business modèles, modèles économiques, modèles d'affaires… Que l'expression soit anglo-saxonne, francophone ou mixte, l'émergence du e-commerce s'est accompagnée d'un emploi généralisé de ce « concept » hybride qu'est le business model. Il s'agit essentiellement de concevoir la chaîne de valeur, de préciser les sources de revenus et la rentabilité potentielle. De nombreuses approches sont proposées par les spécialistes du e-commerce, selon l'angle de vue privilégié : financier, technologique, stratégique, marketing… L'articulation plateforme technique/services associés est souvent retenue par les médias. On parle ainsi de modèles de portail, d'annuaire, de site communautaire, de comparateurs de prix, de site marchand, de réseaux socionumériques *etc*. Pourtant, cela n'indique en rien les sources de revenus ou la chaîne de valeur. Lorsque Hagel et Armstrong (1999), alors consultants de McKinsey, écrivent Net Gain et présentent le modèle des communautés virtuelles, par exemple, il s'agit de fidéliser des catégories de population en leur offrant gratuitement une grande richesse d'information et des possibilités d'échanges sur leur centre d'intérêt commun. La rentabilité provient alors de revenus de publicité et de distribution liés à l'accès privilégié à une communauté très ciblée. Ils ne présentent donc pas un business model de communauté virtuelle en tant que tel pas plus qu'il n'en existe un pour les sites marchands ou les médias socionumériques.

Les économistes, industriels en particulier, se sont intéressés à la question des business models sur Internet et à cette « nouvelle économie » (Malin et Pénard, 2010 ; Brousseau et Curien, 2007 pour une analyse plus avancée). Isaac et Volle (2014) proposent également plusieurs typologies des modèles d'affaires. L'approche consistant à définir les modèles du commerce électronique sous l'angle de la médiation entre producteur, distributeur et consommateur est particulièrement adaptée à l'e-publicité et s'inscrit bien dans l'analyse historique. On peut ainsi distinguer quatre modèles : la désintermédiation, la réintermédiation, la rétromédiation et le modèle multicanal. Cependant nous n'allons pas les présenter ici, mais revenons sur l'un des modèles les plus populaires et controversés, celui de « la longue traîne ».

Le tournant vers l'Internet commercial

Les « usages commerciaux » de l'Internet peuvent être entendus et appréhendés en un double sens. Il s'agit, d'une part, de la privatisation progressive d'infrastructures développées à l'origine par le monde de la recherche, avec la mise en place d'une offre commerciale d'accès à Internet. Ce premier volet peut être qualifié de « privatisation » de l'Internet. D'autre part, le tournant commercial évoque également l'autorisation et le développement d'usages commerciaux qui vont chercher à tirer parti de l'Internet. Ce projet s'incarnera explicitement à travers les notions d'e-marketing et d'e-commerce.

Bien sûr, le commerce en ligne stricto sensu ne commence pas avec Internet puisque l'utilisation de réseaux de télécommunication et en particulier du téléphone permettait déjà l'achat à distance en ligne depuis de nombreuses années, pour les particuliers, comme pour les entreprises. Ces dernières ont de plus procédé par échange de données informatisées (ou electronic data interchange – EDI) dès les années 1980. Côté utilisateurs, les Français ont bénéficié de l'expérience du Minitel dès 1982. On conviendra donc ici que l'e-commerce est entendu en tant que commerce en ligne par Internet auprès de particuliers. C'est la conception retenue aujourd'hui par l'ensemble des acteurs qui traitent séparément du BtoB (cf. introduction pour plus de détails concernant les définitions du e-commerce et du e-marketing).

A_1- Le modèle de la longue traîne ?

En faisant un classement décroissant des meilleures ventes, on observe généralement un marché constitué par quelques produits leaders (tête) et par une infinité de niches (traîne). Le modèle de la « *longue traîne* » (long tail) proposé par Chris Anderson, rédacteur en chef de Wired, dans un article[12] (2004) puis développé dans un livre (2006) défend l'intérêt des multiples produits mal classés par rapport aux quelques produits en tête des ventes, faisant écho à la loi des 20/80 de Pareto. Il s'agit de tirer profit de cette infinité de produits mal classés puisqu'ils deviennent plus facilement rentables commercialement grâce aux NTIC, explique-t-il. La longue traîne repose finalement sur une idée simple : la baisse des coûts grâce aux TIC et à Internet en particulier (coûts de production, de distribution, d'acquisition des clients, de promotion, de communication, *etc.*). Ce n'est pas la seule idée, mais elle est centrale dans la thèse d'Anderson. Nous retenons en effet que le ciblage et la prospection de clients intéressés par des thèmes très précis sont facilités sur Internet, grâce notamment aux forums spécialisés et aux communautés en ligne (consacrés à une infinité de sujets) et à l'e-mailing, dont le coût est bien plus faible que le marketing direct traditionnel. Mais il faut aussi noter qu'Anderson retient essentiellement des exemples issus des industries de la culture (musique, cinéma, édition de livres, *etc.*) où les produits sont numérisables et donc facilement distribuables en ligne. Toutes les industries ne peuvent bénéficier de la même façon de la numérisation, de la dématérialisation et de la distribution en ligne.

B) La question des médiations au cœur des business models

La désintermédiation est « le » modèle que tous les pionniers envisagent dès l'origine du e-commerce. L'idée centrale est très claire : Internet va permettre de supprimer un grand nombre d'intermédiaires et de faire beaucoup plus de vente directe (suppression de distributeurs notamment). Les principes associés

[12] Une traduction française de l'article originel est en ligne sur le site www.internetactu.net.

renvoient à la fabrication à la commande, à l'achat en flux tendus et au stock zéro (ou faible), entrainant une réduction des besoins en fonds de roulement (BFR) et des invendus – en particulier lorsque le paiement s'effectue dès la commande ce qui est le plus fréquent.
L'entreprise Dell est la figure de proue de ce modèle de désintermédiation. L'ouvrage *Direct from Dell* (1998) qui présente la « recette » de vente directe pour les producteurs et qui fit le succès de l'entreprise auprès du grand public est ainsi la référence en la matière. Mais on notera que Dell a effectué un virage stratégique important en 2007 et a abandonné, entre autres, son principe de vente directe. Si le principe est séduisant, en définitive, très peu d'entreprises ont pu suivre ce modèle même si des secteurs comme l'informatique ont été profondément marqués par la désintermédiation. Sa mise en œuvre est en effet très complexe. Elle implique :

- une infrastructure très spécifique (supply chain), coûteuse et sophistiquée ;
- une marque forte puisque le client doit directement aller sur le site du producteur ;
- des achats à forte valeur ;
- un avantage de prix pour le client (ex. : Dell a supprimé les coûts liés aux intermédiaires et proposait des produits hi-tech pour le même prix).

Dell 2007 : un virage stratégique

Alors que Dell était parvenu à devenir numéro un mondial parmi les constructeurs d'ordinateurs avec un modèle de désintermédiation, celui-ci finit par atteindre ses limites. En 2007 la société perd sa place de leader mondial du marché des PC au profit de Hewlett-Packard. De retour à la direction de la société, le fondateur Michael Dell impose un virage stratégique majeur.

Afin de se développer sur le marché grand public, Dell adopte le principe de la vente indirecte et signe plusieurs accords de distribution avec des grandes chaînes de magasins tels que Wal-Mart aux États-Unis, Tesco en Grande-Bretagne, Gome en Chine ou Carrefour en France. Une partie de la production est délocalisée : des usines sont ouvertes en Asie. La conception du système de production et la chaîne logistique sont entièrement modifiées. Dell abandonne son système de production en flux tendus et décide, contrairement au modèle initial, de fabriquer à l'avance, de constituer des stocks, et en conséquence de gérer de nouvelles relations avec ses distributeurs (promotion, invendus...).

Source : Dell.fr.

La réintermédiation correspond à la création de nouveaux intermédiaires le long de la chaîne de valeur. Alors que tous les experts envisageaient une vague massive de désintermédiation, la réintermédiation a été la source de multiples innovations. C'est en effet le modèle privilégié d'un grand nombre de start-up dès la fin des années 1990. De nombreux sites se situent ainsi entre le client et le producteur ou entre le client et le distributeur, faisant apparaître un nouvel intermédiaire. Cette nouvelle intermédiation peut prendre plusieurs formes :

- la mise en contact d'acheteurs et de vendeurs (ex. : Le Bon Coin, eBay, les portails tels que Yahoo shopping, les galeries marchandes, places de marché [9]
- Pour une analyse des business models des places de marché..., les sites d'achat groupé tel que Groupon, de

courtage en ligne pour l'assurance, l'immobilier, les voyages – ex. Priceline) ;

- l'agrégation de l'offre et de la demande (ex. : sites comparateurs tels que Kelkoo, MonsieurPrix, LeGuide, Acheter-moins-cher, Twenga...) ;
- des labels de confiance et de garantie (ex. : Verisign) ;
- des services : service de cotation des vendeurs sur eBay, service de boutique professionnelle pour les vendeurs (sur PriceMinister également) ; services de paiement (ex. : Paypal, Paybox).

Le terme « infomédiaires » est souvent employé pour qualifier les intermédiaires qui apportent ou gèrent de l'information utile à la relation marchande (grâce à des labels, de la gestion de données, des comparaisons...).

On parle de rétromédiation quand le producteur devient l'intermédiaire entre le client et le distributeur. Le producteur (ex. : constructeur automobile) établit un contact direct avec le client grâce à un site Web de marque. Il offre des informations sur les produits, des conseils et peut développer des actions marketing en ligne (fidélisation, promotion, etc.) mais ne propose pas de vente directe. Il renvoie vers les points de vente (magasins réels ou sites Web). Ce sont bien les distributeurs qui réalisent la transaction finale. C'est typiquement le cas de Renault, qui sait qu'une présence affirmée en ligne est indispensable (qui achète encore une voiture sans rechercher des informations sur Internet ?) mais ne souhaite pas vendre directement sur son site Web. Le site sert à renforcer le réseau et il n'y a pas de conflit avec les concessionnaires. Levi's, qui avait initialement tenté de vendre directement en ligne, s'est aussi inscrit dans cette stratégie pour éviter les conflits avec ses distributeurs, avant de finalement revenir à la vente en ligne.

Une forme dérivée peut également être proposée par les distributeurs afin d'assurer une présence sur Internet, devenue cruciale, et renforcer le lien avec la clientèle. La démarche peut d'ailleurs s'inscrire dans une stratégie collective comme l'illustre le site Web Lalibrairie.com qui regroupe 1 500 libraires indépendants et propose un catalogue de plus d'un million de références. Si la commande et le paiement s'effectuent bien en ligne, le client devra ensuite se rendre dans la librairie partenaire la plus proche pour retirer le livre commandé.

Le modèle multicanal correspond à la vente par Internet et par d'autres canaux. Il s'agit en fait d'une vaste famille de modèles où peuvent être associés vente en magasin, par correspondance (VPC), en porte-à-porte, par Internet... Compte tenu de l'investissement financier et organisationnel d'une telle stratégie, l'entreprise doit chercher à accroître le service aux clients, fidéliser, recruter de nouveaux clients et développer des ventes : il s'agit d'une stratégie de développement et de croissance. Mais il ne suffit pas d'additionner les canaux. Il faut penser et gérer leur complémentarité, leurs synergies et prévenir les risques de conflit et de cannibalisme entre canaux de distribution. La cohérence du marketing mix (notamment des prix) au sein des différents canaux peut se révéler difficile à maitriser. Tous les secteurs d'activité sont concernés par ce modèle, de la VPC (ex. : La Redoute, acteur majeur de l'e-commerce en France) aux Cybermarchés (Houra avec Cora, Ooshop et Boostore avec Carrefour, Auchandirect – cf. Supermarche. tv pour une comparaison), en passant par les médias (presse, télévision – ex. : Le Monde, TF1, M6) ou la distribution (ex. : Fnac). Les dernières années du e-commerce indiquent clairement que le comportement des clients est lui-même résolument multicanal et qu'ils attendent une qualité de service équivalente dans tous les points de contact *online* et *offline*.

C) La gratuité, une forme de l'e-publicité en controverse

Sur Internet, la gratuité est la norme : tel est l'adage communément répandu, ce qui n'est pas fait pour faciliter le commerce en ligne. À moins d'intégrer la gratuité comme élément du business model lui-même. C'est l'idée provocante et stimulante de l'ouvrage Free! de Chris Anderson (2009), où il pointe les enjeux d'une économie sur Internet qui pratique souvent un « prix radical » : gratuit pour les internautes-consommateurs. Partant de cette contrainte, la rémunération doit provenir d'autres sources. En considérant ce « marché », il rappelle en fait une des questions centrales du marketing mix : qui paye quoi ? (et à qui ?), sachant que les internautes sont de plus en plus habitués à la gratuité de l'usage (ex. : Google, Facebook, MSN, etc.). Il faut aussi signaler l'analyse proposée par Bomsel (2007) sur le déploiement de l'économie numérique dans un contexte de gratuité. Il associe avant tout la gratuité à « l'effet de réseau » : l'utilité des innovations numériques croît avec le nombre d'utilisateurs. Bomsel explique ainsi la course effrénée d'un grand nombre d'entreprises afin d'atteindre au plus vite une taille critique (l'exemple des médias socionumériques s'inscrit bien dans cette logique). Il s'agira ensuite de rentabiliser cette audience, mais la première conquête est bien organisée autour de la gratuité. Bomsel voit dans cette approche économique une nouvelle étape où le « gratuit » se substitue aujourd'hui au « moins cher » à l'époque du fordisme.

Le succès de plateformes socionumériques comme LinkedIn ou Viadeo a également participé à des formules hybrides qualifiées de *freemium*[13]. Il s'agit de combiner les avantages d'une offre gratuite pour le plus grand nombre, typique de l'économie des médias (l'audience générant des revenus publicitaires), et des services supplémentaires dits premium qui seront alors payants. L'objectif est alors de diversifier les sources de revenus. Historiquement, rappelons que la recherche d'une large audience afin de générer des revenus à travers la publicité n'est pas née avec les médias socionumériques. Ni même avec la télévision ou la radio. La presse bon marché, financée par la publicité afin de réduire le prix des abonnements, apparaît en France vers 1840. Il s'agit, déjà, de diversifier les sources de revenus.

Avec le Web 2.0, il n'y a pas de client isolé, ni même de segments distincts. Les audiences interagissent. Elles se constituent dans une écologie fragile, les connaisseurs des systèmes dynamiques en apprécient la nature, celle des interactions et des effets papillons. La communauté qu'on abreuve quotidiennement d'informations dans une plateforme sociale interagit avec son cercle d'amis, qui sera d'autant plus sensible à ces relais qu'il entend par ailleurs le bruissement de la marque. Dans cette perspective, il n'y a plus de segments isolés, mais des groupes qui interagissent. L'action

[13] Freemium : néologisme provenant de la contraction de « free » et de « premium ».

sur l'un a des effets indirects sur l'autre, et le mix des médias doit avoir pour finalité de produire les interactions les plus positives possibles.

Comprenons qu'avec cette idée il faut abandonner la conception traditionnelle de la segmentation pour adopter un point de vue écologique. En segmentant, il ne s'agit pas d'isoler un groupe qui réagit de manière homogène à un programme d'action donné, mais d'isoler des groupes qui ont un profil spécifique d'influence. Le but pour chaque segment est d'obtenir un certain degré de recommandation qui influence les autres segments.

Les médias eux-mêmes interagissent. L'opération de relation publique fournit aux sites Web la matière à un contenu. Les articles et documents du site sont matière aux retweets et aux mises à jour des médias sociaux, cette matière suscite des commentaires, des approbations et des actions. Les médias absorbent, digèrent, transforment le contenu d'autres médias. Ils se hiérarchisent dans un rapport de production, de transformation et d'autorité. Les blogs par exemple deviennent les éléments de référence qui fournissent un contenu souvent condensé aux médias sociaux. Les médias ne sont pas pour autant obsolètes, ils peuvent contribuer aussi à ce travail de mobilisation, même si le plus souvent leur rôle restera, de manière traditionnelle, de renforcer la notoriété et l'image, de favoriser l'acquisition de nouveaux clients. De nombreuses campagnes aujourd'hui ont pour finalité d'amener les consommateurs vers les sites Web.

Cas d'entreprise

Le business model de Viadeo
Entretien (extrait) avec Olivier Fecherolle, directeur général de Viadeo France et responsable marketing Europe
« – Pouvez-vous présenter Viadeo et son modèle d'affaires ?
– Tous les lecteurs doivent déjà connaître et j'espère être inscrit sur Viadeo ! Je vais donc tout de suite vous parler de notre business model. Il est assez équilibré, par rapport à d'autres réseaux socionumériques, avec d'un côté des abonnements premiums qui représentent 50 % des revenus. Ici, nous nous appuyons sur un modèle freemium typique de l'économie Internet d'aujourd'hui : une inscription gratuite, un premier niveau d'usage gratuit et un niveau d'usage supérieur avec fonctionnalités réservées aux membres qui souscrivent un abonnement payant. D'un autre côté, 50 % des revenus proviennent du BtoB avec d'une part, la publicité – nous disposons d'une régie intégrée à destination des annonceurs - et d'autre part, les recruteurs. Nous proposons la publication d'offres d'emplois et l'identification de profils, de talents, de compétences sur la base de données Viadeo. À titre de comparaison, les revenus de LinkedIn proviendraient essentiellement d'abonnements des membres et des recruteurs. »

Source : Stenger T., Coutant A. (2013), « Les sites de réseaux sociaux professionnels au service du marketing : le cas Viadeo, *Communication & Organisation*, 43, 283-289.

Quel que soit le business model retenu, les revenus peuvent provenir de la publicité, du sponsoring, d'alliances qui conduisent à partager les coûts, d'un système d'adhésion ou d'abonnement, de la constitution de bases de données avec la revente ou la location à des tiers d'informations accumulées, de la vente d'informations, de commissions sur les transactions (en particulier dans les ventes CtoC), des orientations vers d'autres sites Web, de l'affiliation... et bien sûr de la vente de produits ou services en ligne.

Cette variété des sources de revenu pourrait être la clé pour les entreprises d'e-commerce car, en période de crise économique, la seule activité de vente de produits en ligne semble difficilement permettre d'atteindre l'équilibre. On observe ainsi un glissement des business models du commerce vers les modèles hérités de l'économie des médias (presse, radio, télévision, etc.) focalisés sur l'audience (source de revenus publicitaires). Les poids lourds du secteur ne sont pas exempts puisqu'ils sont de plus en plus nombreux à « monétiser » leur trafic auprès de sites tiers (ex. : Amazon, PriceMinsiter, CDiscount...) – certains comme RueDuComemrce ont intégré leur propre régie publicitaire – et même leurs données clients. Notons d'ailleurs que le nombre de visiteurs uniques (VU) demeure un des critères majeurs – si ce n'est le critère – de l'économie Internet. La rentabilité des sites marchands reste toutefois un sujet délicat ; il est bien difficile d'obtenir des informations détaillées même si certaines entreprises communiquent volontiers sur leurs bénéfices (ex. : CDiscount, Vente privée, *etc.*).

II) PUBLICITÉS ET SITES MARCHANDS : ENTRE ENTHOUSIASME ET EUPHORIE

L'année 1995 est cruciale : cette année-là apparaissent officiellement les premières publicités sur des sites marchands et des sociétés comme Amazon, eBay et Yahoo! Si dès 1995 Yahoo! fait place à la publicité, il est important de noter que les agences de publicité et de marketing traditionnels étaient certes intriguées mais prudentes face au potentiel de la publicité en ligne. La société DoubleClick engage en 1996 un tournant fondateur avec sa division BtoB, Poppe Tyson, une des premières agences de publicité « traditionnelles » à proposer des sites Web d'entreprises et des campagnes de publicité en ligne (notamment pour Hewlett Packard, Intel et les premiers sites Web officiels de l'administration Clinton). Un accord avec Netscape, qui domine alors le marché des navigateurs, permet à l'entreprise d'assoir son succès en proposant de vendre des espaces publicitaires en échange d'une commission versée à Netscape (Crain, 2013).

Lors des premières heures de l'Internet grand public et du commerce en ligne sur la toile, on assiste à une surenchère de prédictions et de prévisions fantaisistes. Des experts déclarent tour à tour la disparition du guichet, du catalogue, du vendeur, voire même du magasin. Les apôtres de la « nouvelle économie » envisagent des changements radicaux en particulier pour les entreprises, d'où la généralisation du terme e-business (avec IBM), qui est finalement beaucoup moins répandu aujourd'hui que celui d'e-commerce. Ces espoirs sont aussi relayés par le monde politique et les pays de l'OCDE connaissent presque tous des plans destinés à développer ce que l'on appelle encore au milieu des années 1990 les « autoroutes de l'information ». Bill Clinton et Al Gore ne seront pas les seuls à les mettre avant. Le rapport européen Bangeman comme celui de Gérard Théry en France (respectivement en 1994 et 1995) montre l'enjeu que deviennent ces « autoroutes de l'information » dans une période où la dérégulation des télécommunications et la croissance de l'équipement informatique contribuent à susciter l'intérêt des gouvernements. En 1998, Bill Clinton signe l'Internet Tax Freedom Act, un signal fort envoyé par les États-Unis en faveur du potentiel marchand du Web.

Il faut ajouter que les débuts du commerce électronique sont marqués par des difficultés méthodologiques, qui vont de la simple définition des nouveaux termes (internaute, compte-client, internaute régulier, compte actif, etc.) aux techniques et indicateurs de mesure. En conséquence, les chiffres très approximatifs diffusés par la presse et les cabinets d'étude entraînent une certaine confusion. L'exemple du nombre d'internautes dans les années 2000 est symptomatique. Face au manque de définition homogène de ce qu'est un internaute, les organismes (institut de sondage, INSEE, association des fournisseurs d'accès...) proposent des chiffres qui vont du simple au double. Cet exemple illustre d'ailleurs la nécessité de veiller scrupuleusement à l'emploi de concepts et termes clairs, et de bien identifier la méthodologie employée lors des enquêtes, études et analyses qui abondent sur la toile.

L'apprentissage du e-commerce par les professionnels et par les consommateurs se fait ainsi progressivement. Si l'année 1995 marque l'arrivée du « big four » (Amazon, eBay, Yahoo! et Expedia) aux États-Unis, le démarrage est plus tardif en France. Il peut être mis en relation avec la frilosité des prestataires de services qui ont connu la « poule aux œufs d'or » qu'est le Minitel. Si certains, à l'instar de Xavier Niel (entreprise Iliad et son célèbre annuaire inversé sur Minitel, le 3617 Annu), Jean-David Chalumeau (AlloCiné), et Denys Chalumeau (Seloger) se convertissent rapidement à Internet, beaucoup sont conscients des difficultés à entrer dans un nouvel écosystème au modèle économique et de paiement incertain (Thierry, Schafer, 2012).

Mis à part quelques exceptions comme Alapage, fondé en 1996, il faut attendre la fin des années 1990, voire le début des années 2000, pour voir apparaître la plupart des e-commerçants d'aujourd'hui : iBazar en 1998 (racheté en 2001 par eBay), Cdiscount en 1998 (filiale du groupe Casino depuis 2000), Aucland, Kelkoo et RueDuCommerce en 1999, Pixmania et PriceMinister (racheté en juin 2010 par Rakuten : n° 1 du e-commerce au Japon et parmi les leaders mondiaux) et Assurland en 2000, année de lancement d'Amazon, Vente-privée et Meetic en 2001. L'arrivée des cybermarchés intervient également à partir de 1999 avec Ooshop (Carrefour) puis Houra.fr, Cora, Telemarket, Auchandirect, *etc.* Du côté des distributeurs traditionnels, Darty.fr est créé en 1999, Voyages-sncf.com en 2000.

III) L'E-PUBLICITÉ EN TEMPS RÉEL

Ce qui vaut pour l'espace vaut aussi pour le temps. Si historiquement le marketing s'est développé en agissant contre le temps, essayant d'y échapper en créant des empreintes qui durent – l'image de marque en est le meilleur exemple – l'environnement numérique en abolit l'effort.

Toute la doctrine relationnelle s'est construite sur l'idée qu'en développant la confiance, le sentiment d'engagement, il était possible d'échapper à la contrainte de l'immédiat. La force des marques est d'échapper à la conjoncture, au hasard de la transaction. Mais ce que l'environnement digital propose est bien différent. La montée en force de réseaux tels que Twitter, dans une moindre mesure celle de Facebook, favorise l'information immédiate. Mais c'est sans doute avec les objets digitaux (montres et bracelets) et les applications en temps et lieux réels, telles que Google Now, que cette tendance va s'exprimer avec sa pleine force.

Cette évolution implique pour les publicitaire et les marketeurs que la relation ne peut pas seulement être saisie dans l'immanence d'une attitude – la confiance, le respect, l'amitié, l'attachement, etc. – mais aussi dans l'immédiateté de l'action.

À la gestion de la relation s'ajoute une gestion des contacts. La relation ne se définit plus comme une atmosphère, comme un état persistant, mais comme l'ensemble des interactions qui sont inférées par les achats, avant et après, et qui participent à l'expérience de consommation. Le succès d'Amazon.com est associé à la capacité de donner au client les informations pertinentes sur l'état de sa commande. D'heure en heure, l'informer de ce qu'il advient d'un colis, assurer du moment de sa livraison mais aussi de ses retards. Les entreprises de transport sont directement frappées par ce phénomène. La qualité de leur service dépend non seulement de l'exactitude des horaires, mais aussi de la capacité à donner en temps réel l'information sur les retards.

Mais ce temps réel conduit à une surcharge informationnelle (Klinger 2009) qui pourrait dépasser toutes les capacités de traitement de l'information des consommateurs. On produit beaucoup plus que ce qui peut être absorbé et la probabilité de percevoir une information est de plus en plus faible, incitant les marques à accroître la fréquence d'apparition au risque de susciter le rejet, les effets de filtrage, sans compter le désarroi que provoque la surcharge informationnelle, dont les psychologues ont montré dans d'autres environnements qu'elle était source de stress, et de mauvaise performance.

Nous l'avons déjà souligné plus haut, cette intensification de la communication conduit à une évolution des modalités du discours qui tend à se sérialiser. Le modèle du *storytelling* en donne une indication, mais c'est sans doute dans les formes de la *novela* et du feuilleton que l'on trouve l'orientation : la répétition est une variation. Le rythme et la régularité ne sont pas suffisants, le motif est aussi nécessaire. Communiquer fréquemment implique de communiquer avec des motifs suffisants : le contenu devient essentiel. Pour maintenir le droit à communiquer avec le cœur de clientèle, il ne s'agit plus seulement d'obtenir la permission, mais de maintenir la légitimité du discours en le justifiant par un apport continu d'information et de documentation.

De ce point de vue, deux directions différentes mais complémentaires risquent d'engager les politiques de gestion de la relation client et l'évolution des systèmes qui les implémentent. La première réside dans ce paradoxe que donner du contenu ne doit pas signifier encombrer les canaux. La solution réside dans la mise à disposition de bibliothèques, de médiathèques, accessibles, faciles à consulter, et enrichies continûment. Le temps réel, pour être supportable, doit aussi être un temps arrêté et maîtrisable. La gestion des documentations risque d'être un instrument marketing considérable. La seconde tient dans la réalisation de cette idée d'*empowerment* (Fuchs, Prandelli et Schreier 2010). Il s'agit de donner le contrôle au client pour régler non seulement le rythme des interactions, mais lui donner les moyens de contrôler son expérience de consommation. La réinvention du self-service au travers de la notion de *self-care* participe à cet effort. Dans le domaine des services, cette perspective offre un potentiel immense. Le retour d'information instantané sur la consommation va devenir la règle et la clé d'une gestion juste de la relation. Ces perspectives aujourd'hui, sur un plan technologique s'inscrivent dans la perspective du *big data*.

L'environnement digital, s'il propose de nouvelles opportunités à la gestion de la relation client en générant de nouveaux services, en permettant une communication plus contextualisée, en offrant une disponibilité de tous les instants et en tout lieu, amène aussi de nouveaux risques pour l'entreprise :

- L'environnement digital incite à intensifier et à individualiser la communication au risque de susciter des résistances et un sentiment d'intrusion de la vie privée.
- Il peut réduire la qualité affective de la relation en encourageant l'usage d'interfaces automatisées et perçues comme déshumanisées.
- Il donne un nouveau pouvoir de choix au consommateur.

- Il suscite de nouveaux critères de segmentation : celui du degré de participation et d'engagement.
- Il génère un filtrage de la communication, réduisant l'accès au client.
- Il génère une surcharge informationnelle.

De manière synthétique, l'environnement digital affecte la gestion de la relation de deux manières. Elle en systématise les principes : plus que jamais il est nécessaire et possible de renforcer la relation en lui donnant une matière et un contenu, plus que jamais il est nécessaire et possible d'individualiser cette relation, plus que jamais il est nécessaire et possible d'accroître le rendement des politiques d'acquisition. Mais en même temps, ce nouvel environnement en fragilise les conditions de réalisation. La relation se fragmente, l'individualisation sépare, et l'acquisition est de plus en plus difficile. Pour faire face à ces paradoxes, la doctrine de la gestion de la relation client nécessite par conséquent un certain nombre d'inflexions et des réorientations dans sa mise en œuvre.

La base de données clients reste toujours la colonne vertébrale de la stratégie et le système CRM est toujours aussi nécessaire, mais il doit être élargi en véritable système de Customer Community Management. Des systèmes ouverts – à d'autres systèmes d'information, y compris les systèmes d'information des clients – sont nécessaires. L'unité de l'individu a peut-être perdu de sa pertinence, et c'est sans doute celle de microréseau qui doit être prise en compte : celui du client et de son entourage.

La cohérence des programmes relationnels est un élément clé, mais plus importante encore est la capacité de construire des structures relationnelles solides, durables, qui prennent la forme d'espaces clients. Le design des interfaces joue dans ce domaine un rôle fondamental : utilité, facilité d'utilisation, jouabilité, sensorialité, contrôlabilité, présence sociale en sont les traits principaux. L'enjeu est la confiance dans les interfaces en plus de la confiance dans la marque.

Structurer les clientèles en une véritable société, bien au-delà de l'illusion participative. Certains clients sont des aficionados, d'autres des visiteurs occasionnels mais reconnaissants, d'autres militent, d'autres critiquent, certains recommandent, certains sont proches, d'autres sont loin, certains veulent se rapprocher, d'autres juste garder un contact. Ils peuvent vouloir se retrouver, échanger, et réclamer. Si l'idée de communauté de marque reconnaît qu'une fraction des consommateurs peut renforcer son adhésion à la marque en partageant avec les autres amateurs son amour de la marque, l'enjeu va désormais au-delà, il est d'organiser les clientèles, de les structurer, de les hiérarchiser, d'animer les interactions entre les différentes populations et les parties prenantes.

Dans ce flux abondant de l'information produite par les médias électroniques, la marque doit assurer une présence continue par son contenu. Vidéos, slides, white papers, articles scientifiques techniques, animations, blogs, images, musiques. La production de contenus associés à la marque est nécessaire pour nourrir la relation.

Donner au client les moyens de contrôle de sa propre expérience de consommation est un enjeu essentiel pour ne pas perdre le contrôle du consommateur.

L'environnement digital fait évoluer la relation client dans une direction finalement assez lisible. Le contrôle des canaux one to one, même pleinement interactifs, n'est plus suffisant. C'est l'environnement social lui-même qui doit être pris en charge : créer des espaces publics où les clients se retrouvent, échangent, s'organisent, prennent la parole, en créer d'autres qui servent de points de référence, catalogues, encyclopédies, vitrines officielles, et tolérer les groupes qui se constituent en marge de l'édifice : associations, hackers et autres activistes.

Organiser les communautés est le nouveau souci du CRM. La question du respect (de la vie privée, des opinions, du niveau de sollicitation souhaité) est plus que jamais fondamentale pour maintenir le niveau de confiance à travers la multiplicité des canaux et le tissu social. La continuité, la richesse, l'instantanéité du contenu et des transactions en forment une troisième nécessité. Structurer la communauté, respecter l'intimité, enrichir la conversation et donner le contrôle sont désormais les impératifs d'une politique de gestion de la clientèle actualisée.

IV) E-PUBLICITÉ ET E-COMMERCE : LE DÉVELOPPEMENT D'UN CHAMP DE RECHERCHE

E-publicité et e-commerce constituent un champ managérial tout à fait nouveau et un champ académique encore plus récent. Les modèles, théories et outils émergent donc progressivement depuis une dizaine d'années. Indépendamment des travaux en informatique et télécommunications, axés sur les infrastructures et la sécurité, c'est l'an 2000 qui ouvre véritablement en France la voie aux recherches en sciences de gestion dans le domaine de l'e-publicité et de l'e-commerce. Les travaux proviennent essentiellement de la communauté marketing et du management des systèmes d'information.

Décisions Marketing est une des revues les plus prolixes dans le domaine y compris au niveau international (Vernette, Dubois, 2001). Elle consacre régulièrement des articles à Internet et au marketing en ligne depuis 1996. Le premier numéro spécial est publié en 2000. Celui de *Recherche et Applications en Marketing* paraît un an plus tard. L'introduction de ce dernier numéro présente d'ailleurs un panorama très complet de la recherche en e-publicité en 2001 (cf. Vernette, Dubois, 2001). La *Revue Française du Marketing* publie un double numéro « Marketing et Internet » cette même année et la revue *Systèmes d'information en Management* entame l'année 1999 avec un numéro consacré à Internet et 2000 avec un numéro thématique sur le commerce électronique[14]. Aux USA le Journal of Direct Marketing devient le Journal of Interactive Marketing dès 1998 ; le premier numéro spécial de Marketing Science paraît en 2000. Les revues consacrées à la publicité.

L'organisation d'associations académiques et de conférences spécialisées commence également autour des années 2000. L'International Conference on Electronic Commerce est créée en 1998 ; en Europe, la Bled eConference regroupe chaque année depuis plus de vingt ans un public très varié (chercheurs, praticiens, *etc.*). En France, les « journées de recherche en e-marketing » sont

---

[14] Citons également le dossier « e-management » de la *Revue Française de Gestion*, publié en 2000.

créées en 2002[15]. Elles ont lieu chaque année au début du mois de septembre. De façon plus générale, les associations de marketing et de management des systèmes et technologies de l'information accordent une place sans cesse croissante aux questions de marketing en ligne et d'e-commerce.

S'il est essentiel de suivre les publications dans les principales revues de marketing et de management des systèmes et technologies de l'information, la littérature en sociologie et en sciences de l'information et de la communication est également importante dans ce domaine et riche d'enseignements. Enfin, on notera la création de revues spécialisées, en langue anglaise essentiellement (encadré), qu'il faut suivre avec attention.

[15] Les actes des communications sont accessibles en ligne : http://www.univ-paris1.fr.proxy.bib.ucl.ac.be/recherche/bibliotheques-et-centres-de-documentation/journees-e-marketing/.

Sélection de revues scientifiques spécialisées e-publicité et e-commerce

De façon non-exhaustive, signalons l'existence des revues :

- *International Journal of Electronic Commerce* : créée dès 1996, revue de référence en e-commerce focalisée sur le management des systèmes d'information ;
- *Journal of Interactive Marketing* : ex-*Journal of Direct Marketing* (créé en 1987), devenue *Journal of Interactive Marketing* en 1998 ; revue la plus marketing ;
- *Electronic Markets :* revue pluridisciplinaire créée en 1991 ;
- *Electronic Commerce Research and Applications :* revue généraliste créée en 1998 associée à l'*International Conference on Electronic commerce.*

De nombreuses revues, moins connues, proposent également des articles intéressants tels que : *Journal of Electronic Commerce Research*, revue généraliste créée en 2000, *International Journal of Electronic Marketing and Retailing*, créée en 2006, spécialisée en e-marketing, *International Journal of Electronic Business*, créée en 2003, qui aborde plus largement l'e-business, *Internet Research*, créée en 1991, etc.

Enfin, on ne peut conclure sans citer *First Monday*, créé en 1995 : revue très populaire et commentée dans le monde de l'Internet ; une des toutes premières revues en ligne à comité de lecture consacrée à Internet.

Moins centrées sur les problématiques managériales et marketing, les revues de communication sont néanmoins très intéressantes pour les praticiens, étudiants et chercheurs en e-marketing et e-commerce. Notamment le *Journal of Computer-Mediated Communication*, revue pionnière (1995) dédiée aux problématiques de la communication médiatisée par ordinateur et, en français, les revues *Réseaux, Hermès, Les Enjeux de l'information et de la communication, Communication, Les Cahiers du Numérique, TIC et Société, RESET* (Recherches en Sciences Sociales sur Internet) consacrent régulièrement des articles aux usages d'Internet et au e-commerce.

Les sites et blogs d'experts, de cabinets de conseil sont extrêmement nombreux. Si leur discours est nécessairement intéressé, ils n'en demeurent pas moins une source intéressante pour appréhender les sujets et technologies du moment. Les technophiles suivront notamment le site du magazine Wired créé en 1993 par Chris Anderson et consacré aux nouvelles technologies dans la société et le blog de la société TechCrunch (dont une version existe en français) créé par Michael Arrington. En France, InternetActu propose des articles sur les sujets les plus actuels et des analyses intéressantes relayant souvent les recherches académiques récentes. Le site JournalDuNet offre également des articles et documents instructifs. Il existe aussi de nombreux sites Web et blogs consacrés à la pratique à l'e-publicité et de l'e-commerce et quelques-uns dédiés à la recherche et l'enseignement (notamment le blog livre-ecommerce[16], le blog Technologies du Marketing[17], et bien sûr les blogs des auteurs de ce livre).

IV) PROTECTION DES DONNÉES ET DE LA VIE PRIVÉE, DROIT À L'OUBLI

Fuite de documents diplomatiques organisée par Wikileaks, surveillance de la toile par la NSA via son outil XKeyscore, poubelles « intelligentes » relevant les données des smartphones dans les rues londoniennes à la faveur des Jeux olympiques... Les affaires qui interrogent la protection des données, leur exploitation, leurs fuites sont régulières et soulèvent plusieurs enjeux majeurs qui ne sont pas sans conséquence dans le domaine du e-commerce, du e-marketing, en particulier à travers la question de l'acceptabilité de ces pratiques par les consommateurs (Dumoulin, Lancelot-Miltgen, 2012).

L'exemple très récent du développement des big data (masses de données) est à cet égard intéressant : des opérateurs britanniques ont lancé Weve, un groupement d'entreprises, pour vendre les données de leurs utilisateurs et SFR a annoncé la commercialisation prochaine de ses données géolocalisées,

[16] http://www.livre-ecommerce.fr.proxy.bib.ucl.ac.be/

[17] http://www.i-marketing.blogspot.com.proxy.bib.ucl.ac.be

anonymisées, renseignant les entreprises sur la fréquentation d'un lieu. La banque Barclays se réserve quant à elle le droit de vendre un agrégat d'informations à propos de ses utilisateurs à d'autres entreprises à partir d'octobre 2013, tout en soulignant que ces informations seront quantitatives et non personnelles, et ne permettant pas l'identification de l'internaute... sur leur seule base, ce qui n'exclut pas la possibilité de croisements. C'est d'ailleurs à des croisements et agrégations d'informations éparses qu'est dédié Graph *Search*, le nouveau moteur de recherche de Facebook, capable de recouper la quantité colossale d'informations et de traces laissées par l'internaute (ou par d'autres à son sujet).

Les « nouveaux » *business models* sur Internet qui reposent souvent sur un service gratuit pour l'utilisateur et la recherche d'une large audience pour séduire les annonceurs ne s'opposent-ils pas de facto au respect de la vie privée des utilisateurs ? Des travaux récents posent clairement cette question et constatent que les sites avec une forte audience sont plus enclins à adopter des stratégies intrusives (Cecere, Rochelandet, 2012 ; cf. également Pras, 2012 et le numéro spécial de la *Revue française de gestion* « entreprise et vie privée »).

La protection des données personnelles et la thématique du droit à l'oubli font actuellement l'objet d'une réflexion, notamment au niveau européen, alors que le Parlement examine un nouveau règlement. En effet la question ne s'inscrit pas dans un vide juridique puisque dès 1995 une directive européenne avait énoncé plusieurs principes, parmi lesquels la nécessité d'informer et de recueillir le consentement de l'internaute, l'interdiction de collecter des informations touchant à l'orientation religieuse, sexuelle, etc., des internautes. Toutefois l'actualisation et la refonte des dispositions sont réclamées par ceux qui s'inquiètent de l'inflation des données recueillies. Privacy by design (possibilité de retirer son consentement à tout moment), *opt in* (consentement explicite) plutôt que *opt out* (possibilité de s'opposer explicitement au recueil et sinon accord par défaut). Ce règlement est à la fois encouragé par exemple par « Le Manifeste des chercheurs » (www.dataprotection.eu), mais aussi critiqué par des lobbies commerciaux et de manière plus inattendue par l'association des archivistes français, qui souligne les risques de disparition d'une partie de la mémoire des individus et sociétés. Droit à la mémoire versus droit à l'oubli : le débat est pour l'instant loin d'être tranché. Il n'empêche pas pour autant la vigilance, notamment de la Commission nationale informatique et libertés françaises (CNIL). Celle-ci, créée en 1978, remplit un rôle à la fois d'éducation, d'information, de protection et d'accompagnement des citoyens mais aussi de contrôle, de sanction et de contribution à la régulation internationale : elle a ainsi en 2012 reçu 6 017 plaintes et 3 682 demandes de droit d'accès indirect et prononcé 43 mises en demeure et 4 sanctions financières. Elle a en outre mené en 2012 un audit des règles de confidentialité de Google, mandaté par le groupe des CNIL européennes (G29) et, dès l'automne 2011, ouvert un chantier prospectif « Vie privée à l'horizon 2020 » : la dictature des algorithmes, la donnée au cœur des modèles d'affaire, les nouvelles formes de régulation de demain... Les enjeux soulignés par le rapport démontrent la pluralité et l'importance sociale et économique de ces questions.

Perspectives

L'histoire d'Internet depuis sa création par une communauté de scientifiques a déjà connu plusieurs bouleversements. Après les premières expérimentations dans les années 1960 et les prémisses d'Arpanet en 1969, puis les premières interconnexions de réseaux dans les années 1970, ce sont l'invention du Web et des premiers navigateurs qui permettent l'arrivée du grand public sur la toile au milieu des années 1990. L'ouverture du Web au grand public coïncide avec les débuts de la publicité et des sites marchands à partir de 1995.

Près de vingt ans après les premiers sites marchands, e-commerce et e-marketing se situent dans un contexte radicalement différent avec près de 3 milliards d'internautes dans le monde fin 2014 soit 40 % de la population mondiale[18]. La croissance du e-commerce est continue, malgré les fluctuations des marchés financiers, et le nombre d'acheteurs en ligne (34 millions en France)

---

[18] *Source* : http://www.itu.int.proxy.bib.ucl.ac.be/en/ITU-D/Statistics/Documents/facts/ICTFactsFigures2014-e.pdf.

et de sites marchands (plus de 138 000 en France) progresse année après année. Pourtant, la part du e-commerce vis-à-vis du commerce traditionnel reste faible, même dans les pays les plus avancés sur le sujet. Mais limiter le rôle du e-commerce et du e-marketing au simple montant des ventes en ligne serait très réducteur car il faut avant tout considérer qu'Internet est consulté par 9 internautes sur 10 avant de réaliser un achat, que celui-ci ait ensuite lieu en ligne ou offline (Fevad, 2019). La recherche en ligne avant d'acheter en magasin est devenue la norme. Le rôle d'Internet et du e-marketing est donc à examiner tout autant vis-à-vis du e-commerce que du commerce traditionnel. La place des terminaux mobiles dans ce contexte – tablettes, comme téléphones mobiles (dont le nombre atteint plus 15 milliards en 2019 !) est croissante.

L'évolution des modèles d'affaires a pris en compte ce phénomène pour ne plus se limiter à la vente en ligne et pour proposer une grande variété d'informations, d'évaluations, de comparaisons, d'outils et de services complémentaires pour le commerce en général. L'articulation multicanal de la vente et des processus d'achat est au cœur des problématiques des praticiens et chercheurs spécialisés.

Par ailleurs, les défis actuels de l'e-publicité ne se limitent plus aux sites marchands. Ils concernent de façon plus globale la présence des marques sur le Web – notamment sur les médias socionumériques où les internautes sont de plus en plus nombreux. La question de la participation des internautes à l'ensemble de la démarche marketing est désormais envisagée, ce qui révèle moult difficultés.

Surtout les défis de l'e-publicité doivent prendre en compte les évolutions réglementaires, économiques, mais également les contextes politiques et sociétaux et une relation des citoyens et consommateurs à l'Internet qui sont loin d'être figés : de la neutralité d'Internet au droit à l'oubli en passant par la gouvernance, les enjeux qui s'affirment aujourd'hui et devraient s'amplifier encore dans les années à venir impliquent de saisir avec finesse les comportements des internautes, de plus en plus informés, aguerris et pour certains vigilants aux enjeux de la vie numérique : intériorisation du processus de fouille permanente des données dans la construction de son propre espace personnel, attentes et injonctions paradoxales des internautes[19], prise de conscience progressive des risques cumulatifs face à la divulgation de bribes d'informations, revendication d'un droit au « silence des puces » (Bernard Benhamou[20]).

Enfin, le développement international d'Internet devient un enjeu majeur : il était auparavant essentiellement « limité » à l'Amérique du Nord et à l'Europe occidentale. Aujourd'hui, près des deux tiers des internautes dans le monde ne se situent plus dans ces deux régions. Il est encore difficile d'évaluer comment cela va modifier le e-marketing et le e-commerce.

Depuis une quinzaine d'années, la recherche e-publicité s'est ainsi développée en se fondant sur les pratiques des professionnels du secteur et des internautes. Des laboratoires de recherche, des projets nationaux et internationaux, des revues spécialisées et des chercheurs ont commencé à donner corps à ce nouveau champ de recherche à la frontière de plusieurs disciplines allant notamment de la publicité à l'informatique en passant par le marketing, la sociologie, le management des systèmes d'information, les sciences de la communication...

---

[19] Voir Le citoyen de verre, entre surveillance et exhibition de Wolfgang Sofsky, 2011.

[20] Des extraits des articles et livres de ces différents auteurs peuvent être trouvés dans Ocqueteau, Ventre, 2011.

CONCLUSION

Depuis l'émergence d'internet à la fin des années 90, le monde contemporain semble subir une accélération vertigineuse. Economie numérique, Intelligence artificielle, big data, réseaux sociaux...la digitalisation du monde touche chacun de nous, à ses degrés divers mais inexorables. Comment garder la maîtrise d'une technologie lancée à toute vitesse ?

La mécanisation des moyens de production ne date pas d'hier. Elle remonte probablement à l'arrivée de la machine à vapeur et du charbon, et elle a traversé tout le vingtième siècle. Mais le développement de l'information et la numérisation ont fortement accéléré ce processus ces dernières décennies. Aujourd'hui, tous les secteurs sont impactés, et de plus en plus de tâches humaines se voient remplacées par l'intelligence artificielle, des algorithmes, des programmes informatiques toujours plus puissants ou des robots de dernière génération.

Selon une étude réalisée par ING, dans les dix prochaines années, ce sont près de 50% des emplois en Belgique qui seront touchés par cette mutation. Si le développement de la société numérique est aussi un vecteur d'emplois nouveaux, il est encore difficile d'estimer quelles seront respectivement les parts de création et de suppression d'emplois de cette révolution. Mais avec la pandémie du Covid on n'observe de grands changements. Enfin des questions de la protection des données et de la vie privée sont aussi en première ligne et restent préoccupantes.

Les réseaux sociaux sont aujourd'hui un formidable espace d'échange, de discussion, de partage d'information, mais ils comportent aussi une série de dangers, qui restent à ce jour incontrôlés. La question de la bulle cognitive, à savoir le renforcement systématique de nos opinions par des algorithmes qui nous catégorisent et nous alimentent selon nos croyances, limite de plus en plus notre vision du monde. Car les réseaux sociaux restent avant tout des machines publicitaires extrêmement puissantes, qui ont pour objectif premier de nous catégoriser pour mieux nous cibler. Pour garantir un meilleur usage de ces outils puissants qui prennent une place de plus en plus importante dans nos vies, un travail important de pédagogie et d'éducation aux nouveaux médias est fondamental.

Le « big data » doit, lui aussi être balisé : les données deviennent le nouvel eldorado du web, et la plupart de nos activités en ligne fournissent un nombre incalculable d'informations personnelles à des entreprises qui les monnaient chèrement, sans que nous en ayons conscience, la plupart du temps. C'est pourquoi il est impératif que chacun puisse avoir accès à ses données et savoir précisément ce qui en est fait. Le Web, dans toutes ses déclinaisons, ne peut plus être un far-West : un cadre doit être tracé pour que la philosophie des fondateurs –liberté, égalité, ouverture et respect –y reste le maître –mot. Internet ne peut pas être un immense terrain de manipulations en tout genre.

En définitive, la transition numérique est inéluctable. Et elle peut-être une formidable avancée pour notre humanité si elle se développe au bénéfice de tou-te-s .Ce n'est pourtant pas le cas aujourd'hui, et la rapidité du développement numérique doit être balisé, pour mieux protéger et servir ses usagers. Dans ce domaine, la formation est un enjeu essentiel.

Glossaire

A/B testing

> Pratique expérimentale visant à mesurer objectivement l'efficacité d'un processus. Sur le Web, en particulier pour les sites d'e-commerce, on peut mesurer l'efficacité d'un site grâce à ses ventes. Le trafic du site Web est divisé en deux branches pour lesquelles seront exposées deux versions différentes du site, on parle de variations qu'on appelle A et B. Souvent, la variation A est la version originale, et B est une modification du site visant à tester une hypothèse. Par exemple, l'hypothèse peut être que la fiche produit est mal conçue. Dans ce cas, la variation B est une refonte de la structure de ces pages dont on teste l'efficacité. À la fin de la période de test, les données récoltées durant l'expérience sont analysées avec des tests statistiques pour savoir quelle version est la plus efficace. Si l'hypothèse est validée, la variation B est alors appliquée à l'ensemble du trafic.

Ad Exchange

> Appelé également « place de marché ». C'est une plate-forme technologique, qui optimise l'achat et la vente d'inventaire publicitaire display dans un environnement ouvert, en temps réel, sur un principe de mise aux enchères de chaque impression publicitaire. Principaux Ad Exchanges: DoubleClick Ad Exchange (Google), Hi-Media Ad Exchange, Microsoft Ad Exchange, Orange Ad Market (Orange), Orbit (Horyzon), Right Media Exchange (Yahoo!), Weborama Ad Exchange.

Ad network

> Réseau publicitaire qui agrège et vend l'inventaire de plusieurs éditeurs en son nom (inventaire exclusif et/ou non). Vente des sites en premium (site dédié), en pack (thématique ou ciblé) ou en réseau (offre performance).

Ad Server

> Destiné à gérer les campagnes de publicité sur Internet. Les volumes et les emplacements des espaces publicitaires (bannières, skyscrapers, etc.) sont gérés et comptabilisés par cet Ad Server. Il fournit les statistiques de campagnes qui peuvent être consultées par les différents acteurs concernés.

AMOLED

> L'écran AMOLED (Active-Matrix Organic Light-Emitting Diode) ou « matrice active OLED » se caractérise par l'intensité de ses couleurs, la profondeur de ses noirs (car les pixels sont alors éteints) et le haut niveau de contraste. La différence entre écrans LCD et OLED est visible au niveau des couleurs et des contrastes : le rétroéclairage ne venant ni atténuer les couleurs, ni affaiblir les noirs – qui sont toujours gris sur du LCD – le contraste de l'OLED est presque infini et les couleurs plus vives. On dit par ailleurs que les noirs sont absolus grâce à cette technologie. Les pixels noirs sont seulement éteints et sans rétroéclairage, le noir devient donc une absence de lumière qui conforte le contraste et se montre très agréable à l'œil.

Analytics

> Étude des logs (fichiers situés dans le cache du navigateur) du serveur. Ce mot venant de l'anglais, il désigne l'analyse des logs d'un serveur Web pour faire des mesures d'audience, telles que la provenance du trafic, les parcours de visite sur le site, *etc*.

API > Application Programming Interface

> En informatique, une interface de programmation applicative (souvent désignée par le terme API pour Application Programming Interface) est un ensemble normalisé de classes, de méthodes ou de fonctions qui sert de façade par laquelle un logiciel offre des services à d'autres logiciels. Elle est offerte par une bibliothèque logicielle ou un service Web, le plus souvent accompagnée d'une description qui spécifie comment des programmes consommateurs peuvent se servir des fonctionnalités du programme fournisseur.

Attribut

> Propriété d'une balise HTML. Par exemple l'attribut alt de la balise image <img alt='légende'>.

Balise

> Une balise est une instruction en code HTML entouré des caractères < et >. Par exemple la balise <title>.

Benchmarking

> Le benchmarking est une méthode UX consistant à comparer l'expérience utilisateur de différentes applications ou sites Web afin d'identifier les bonnes et les mauvaises pratiques.

Bid request

> Élément transmis par le vendeur à l'acheteur via son SSP (*Supply Side Platform* = plate-forme technologique d'arbitrage), contenant l'ensemble des éléments caractérisant l'élément publicitaire commercialisé et qualifiant le profil commercialisé.

Bid response

> Réponse à une bid request. Élément transmis par l'acheteur au vendeur via son DSP (*Demand Side Platform* = plate-forme technologique d'optimisation), contenant notamment le montant de l'enchère (*bid price*) et le lien vers la création à afficher si l'enchère est gagnante.

Bitcoin

> Le bitcoin est une monnaie électronique conçue par Satoshi Nakamoto en 2009 et créée en dehors de tout champ étatique qui n'a toutefois qu'une partie des attributs d'une monnaie classique : si le bitcoin est une unité monétaire et un instrument de paiement pour ceux qui l'acceptent, il n'a pas d'effet libératoire légal car il n'est pas possible d'imposer le paiement en bitcoin en dehors de la communauté. Le bitcoin est promu, standardisé et protégé par la fondation Bitcoin (https://bitcoinfoundation-org.proxy.bib.ucl.ac.be).

Blacklist

> Liste recensant les interdictions de diffusion pouvant s'appliquer à des annonceurs, des secteurs, des acheteurs, des formats, des créas. Tous les éléments non cités sont donc autorisés à être diffuser.

Blockchain (BCh)

> La blockchain est une technologie de stockage et de transmission d'informations, transparente, sécurisée et fonctionnant sans organe central de contrôle (définition de Blockchain France). Par extension, une blockchain constitue une base de données qui contient l'historique de tous les échanges effectués entre ses utilisateurs depuis sa création. Cette base de données est sécurisée et distribuée : elle est partagée par ses différents utilisateurs, sans intermédiaire, ce qui permet à chacun de vérifier la validité de la chaîne.

Bourrage de mots-clés > Keyword stuffing

> Technique répréhensible d'optimisation pour les moteurs de recherche qui consiste à inclure des mots-clés non pertinents dans les éléments metas ou le contenu d'une page Web.

Brick & mortar > Brique(s) et mortier

> Désigne une entreprise de vente traditionnelle ayant pignon sur rue, soit un point de vente « physique » dans un immeuble « en dur ».

Captation 3D

> Acquisition et reconstitution en 2D d'un volume 3D quelconque à l'aide de caméras en vue de l'intégrer à un dispositif numérique.

ccTLD

> Extension de nom de domaine désignant un pays. Par exemple .fr.it ou .co.uk.

Clé d'entrée

> Une clé d'entrée désigne un critère de segmentation utilisé pour classer et disposer les produits au sein d'une famille ou d'un rayon. Les clés d'entrée doivent correspondre aux besoins et modes de pensée des clients et être claires sous peine de les égarer. Pour cette raison on les appelle également *clé d'entrée client*.

Click and collect

> Le *click and collect* est un modèle de commerce électronique hybride dans lequel les gens achètent ou sélectionnent des articles en ligne et les récupère en magasin ou dans un point de collecte centralisé. Le modèle hybride est conçu pour rationaliser les processus impliqués dans les achats et les paiements en magasin. Le *click and collect* permet de lever les freins e-commerce liés à la livraison en proposant au client de récupérer ses achats lui-même.

Conversion

> Convertir un visiteur en acheteur.

Cookie > Fichier log

> Un cookie est un petit fichier informatique, un traceur, déposé et lu par exemple lors de la consultation d'un site Internet, de la lecture d'un courrier électronique, de l'installation ou de l'utilisation d'un logiciel ou d'une application mobile, et ce quel que soit le type de terminal utilisé (ordinateur, smartphone, liseuse numérique, console de jeux vidéos connectée à Internet, *etc*).

CRO > *Conversion Rate Optimization*

> Voir Optimisation des conversions.

Cross selling > Vente croisée

> La vente additionnelle (dite aussi vente croisée) est une technique de vente par laquelle un vendeur (en magasin, en démarchage, par téléphone) profite de la vente ou de l'intérêt manifesté par un acheteur pour un produit donné pour proposer et vendre un produit complémentaire ou supérieur au produit initialement acquis ou visé par l'acheteur.

CSS > Feuille de style en cascade

> Les feuilles de style en cascade, généralement appelées CSS de l'anglais Cascading Style Sheets, forment un langage informatique qui décrit la présentation des documents HTML et XML. Les standards définissant les CSS sont publiés par le World Wide Web Consortium (W3C).

Délégué à la protection des données à caractère personnel

> Tout professionnel en charge de la protection des données personnelles dans un ou plusieurs organismes, en interne ou externe.

DBM

> C'est une plate-forme technologique (DSP) proposée par Google aux annonceurs, trading desk pour achat.

DMP > Data Management Platform

> Il s'agit d'un terme général pour des services dont les objectifs peuvent être très différents. L'idée de base est la collecte de données, dans le but de pouvoir en disposer très rapidement dans le contexte de l'exploitation des visiteurs d'un site Web.

DMS > Demand Side Platform

> C'est une plate-forme, qui permet à un annonceur/un marketeur, de cibler ses campagnes et de centraliser ses opérations d'achats publicitaires. Une DSP recherche les impressions disponibles au meilleur coût. DSP utilisés en Europe : Invite Media (Google), MediaMath, AppNexus, Turn, Zap Trader (Xaxis). D'autres plates-formes DSP telles que X+1 ou DataXu sont disponibles aux États-Unis.

Domaine

> Le « nom » d'un site Internet, désignant sous une forme mémorisable l'adresse du site, sous la forme domaine .ext où ext représente l'extension, par exemple .fr ou .com.

Donnée personnelle

> Toute information relative à une personne physique identifiée ou qui peut être identifiée, directement ou indirectement, par référence à un numéro d'identification ou à un ou plusieurs éléments qui lui sont propres (Article 2, loi Informatique et Libertés).

eCPM

> CPM effective, prix moyen d'une publicité.

Ergonomie

> L'ergonomie est l'étude de l'homme au travail.

Ethereum

> Protocole d'échanges décentralisés permettant la création par les utilisateurs de contrats intelligents grâce à un langage Turing-complet (système formel ayant une puissance de calcul au moins équivalente à celle des machines de Turing). Ces contrats intelligents sont basés sur un protocole informatique permettant de vérifier ou de mettre en application un contrat mutuel, ils sont déployés et consultables publiquement dans la blockchain.

Ethnographie

> Méthode consistant à étudier, sur le terrain, les usages et les utilisateurs.

Expérimentation

> L'expérimentation en UX consiste à tester auprès de véritables utilisateurs des maquettes de la future application.

Facteur d'Impact > FI > IF> Impact Factor

> Indicateur qui estime indirectement la visibilité d'une revue scientifique. Le FI d'une revue est le nombre moyen de citations de chaque article publié dans cette revue.

Fil-de-fer noir et blanc

> Voir Wireframe.

Flat design > Design plat

> Le flat design est un style de design Web excluant tous détails superflus de la création. Il se caractérise par des aplats de couleurs sobres et une organisation de la typographie qui crée la structure du contenu. Le flat design est un style minimaliste, extrêmement clair et épuré. Il s'oppose au skeuomorphisme (voir skeumorphisme).

Forecast

> Mesure de la fiabilité des prévisions de vente quotidiennes. Il représente la qualité des prévisions commerciales utile pour piloter le plan marketing ou pour le service client afin d'anticiper le volume de contacts supplémentaires en passe de le solliciter.

Gameplay > Jouabilité de l'interface

> C'est la rencontre de l'utilisabilité de l'interface numérique et de la satisfaction procurée au joueur.

Hard bounce > Message d'erreur (ou d'échec)

> Un hard bounce est un message d'erreur ou d'échec définitif envoyé par le serveur du domaine destinataire d'un message e-mail au serveur de messagerie émetteur d'une campagne d'e-mailing.

Heat map > Carte de chaleur

> Une heat map (carte thermique, cartographie d'activité, carte de chaleur) est une représentation graphique de données statistiques qui fait correspondre à l'intensité d'une grandeur variable une gamme de tons ou un nuancier de couleurs sur une matrice à deux dimensions (qui peut elle-même représenter une zone géographique). Une heat map sert à mettre en exergue les parties d'une page Internet le plus souvent balayées par le regard de ses lecteurs. Sur Internet, les heat maps sont utilisées pour communiquer les parcours des visiteurs sur des sites.

Hit

> Un hit correspond à un fichier demandé au serveur hébergeant un site lors du chargement d'une page dans le navigateur utilisé par le visiteur. Un serveur Web enregistre le nombre de hits. Ce chiffre ne peut être assimilé à l'audience d'un site, car le chargement d'une page avec 4 images concerne 5 hits (demande de 4 fichiers images au serveur et d'1 fichier HTML).

Insight

> Un insight est la perception par le consommateur d'un problème ou d'un dilemme irrésolu sur une catégorie de produits qui intéresse une marque. Lorsqu'il est identifié et formulé, l'insight est une « vérité lumineuse » qui permet à la marque d'adapter son discours et son offre avec le maximum de chance d'être accepté par le consommateur.

Intelligence artificielle

> L'intelligence artificielle vise à mimer le fonctionnement du cerveau humain, ou du moins sa logique lorsqu'il s'agit de prendre des décisions.

JavaScript

> Language de programmation de scripts utilisé dans les pages Web interactives et pour certains serveurs.

Jira

> Outil online de gestion de projet interne, permettant l'affichage des tickets en méthode Agile* ou Kanban*.

Jouabilité de l'interface > Gameplay

> Quand la jouabilité et le plaisir de jouer sont transposés au monde du Web, le gameplay d'un site Web ou d'une application en ligne est renforcé par une utilisabilité de l'interface accrue, et également par le plaisir d'usage. La jouabilité concerne la prise en compte du gameplay dans la conception d'une interface en vue d'améliorer l'expérience utilisateur (UX).

LCD

> Un écran LCD se compose de cellules emplies de cristaux liquides qui sont illuminés par un rétroéclairage tandis que des filtres se chargent de définir les couleurs. Chaque pixel d'un écran est composé de trois sous-pixels rouge, vert et bleu.

Loi de Moore

> La loi de Moore concerne l'évolution de la puissance des ordinateurs. Selon cette loi le nombre de transistors, c'est-à-dire l'élément principal qui compose les processeurs des ordinateurs, double tous les deux ans.

Machine learning

> Le machine learning ou « apprentissage automatique » est un champ d'étude de l'intelligence artificielle qui concerne la conception, l'analyse, le développement et l'implémentation de méthodes permettant à une machine tel qu'un algorithme d'évoluer par un processus systématique et ainsi de remplir des tâches difficiles ou problématiques par des moyens algorithmiques plus classiques. Le machine learning permet d'évaluer l'impact de différents facteurs dans la prédiction via la collecte et l'analyse de données du plan marketing (planning marketing, typologie des offres, calendrier des événements et temps forts) et des données de navigation sur le site et l'application mobile (visites, transactions, commandes et montants notamment). Une fois structurée, les données viennent alimenter le forecast.

Matching

> Meilleur appariement de l'offre et de la demande lors d'une vente en ligne.

Méthode Agile

> Il s'agit d'une approche de gestion de projet qui s'éloigne des approches traditionnelles telles que le cycle en V. Cette méthode se base sur un mode itéractif et place le client au cœur du projet du début à la fin afin de s'adapter à ses besoins qui sont évolutifs. L'une des plus connues et utilisées est la méthode Scrum. Organisé sur 15 jours, intitulé « Sprint », à chaque fin de sprint, une démo peut être faite.

Méthode Kanban

> Proche de la méthode Agile et Scrum : le principe se joue beaucoup sur la visualisation des demandes. L'organisation est différente : le développeur choisi les demandes et travaille dessus, ainsi il gère sa réalisation. Le but de cette méthode est de maximiser la production, tout en minimisant la perte de temps sur une conception.

Mineurs

> Utilisateurs connectés qui forgent les blocs. Un mineur est un individu vérifiant les transactions et opérations effectuées par les utilisateurs sur le réseau. Il les inscrit ensuite sur la blockchain (registre public). La vérification des transactions requiert de la puissance de calcul.

Mobile friendly

> Mobile friendly réfère à un site qui a été conçu pour une navigation optimisée et un affichage optimal des blocs de contenus (images et textes) sur smartphone.

MVT (Multivariate Testing)

> Il s'agit d'une manière particulière de créer les variations d'un test. C'est une approche permettant d'automatiser la génération des variations : on liste toutes les caractéristiques que l'on veut modifier sur le site, et pour chaque caractéristique, on liste les variantes possibles. Un programme génère alors toutes les combinaisons possibles. Par exemple, on peut décider de changer la police de caractères (parmi une liste de 5), la couleur de fond (parmi 3), ce qui générera 3 × 5 = 15 variations différentes.

OLED

> OLED, pour Organic Light-Emitting Diode, est un composant qui permet de produire de la lumière. A contrario d'un écran LCD (voir LCD) qui exige à la fois une couche de cristaux et un rétroéclairage, la solution AMOLED est tout-en-un : les cristaux sont remplacés par des diodes électroluminescentes qui génèrent leur propre lumière – exit le rétroéclairage.

Omnicanalité

> L'omnicanalité désigne le fait que tous les canaux de contact et de vente possibles entre l'entreprise et ses clients sont utilisés et mobilisés. Une pratique omnicanale maîtrisée suppose d'éliminer les silos marketing et logistiques afin d'avoir une vue à 360° du client et d'optimiser l'expérience client.

Optimisation des conversions > CRO (Conversion Rate Optimization)

> C'est l'acronyme pour parler de la pratique du test A/B ainsi que d'autres techniques visant à améliorer la transformation des visiteurs d'un site Web en consommateurs. L'usage du terme conversion, plutôt qu'achat ou vente, permet d'être plus général, car cette pratique est aussi utilisée par les sites média, où la notion de conversion correspond à la transformation d'un visiteur en lecteur, et n'implique pas forcément une vente.

Parcours client omnicanal

> Avec la montée en puissance des canaux digitaux et du e-commerce, le parcours client devient de fait de plus en plus souvent un parcours client omnicanal (voir Omnicanalité).

Position zéro > Featured snippet

> Dans le monde du SEO, les termes « Position zéro », « Position #0 » ou « Ranking #0 » désignent la position située au-dessus des résultats traditionnels. Une boîte contenant la réponse directe à la question de l'internaute s'y affiche sous plusieurs formes : Featured snippet, Knowledge Card, Quick Answer.

Pousser des promotions

> La promotion des ventes a pour objectif de pousser le produit vers le consommateur au moment même de l'acte d'achat. C'est pourquoi on l'appelle stratégie « poussée » ou stratégie « push».

Privacy by default

> Concept qui a pour objectif de garantir par défaut le plus haut niveau de protection des données personnelles. Elle comporte une idée d'obligation de moyens.

Privacy by design

> Concept qui a pour objectif de garantir l'intégration de la protection de la vie privée dès la conception des produits et services.

Privacy Impact Assesment (PIA)

> C'est l'évaluation de l'impact sur la vie privée.

Product Owner

> Le Product Owner (PO) est un chef de projet digital ou IT suivant la méthodologie Agile. Ses missions sont les suivantes : identification et recueil de besoins, identification des fonctionnalités importantes du produit, définition des critères d'acceptation, création du Product Backlog, rédaction de « user stories », réalisation de recettes… Il peut parfois être accompagné par un assistant Product Owner, appelé proxy PO, avec qui il forme un binôme.

Psychologie cognitive

> La psychologie cognitive est l'étude des processus psychologiques humains liés à la connaissance (mémoire, langage, intelligence, raisonnement, résolution de problèmes, perception, attention).

Psychologie expérimentale

> La psychologie expérimentale est une méthode permettant de mesurer de manière objective les résultats de certains stimuli auprès d'une population cible.

Pure player

> Entreprise œuvrant uniquement sur Internet.

Réalité augmentée

> La réalité augmentée caractérise en général l'élargissement assisté par ordinateur de la perception de la réalité. Alors que l'utilisateur de la réalité virtuelle (Virtual Reality) est plongé dans un monde digital, la réalité augmentée présente la réalité, complétée par des contenus digitaux, comme Pokémon Go l'a montré en 2016. Cela s'effectue via la représentation virtuelle d'informations supplémentaires dans le monde réel (des objets à attraper par exemple), l'ajout d'informations supplémentaires sur des images ou vidéos (comme des légendes à côté de monuments), l'insertion d'objets virtuels (comme des pièces de monnaie qui flottent dans l'air).

Recommandations prédictives

> Recommandations basées sur des techniques de traitement et de modélisation des comportements clients et prospects permettant d'anticiper leurs actions futures à partir du comportement présent et passé.

Répertoire

> Une section du site désignée par un chemin séparé par des caractères /. Par exemple domaine.com/repertoire ou domaine.com/ssrep/repertoire.

Responsable de traitement

> C'est la personne, l'autorité publique, le service ou l'organisme qui détermine les finalités et les moyens du traitement de données.

Responsive (site Web) > Site Web adaptatif

> Un site Web adaptatif (anglais RWD pour responsive Web design) est un site Web dont la conception vise, grâce à différents principes et techniques, à offrir une consultation confortable même pour des supports différents. L'utilisateur peut ainsi consulter le même site Web à travers une large gamme d'appareils (moniteurs, ordinateurs, smartphones, tablettes, télévisions...) avec le même confort visuel et sans avoir recours au défilement horizontal ou au

zoom avant/arrière sur les appareils tactiles notamment, manipulations qui peuvent parfois dégrader l'expérience utilisateur, tant en lecture qu'en navigation.

Retail

> Le retail est le terme anglais désignant l'activité de commerce de détail.

Retailer

> Une entreprise ou une personne qui vend des biens au consommateur, par opposition à un grossiste ou un fournisseur, qui vend normalement ses produits à une autre entreprise.

Scrum Master

> Un Scrum Master est une personne qui anime une équipe Agile utilisant l'approche Scrum. Il s'assure de la compréhension et de la bonne application de cette méthode.

Search Quality Raters > Évaluateurs de la qualité de la recherche

> Les évaluateurs de qualité utilisent un ensemble de lignes directrices d'environ 200 pages, qui leur explique comment évaluer la qualité d'un site Web et si les résultats qu'ils examinent répondent aux besoins de ceux qui effectuent des recherches.

Sensibilité machinique

> Reproduction calculée de la sensibilité humaine par un dispositif numérique.

Sensorimotricité

> La jonction de la sensorialité et de la motricité qui permet de se mouvoir et d'apprécier l'aptitude de l'autre à se mouvoir.

Silo marketing

> Lorsque différentes fonctions marketing et commerciales d'une même entreprise agissent sans coordination ou collaboration, elles forment des silos isolés des autres.

Skeuomorphisme

> Le skeuomorphisme (en anglais skeuomorphism) ou skeuomorphe est un terme formé à partir du grec skeuos (l'équipement militaire, mais aussi le costume, l'ornement, la décoration) et définissant un élément de design dont la forme n'est pas directement liée à la fonction, mais qui reproduit de manière ornementale un élément qui était nécessaire dans l'objet d'origine.

Social listening

> Scruter en temps réel des millions de sources publiques du Web social, forums, blogs, sites d'information et réseaux sociaux, qui permettent de tester des hypothèses, de faire du test and learn. Quels sont les articles partagés, utilisent-ils photos, vidéos, gifs ? Voilà des questions utilisées pour connaître les préoccupations des consommateurs. Cette méthode réduit le coût de l'erreur par rapport aux études classiques et permet de tester des messages en direct et de voir s'ils ont un accueil intéressant auprès des internautes.

SSP > Supply Side Platform

> Il s'agit d'une plate-forme automatisée, destinée aux éditeurs ou à toute personne louant des espaces publicitaires. Pour un éditeur, une SSP lui permet de vendre ses espaces publicitaires au plus offrant. SSP actifs en France : Improve Digital et the Rubicon Project. D'autres SSP comme Admeld opèrent sur d'autres marchés européens.

Stakeholders

> Les parties prenantes d'un projet, c'est-à-dire les différents acteurs concernés directement ou indirectement par le projet.

Storytelling

> Technique de communication visant à utiliser une structure narrative pour raconter la marque (histoire, récit, conte...).

Table de caractères UTF-8

> La table de caractères est un utilitaire inclus dans les systèmes d'exploitation Linux (comme Ubuntu) et Microsoft Windows. Il est utilisé pour afficher les caractères dans n'importe quelle police installée. L'UTF-8 est utilisé par 82,2 % des sites Web en décembre 2014, puis 87,6 % en 2016 et près de 90,5 % en 2017. Par sa nature, UTF-8 est d'un usage de plus en plus courant sur Internet, et dans les systèmes devant échanger de l'information. Il s'agit également du codage le plus utilisé dans les systèmes GNU, Linux et compatibles pour gérer le plus simplement possible des textes et leurs traductions dans tous les systèmes d'écritures et tous les alphabets du monde.

Temps réel

> En informatique, l'interface promet l'exactitude du résultat dans un temps imposé. Le temps de calcul est lié à l'échéance du résultat et tout retard altère la valorisation du résultat.

Test utilisateur

> On demande à des gens d'utiliser le site et de faire des commentaires. C'est une approche déclarative : la technique du test utilisateur consiste simplement à demander à des volontaires d'utiliser un produit ou un service. Leur avis est ensuite collecté, avec pour objectif l'amélioration du service ou du produit.

Test de wording

> Il s'agit de créer une variation en changeant le texte associé à une page. Par exemple pour un site de tourisme, connaître l'impact de phrases comme « réserver maintenant » ou « voir les disponibilités », sert globalement le même objectif : connaître les dates d'intérêt du visiteur. Pourtant l'impact sera différent. Typiquement la phrase « réserver maintenant », étant plus engageante, est moins efficace.

Tracker

> C'est un code informatique, diffusé par un site Web et exécuté dans le navigateur du visiteur. L'objectif de ce code est la collecte d'informations relatives au visiteur et à son comportement sur le site Web.

Tracking

> Le tracking consiste à recueillir grâce à des marqueurs ou cookies des données comportementales pour pouvoir étudier en profondeur le déplacement du consommateur.

Trading desks

> Service spécialisé dans l'achat et l'optimisation d'espaces publicitaires opérant en programmatique, par le biais d'une ou plusieurs technologies DSP. Trading desks actifs en France : Audience On Demand (Vivaki), Affiperf (Havas), Matiro, Pixidis (Netbooster), Unıt (Agence 79) Gamned, Xaxis (WPP), Tradelab.

Transcréer

> Créer un texte équivalent à un autre pour adapter un contenu à un autre contexte/pays. Par exemple créer un texte parlant de l'Independance Day pour les internautes américains et du 14 juillet pour les internautes français.

UGC (User Generated Content) > contenu généré par les utilisateurs

> Le contenu généré par les utilisateurs se réfère à un ensemble de médias dont le contenu est principalement, soit produit, soit directement influencé par les utilisateurs finaux.

Up selling > Montée en gamme

> La montée en gamme est un processus économique qui peut être décrit du point de vue des producteurs, des vendeurs ou des consommateurs. Il consiste à remplacer un produit par un autre similaire qui offre des performances plus élevées, un service plus important ou qui est de meilleure qualité (haut de gamme).

User Research

> La User Research est la première étape de la démarche UX. Elle consiste à conduire une ethnographie auprès des véritables utilisateurs pour identifier leurs attentes et les difficultés qu'ils rencontrent. Cette partie de l'UX intègre également les tests utilisateurs permettant de valider auprès de véritables utilisateurs l'usage du futur produit.

User Story

> Une User Story (ou US) est la description précise dans un langage simple d'une fonctionnalité à développer. Les user stories sont rédigées dans le cadre de l'approche Agile.

Utilisabilité > Usability

> Capacité d'un site à être utilisé, l'utilisabilité se mesure à son aisance d'utilisation (navigabilité), à son efficacité et sa facilité d'apprentissage.

UX

> L'UX, qui vient de « User eXperience » en anglais, est une méthodologie de conception des services et des applications digitales visant à améliorer la facilité d'usage.

Viewability

> Mesurer le taux de visibilité publicitaire sur un inventaire. Il permet de connaître le taux de vue d'une impression, ainsi que le taux de vue d'un inventaire. Norme : 50 % de pixels affichés pendant au moins 1 seconde (2 secondes pour les vidéos).

Viewport

> Le viewport est la zone visible de l'utilisateur d'une page Web. La fenêtre d'affichage varie en fonction de l'appareil et sera plus petite sur un téléphone mobile que sur un écran d'ordinateur. Avant les tablettes et les téléphones mobiles, les pages Web étaient conçues uniquement pour les écrans d'ordinateur, et il était courant que les pages Web soient de conception statique et de taille fixe. Ensuite, lorsque nous avons commencé à surfer sur Internet en utilisant des tablettes et des téléphones mobiles, les pages Web de taille fixe étaient trop grandes pour s'adapter à la fenêtre. Pour résoudre ce problème, les navigateurs de ces appareils ont réduit l'ensemble de la page Web pour l'adapter à l'écran.

Webdesigner

> La création et la conception de site Web (ou Web design) est la conception de l'interface Web : l'architecture interactionnelle, l'organisation des pages, l'arborescence et la navigation dans un site Web.

Webmaster

> Un ou une webmestre, webmaster ou administrateur ou administratrice de site est une personne responsable d'un site Web, de sa conception à sa maintenance.

Whitelist

> Liste recensant le cadre exclusif de diffusion pouvant s'appliquer à des annonceurs, des secteurs, des acheteurs, des formats, des créas. Seuls les éléments cités sont donc autorisés à être diffuser.

Wireframe

> Maquette fil-de-fer en noir et blanc de la future application. Cette maquette permet de valider la navigation et le langage de l'interface.

Yield management

> Technique basée sur une tarification flexible, modulé par la disponibilité des ressources et la demande. Le transport et l'hôtellerie sont les domaines où cette pratique est la plus répandue.

Yield marketing

> Système de tarification flexible en temps réel. Permet de prendre en compte les demandes pour moduler le prix de l'offre.

BIBLIOGRAPHIE

Allard L., Blondiau O. (2007). 2.0 ? *Culture Numérique*, Cultures Expressives, *Médiamorphoses*, n° 21.

Alloing C. (2013). *Processus de veille par infomédiation sociale pour construire l'e-réputation d'une organisation – Approche par agents-facilitateurs appliquée à la DSIC de La Poste*. Thèse de Doctorat, Université de Poitiers.

Amine A., Sitz L., (2007). « Émergence et structuration des communautés de marque en ligne », *Décisions Marketing*, n° 46, pp. 63-75.

Berners-Lee T. (2000). *Weaving the Web*, Harper Business.

Bomsel O. (2010). *L'économie immatérielle. Industries et marchés d'expérience*, Gallimard.

Bomsel O. (2007). *Gratuit ! Du déploiement de l'économie numérique*, Gallimard (Folio Actuel n° 128).

Breton P. (2000). *Le Culte de l'Internet. Une menace pour le lien social ?*, La Découverte.

Brousseau E. et Curien N. (2007). *Internet and Digital Economics*, Cambridge University Press.

Brunton F. (2013). *Spam, A Shadow History of the Internet*, Cambridge, MIT Press.

Castells M. (2001). *La société en réseaux*, Fayard.

Castells M. (2002). *La galaxie Internet*, Fayard.

Hagel J., Armstrong A. G. (1999). *Bénéfices sur le net*, Ed. d'Organisation.

Isaac H., Volle P. (2014). *E-commerce : de la stratégie à la mise en œuvre opérationnelle*, 3e éd, Pearson Education.

Kotler (2005). *Le marketing selon Kotler – ou comment créer, conquérir et dominer le marché*, Pearson Education.

Lasica J. D. (2006). *Darknet : La guerre d'Hollywood contre la génération digitale*, M21 éditions.

Lemoine J. F. (2010). « Les recherches en e-marketing : état des lieux et perspectives », *Management et Avenir*, n° 32, pp. 109-112.

Lendrevie J., Lévy J. et Lindon D. (2009). *Mercator : Théories et nouvelles pratiques du marketing*, Dunod.

Lévy P. (2000). *World Philosophie*, Le champ médiologique, Odile Jacob.

Licklider J. C. R., Taylor Robert W. (1968). « The Computer as a Communication Device », reprinted from *Science and Technology*, April.

Malin E. et Pénard T. (2010). *Économie du numérique et de l'Internet*, Vuibert.

Massit-Folléa F. et Delmas R. (coord). (2002). « La gouvernance d'internet », *Les Cahiers du Numérique*, vol. 3, 2.

Tufféry, S. (2012). *Data Mining et statistique décisionnelle. L'intelligence des données*, 4e éd., Technip.

Vernette E., Flores L. (2004). « Communiquer avec les leaders d'opinion en marketing. Comment et avec quels médias ? », *Décisions Marketing*, 35, pp. 23-37.

Volle P. (2000). « Du marketing des points de vente à celui des sites marchands : spécificités, opportunités et questions de recherche », *Revue Française du Marketing*, 177/178, pp. 83-100.

Wan Y, Fasli M. (coord.), (2010). « Special Issue: Comparison-shopping and related recommender intelligent agents », *Journal of Electronic Commerce Research*, vol. 11, n° 3.

Watts D., Dodds P. S. (2007). Influentials, Networks, and Public Opinion Formation, *Journal Consumer Research*, n° 34, pp. 441-458.

Weiss, S. M., Indurkhya, N., Zhang, T., & Damerau, F. J. (2005). *Text Mining: Predictive Methods for Analyzing Unstructured Information*, 2e éd. Springer.

Xiao, B., & Benbasat, I. (2007). « E-commerce product recommendation agents: use, characteristics, and impact ». *MIS Quarterly*, 31(1), pp. 137-209.

Kuhn, T. S. (1962). The Structure of Scientific Revolutions. In The Structure of Scientific Revolutions.

Trespeuch, Léo, Robinot, É., Botti, L., Bousquet, J., Corne, A., De Ferran, F., Durif, F., Ertz, M., Fontan, J. M., Giannelloni, J.-L., Hallegatte, D., Kreziak, D., Lalancette, M., Lajante, M., Michel, H., Parguel, B., and Peypoch, N. (2020). *La crise de la Covid-19, un moment décisif pour basculer vers une société plus responsable?*

Trespeuch, Leo, Robinot, É., and Menvielle, W. (2019). *Intelligence d'Affaires & Marketing Numérique*. Amazon Kindle.

Van Bavel, J. J., Boggio, P., Capraro, V., Cichocka, A., Cikara, M., Crockett, M., Crum, A., Douglas, K., Druckman, J., Drury, J., and others. (2020). *Using social and behavioural science to support COVID-19 pandemic response.*

Xiang, M., Zhang, Z., and Kuwahara, K. (2020). « Impact of COVID-19 pandemic on children and adolescents' lifestyle behavior larger than expected ». *Progress in Cardiovascular Diseases*, 63(4), 531–532.

Webographie

Institutions et associations

Association française pour le nommage Internet en coopération (AFNIC) : www.afnic.fr

Association de l'économie numérique (ACSEL) : www.acsel.asso.fr
Commission nationale de l'informatique et des libertés (CNIL) : www.cnil.fr

Fédération du e-commerce et de la vente à distance (FEVA) : www.fevad.com

Fondation Internet Nouvelle Génération (FING) : www.fing.org

Internet Engineering Task Force (IETF): www.ietf.org

Internet Corporation for Assigned Names and Numbers (ICANN): www.icann.org

Internet Governance Forum (IGF): http://www.intgovforum.org.proxy.bib.ucl.ac.be/cms/

International Telecommunication Union (ITU): http://www.itu.int.proxy.bib.ucl.ac.be

Internet Society: www.isoc.org

Secrétariat d'Etat chargé de la Prospective et du Développement de l'Economie Numérique : http://www.prospective-numerique.gouv.fr.proxy.bib.ucl.ac.be/

World Wilde Web Consortium (W3C): www.W3.org

Statistiques et presses spécialisées

ComScore : www.comscore.com et http://www.comscore.com.proxy.bib.ucl.ac.be/fre pour une version partielle en français

InternetActu : www.internetactu.net

InternetWorldStats : http://www.internetworldstats.com.proxy.bib.ucl.ac.be

Journal du Net :
http://www.journaldunet.com.proxy.bib.ucl.ac.be/chiffres-cles.shtml

Médiamétrie : http://www.mediametrie.fr.proxy.bib.ucl.ac.be et en particulier http://www.mediametrie.fr.proxy.bib.ucl.ac.be/internet avec Mediamétrie eStat, l'Observatoire des usages Internet et le panel Médiamétrie/Netratings

Nielsen : site français
http://fr.nielsen.com.proxy.bib.ucl.ac.be/site/index.shtml ; en particulier Nielsen NetRatings

TNS Sofres : http://www.tns-sofres.com.proxy.bib.ucl.ac.be et en particulier http://www.tns-sofres.com.proxy.bib.ucl.ac.be/expertises-sectorielles/e-business/
Union Internationale des Télécommunications :
http://www.itu.int.proxy.bib.ucl.ac.be/en/ITU-D/Statistics/Pages/stat/default.aspx

TABLE DES MATIÈRES

Structures éditoriales du groupe L'Harmattan

L'Harmattan Italie
Via degli Artisti, 15
10124 Torino
harmattan.italia@gmail.com

L'Harmattan Hongrie
Kossuth l. u. 14-16.
1053 Budapest
harmattan@harmattan.hu

L'Harmattan Sénégal
10 VDN en face Mermoz
BP 45034 Dakar-Fann
senharmattan@gmail.com

L'Harmattan Cameroun
TSINGA/FECAFOOT
BP 11486 Yaoundé
inkoukam@gmail.com

L'Harmattan Burkina Faso
Achille Somé – tengnule@hotmail.fr

L'Harmattan Guinée
Almamya, rue KA 028 OKB Agency
BP 3470 Conakry
harmattanguinee@yahoo.fr

L'Harmattan RDC
185, avenue Nyangwe
Commune de Lingwala – Kinshasa
matangilamusadila@yahoo.fr

L'Harmattan Congo
67, boulevard Denis-Sassou-N'Guesso
BP 2874 Brazzaville
harmattan.congo@yahoo.fr

L'Harmattan Mali
ACI 2000 - Immeuble Mgr Jean Marie Cisse
Bureau 10
BP 145 Bamako-Mali
mali@harmattan.fr

L'Harmattan Togo
Djidjole – Lomé
Maison Amela
face EPP BATOME
ddamela@aol.com

L'Harmattan Côte d'Ivoire
Résidence Karl – Cité des Arts
Abidjan-Cocody
03 BP 1588 Abidjan
espace_harmattan.ci@hotmail.fr

Nos librairies en France

Librairie internationale
16, rue des Écoles
75005 Paris
librairie.internationale@harmattan.fr
01 40 46 79 11
www.librairieharmattan.com

Librairie des savoirs
21, rue des Écoles
75005 Paris
librairie.sh@harmattan.fr
01 46 34 13 71
www.librairieharmattansh.com

Librairie Le Lucernaire
53, rue Notre-Dame-des-Champs
75006 Paris
librairie@lucernaire.fr
01 42 22 67 13

www.ingramcontent.com/pod-product-compliance
Lightning Source LLC
LaVergne TN
LVHW050633051026
849532LV00002B/376